# 아동안전관리

SAFETY SUPERVISION FOR EARLY CHILDHOOD

손순복 · 권경숙 · 방혜경 · 조미영 · 봉진영 공저

학지사

<br>

## 머리말

<br><br>

　안전은 건강한 삶을 위해 필요한 기본적이고 필수적인 요건이다. 특히, 위험한 상황에 대처할 수 있는 신체의 미성숙함과 판단능력이 부족한 영유아를 위한 안전은 영유아교육에서 가장 우선적으로 다루어야 할 과제이다. 최근 들어 우리 사회는 크고 작은 안전사고의 발생으로 생애초기 교육인 영유아기 안전교육이 더욱 더 강조되고 있다. 이에 따라 2015년부터 유치원 2급 정교사 자격증 취득을 위한 기본 이수과목에 유아안전교육 과목이 포함되었고, 보육교사 2급 자격 취득을 위해서 필수로 이수하도록 지정되었다. 또한 교육부에서는 유아부터 고등학생까지 생활·교통·폭력예방 및 신변보호·약물 및 사이버 중독·재난·직업·응급처치 등 안전교육 7대 표준안을 마련하였다. 이 책은 이러한 기준을 포함함과 동시에 「아동복지법」, 「영유아보육법」, 「유아교육법」 등 안전 관련 법적 규정, 표준보육과정(누리과정 포함), 통합평가지표 등의 기준에 근거하여 예비교사들이 쉽게 이해하고 현장에서 실제 반영할 수 있는 내용과 상황을 중심으로 집필하였다.

　이 책은 안전사고에 대한 이해, 안전관리, 안전교육, 안전교육의 실제, 안전사고 대처의 5개 주제와 12개의 소주제로 구성되어 있다. 제1장은 영유아와 안전으로 안전의 의미 및 실태와 아동권리존중을 다루고 있다. 제2장은 영유아기 발달특성과 그에 적절한 기본적인 안전수칙을 다룬다. 제3장은 유아교육기관에서 준수해야 할 안전법규와 안전관리 내용을 다루고 제4장은 교육(보육)과정과 통합평가인증지표에서의 안전관리를 소개하고 있다. 제5장과 제6장은 유아교육기관 실내 안전관리와 실외 안전관리를 다루며, 제7장과 제8장은 유아교육기관 안전교육 내용을 다룬다. 제9장은 영유아 대상 안전교육의 실제 부분으로 안전교육의 원리, 안전교육 접근법, 활동유형을 포함하여 영아 안전교육 실제와 유아 안전교육 실제를 공통으로 또는 구분하여 다루어 볼 수 있도록 구성되어 있다. 제10장은 교직원·부모 대상 안전교육의 실제를 다루며, 제11장은 상황별 응급처치 실제를 담고 있고, 제12장은 유아교육기관에서의 안전사고 처리절차와 법적 책임을 파악하는 내용으로 구성되어 있다.

이 책의 저자들은 유아교육전공자이며 오랜 현장과 강의 경험을 가진 이들로서, 제1장, 제5장, 제6장, 제7장, 제8장, 제9장은 손순복, 제2장은 조미영, 제3장, 제4장은 권경숙, 제10장은 방혜경, 제11장, 제12장은 봉진영이 맡아 집필하였다. 각 장의 세부내용은 NCS수행준거를 포함하여 표준교과개요의 주요 내용을 모두 반영하려고 노력하였다.

이 책은 유아교육과, 보육학과, 아동학과 등 아동안전관리 과목의 강의교재로 사용할 수 있도록 내용을 구성하였으므로 영유아를 교육하고 보육하는 기관의 현장교사들에게도 좋은 참고자료가 될 수 있을 것이다. 실습 위주의 교육이 필요한 안전교육의 특성을 고려하여 법적 기준과 이론에 근거한 사례 중심의 내용을 강화하였으며, 특히 안전사고 위험성의 비중이 높은 영아안전교육에 대한 교수법과 실제를 구체적으로, 알기 쉽게 제시하였다. 따라서 아이를 키우는 부모에게도 도움이 될 것이다.

이 교재가 출간되기까지 많은 분이 격려해 주시고 도움을 준 것에 대해 감사드린다. 특히 출판을 위해 편집을 맡아 수고해 준 학지사 출판사 여러분께 진심으로 감사드린다.

2018년 2월
저자 일동

# 차례

# 제2부 유아교육기관 안전관리

# 제3부  유아교육기관 안전교육

# 제4부  안전교육의 실제

# 제5부　유아교육기관 안전사고 대처

# 제**1**부

# 영유아 안전사고와 연령별 발달특성에 대한 이해

제1장

# 영유아와 안전

교육 내용

• **안전사고**
 –안전사고의 의미
 –영유아 안전사고의 실태 분석

• **아동권리**
 –아동권리의 개념 및 중요성
 –아동권리의 유형과 인권의 실천
 –아동권리를 위한 관점의 변화와 인권교육

영유아는 발달적 특징과 한정된 경험 등으로 인해 미리 예측할 수 없는 사고와 안전을 위협받는 상황에 부딪친다. 이러한 특성으로 인해 부모나 유아교육기관의 교사들은 고도의 안전 예방에 대한 기준과 강도 높은 훈련을 받아야 하며 영유아를 안전하게 보호해야 할 막중한 책임을 부여받게 된다. 영유아의 안전과 사고예방을 위해 이 장에서는 영유아 '안전사고의 의미'와 실태를 파악하고 '안전사고의 요인'을 분석하며 아동의 '안전할 권리'에 대해 알아본다.

# 1. 안전사고

## 1) 안전사고의 의미

안전(安全)이 위험이 생기거나 사고가 날 염려가 없이 편안하고 온전한 상태 또는 그러한 상태를 유지하는 일이라면, 사고(事故)는 계획하거나 기대하지 않았는데 뜻밖에 갑자기 일어난 좋지 않은 일을 말한다. 예를 들어, 영유아의 손가락이 문에 끼거나 차에 치이거나 하는 일은 전혀 예상하지 못한 일이다. 2세 영아가 유아교육기관에서 놀다 넘어지면서 책상 모서리에 부딪혀 머리에 열상을 입고 병원에 가는 일이나 4세 아이가 구슬을 가지고 놀다 코에 넣어 콧구멍의 이물로 병원 치료를 받는 일 등의 사고는 의도적으로 발생하는 일이 아니다. 안전사고는 의도적이든 우발적이든 좋지 않은 일로 위험이 생기거나 사고가 발생하여 온전하지 못한 상태가 되는 것이다.

안전은 인간의 행복한 삶을 위한 필수적인 요건이며, 다양한 특성을 지닌 영유아들이 함께 모여서 생활하는 유아교육기관에서 가장 우선적으로 갖추어야 할 조건 또한 안전이다. 영유아의 안전이 보장되지 않은 환경에서 좋은 교육은 이루어질 수 없으므로 영유아를 위한 안전한 환경과 활동을 제공할 수 있는 방법을 신중하게 모색하고 영유아 교육에 참여하는 모든 교직원이 체계적인 훈련과정을 통해 다양한 상황에서 안전사고를 예방하고 대처하는 방법을 지도해야 한다.

## 2) 영유아 안전사고의 실태 분석

안전사고는 크게 영유아, 물리적 환경, 성인에 의한 사고로 분류하여 살펴볼 수 있다. 영유아의 안전사고와 예방을 위해 최근 3년간의 안전사고 실태를 분석하고 그와 관련된 사고의 실제를 살펴보면 다음과 같다.

## (1) 영유아 요인에 의한 사고 실태

### ① 연령별 안전사고 현황

한국소비자원(2016)에서 최근 3년간(2013~2015년)의 어린이 안전사고를 연령별로 분석한 결과를 보면 〈표 1-1〉과 같다. 3년간의 총 76,845건 중 이제 막 걷기가 시작되면서 움직임이 많아지는 '1~3세(걸음마기)'가 38,524건(50.1%)으로 어린이 안전사고의 절반 이상을 차지하였고, 이어 '4~6세(유아기)' 16,580건(21.6%), '7~14세(취학기)' 15,063건(19.6%), '1세 미만(영아기)' 6,678건(8.7%)의 순으로 나타났다.

〈표 1-1〉 연령별 안전사고 현황(단위: 건, %)

| 구분 | 남아 | 여아 | 미상 | 총계 | 비율* |
|---|---|---|---|---|---|
| 영아기(1세 미만) | 3,755(56.2) | 2,920(43.7) | 3(0.1) | 6,678(100.0) | 8.7 |
| 걸음마기(1~3세) | 23,357(60.6) | 15,164(39.4) | 3(0.0) | 38,524(100.0) | 50.1 |
| 유아기(4~6세) | 10,145(61.2) | 6,432(38.8) | 3(0.0) | 16,580(100.0) | 21.6 |
| 취학기(7~14세) | 9,809(65.1) | 5,238(34.8) | 16(0.1) | 15,063(100.0) | 19.6 |
| 총계 | 47,066(61.3) | 29,754(38.7) | 25(0.0) | 76,845(100.0) | 100.0 |

출처: 한국소비자원(2016).

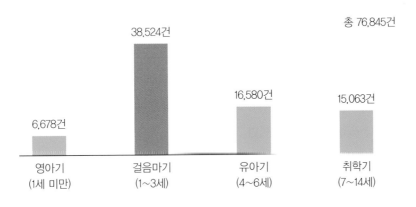

[그림 1-1] 연령별 안전사고 현황

영유아 요인으로 인한 사고는 대부분 영유아들의 발달적 미숙으로 인해서 발생한다. 영유아가 자신의 신체를 조절하지 못하거나 자신이 한 행동의 원인과 결과를 이해하지 못해서 사고가 발생한다. 영유아가 실제 신체조절 능력의 미숙으로 인한 영아와 유아 사고의 예를 보면 다음과 같다.

**화장실 변기 물을 내리다 치아가 부러짐**

2세 여아가 화장실에서 변기에 소변을 보고 물을 내리기 위해 변기 손잡이를 잡으려고 했으나 제대로 잡지 못하고 앞으로 넘어지면서 얼굴을 변기에 부딪쳐 치아가 부러지는 사고가 남

**유희실 벽면 유리에 부딪침**

4세 남아가 유희실에서 또래친구들과 '얼음놀이 게임'을 하며 달려가다 자신의 속도를 제어하지 못하고 벽면에 부딪쳐 얼굴에 타박상을 입음

② 연령별 사고유형(한국소비자원, 2015년 말 기준)

1세 미만 영아기의 안전사고 실태를 살펴보면 〈표 1-2〉와 같다. 6,678건 중 '침실 가구, 유아용 가구 등에 의한 추락'이 3,256건으로 가장 많아 전체의 48.8%를 차지하고, 다음으로 '침실·거실가구 등에 의한 부딪힘'이 845건(12.7%), '바닥재 등에 의한 미끄러짐·넘어짐' 745건(11.2%)으로 나타났으며 '전기밥솥, 정수기 등에 의한 화상'도 440건(6.6%)이 발생하였다.

1세 미만의 영아들은 하체에 비해 상체가 무거운 신체적 특성으로 인해 추락사고 시 머리부터 부딪혀 뇌진탕 등 중상을 입는 경우가 많으므로 각별한 주의가 필요하다. 또한 피부가 얇기 때문에 화상으로 인한 외상이나 후유증이 크게 남을 수 있으므로 화상사고 예방에 각별히 주의하여야 한다. 이 시기 영아들은 무엇이든 입으로

확인하는 습성이 있으므로 아이 주변에 작은 물건이나 의약품 등을 절대로 두지 않
도록 한다.

〈표 1-2〉 영아기(1세 미만) 주요 위해 사례 유형　　　　　　　　　　　　　(단위: 건, %)

| 순위 | 사고 유형 | 주요 원인 품목 | 건수 | 비율 |
|---|---|---|---|---|
| 1 | 추락 | 침실가구, 유아용 가구 등 | 3,256 | 48.8 |
| 2 | 부딪힘 | 침실 · 거실가구 등 | 845 | 12.7 |
| 3 | 미끄러짐 · 넘어짐 | 바닥재 등 | 745 | 11.2 |
| 4 | 화상 | 전기밥솥, 정수기 등 | 440 | 6.6 |
| 5 | 이물질 삼킴 · 흡인 | 완구, 배터리, 전지, 서적 · 인쇄물 등 | 409 | 6.1 |
| 6 | 눌림 · 끼임 | 문, 침실가구 등 | 279 | 4.2 |
| 7 | 구토, 두드러기 | 유가공품(분유류, 치즈류), 달걀 등 | 229 | 3.4 |
| 8 | 베임 · 찔림 | 문구 · 학습용품, 네일용품 등 | 215 | 3.2 |
| 9 | 중독 | 청소 · 세탁용품, 살충제 등 | 56 | 0.8 |
| 10 | 약물 부작용 | 의약품(주사액 등) | 41 | 0.6 |
| 기타 | | | 163 | 2.4 |
| 총계 | | | 6,678 | 100.0 |

출처: 한국소비자원(2016).

걸음마기(1~3세)의 안전사고 실태 〈표 1-3〉은 총 38,524건 중 '바닥재, 계단 등
에 의한 미끄러짐 · 넘어짐'이 10,813건으로 전체의 28.1%, '침실 · 거실가구 등에
의한 부딪힘'이 9,663건으로 전체의 25.1%를 차지하고 있다. 이외에도 '침실 · 거
실가구 등에 의한 추락' 6,462건(16.8%), '완구, 콩류 등에 의한 이물질 삼킴 · 흡인'
3,312건(8.6%) 등이 있다.

걸음마기는 몸통이 머리에 비해 빠르게 성장해 몸의 균형이 잡히며, 이동능력이
발달하여 다양한 움직임이 가능해지는 시기로서 영아기보다 미끄러짐, 부딪힘 등
움직임으로 인한 사고가 눈에 띄게 늘어난다. 관련 사고를 예방하기 위해서는 실내
외 바닥에 미끄럼 방지 바닥재를 설치하거나 매트를 깔아두는 것이 좋고, 가구나 문

모서리에 보호대 및 완충용품을 설치할 필요가 있다. 또한 호기심이 왕성한 시기로 단순한 이물질을 삼킬 뿐만 아니라 구슬, 동전 등을 코나 귓구멍에 넣어 다치는 사고가 급증하므로 작은 부품이 있는 완구나 소형 제품을 갖고 놀지 않도록 각별히 주의해야 한다.

〈표 1-3〉 걸음마기(1~3세) 주요 위해 사례 유형 (단위: 건, %)

| 순위 | 사고 유형 | 주요 원인품목 | 건수 | 비율 |
|---|---|---|---|---|
| 1 | 미끄러짐·넘어짐 | 바닥재, 계단 등 | 10,813 | 28.1 |
| 2 | 부딪힘 | 침실·거실가구 등 | 9,663 | 25.1 |
| 3 | 추락 | 침실·거실가구 등 | 6,462 | 16.8 |
| 4 | 이물질 삼킴·흡인 | 완구, 콩류 등 | 3,312 | 8.6 |
| 5 | 눌림·끼임 | 문, 승용차 문 등 | 2,866 | 7.4 |
| 6 | 베임·찔림 | 문구·학습용품 등 | 2,028 | 5.3 |
| 7 | 화상 | 전기밥솥, 정수기, 이·미용 가전제품 등 | 1,305 | 3.4 |
| 8 | 구토, 두드러기 | 과자, 조리식품 등 | 608 | 1.6 |
| 9 | 중독 | 청소·세탁용품, 손발톱용 화장품 등 | 309 | 0.8 |
| 10 | 동물에 의한 물림 | 애완동물 | 280 | 0.7 |
| | 기타 | | 878 | 2.2 |
| | 총계 | | 38,524 | 100.0 |

출처: 한국소비자원(2016).

유아기(4~6세)의 안전사고 실태를 살펴보면 〈표 1-4〉, 총 16,580건 중 '바닥재, 계단 등에 의한 미끄러짐·넘어짐'이 5,055건으로 전체의 30.5%, '침실·거실가구 등에 의한 부딪힘'이 3,848건으로 전체의 23.2%를 차지하여 걸음마기와 주요 안전사고 유형이 비슷하게 나타났다. 특히, 이 시기는 어린이집과 유치원 등 교육시설과 여가, 문화 및 놀이시설 이용이 많아지는 시기로 어린이 놀이시설 안전 확보를 위한 안전점검 강화 및 이용자의 안전수칙 준수가 중요함을 알 수 있다.

추락사고의 경우, 3세 이하에는 '침실ㆍ거실가구'로 인한 사고가 대부분인 반면, 유아기에는 '놀이터 장비 및 용품'으로 인한 사고 비율이 높아져 유아기부터 놀이터 등 외부활동이 활발해지면서 위해품목이 보다 다양해진 것으로 분석된다. 영유아가 계단 주변에서 놀지 않도록 주의하고, 추락ㆍ낙상사고 위험이 있으므로 계단 주변에서 유모차, 보행기, 자전거 등 바퀴가 달려 있는 제품을 사용하지 않도록 하여야 한다.

또한 이물질 삼킴ㆍ흡인사고가 1,389건(8.4%)으로 여전히 많이 발생하였는데, 작은 부품이 있는 완구나 소형제품을 갖고 놀지 않도록 주의시키고, 유아의 연령에 맞는 장난감 및 완구를 구매하여야 한다.

〈표 1-4〉 유아기(4~6세) 주요 위해 사례 유형 (단위: 건, %)

| 순위 | 사고 유형 | 주요 위해품목 | 건수 | 비율 |
|---|---|---|---|---|
| 1 | 미끄러짐ㆍ넘어짐 | 바닥재, 계단 등 | 5,055 | 30.5 |
| 2 | 부딪힘 | 침실ㆍ거실가구 등 | 3,848 | 23.2 |
| 3 | 추락 | 놀이터 장비 및 용품, 침실가구 등 | 2,639 | 15.9 |
| 4 | 이물질 삼킴ㆍ흡인 | 완구, 수산물, 생활용품 등 | 1,389 | 8.4 |
| 5 | 눌림ㆍ끼임 | 문, 승용차 문, 자전거 등 | 1,303 | 7.9 |
| 6 | 베임ㆍ찔림 | 문구ㆍ학습용품, 수저, 포크 및 나이프류 등 | 1,022 | 6.2 |
| 7 | 구토, 두드러기 | 조리식품, 과자, 가금류 등 | 356 | 2.1 |
| 8 | 화상 | 전기밥솥, 정수기, 이ㆍ미용 가전제품 등 | 230 | 1.4 |
| 9 | 동물에 의한 물림 | 애완동물 | 192 | 1.1 |
| 10 | 추돌ㆍ충돌 | 야구공, 축구공 등 | 81 | 0.5 |
| | | 기타 | 465 | 2.8 |
| | | 총계 | 16,580 | 100.0 |

출처: 한국소비자원(2016).

(2) 물리적 요인에 의한 사고 실태

어린이집의 물리적 환경에 의해 발생하는 사고요인은 어린이집 시설과 설비의 구조적인 문제, 어린이집의 안전장치 부족, 영유아에게 부적절한 물리적 환경에 의해서 초래된다. 즉, 시설물의 고장 및 파손상태의 방치, 위험한 장소의 영유아 출입, 영유아가 사용하기에는 부적절한 설비 등에 의해 발생되는 사고나 놀이기구 및 놀잇감에 의한 사고, 칼, 송곳, 가위, 포크, 젓가락, 펀치, 스테이플러, 톱, 글루건 등의 부주의한 보관 및 사용으로 발생되는 도구에 의한 사고, 영유아의 불장난, 가스폭발, 누전 및 전기용품 과열 등으로 발생되는 화재로 인한 사고, 영유아의 등·하원, 견학, 원내 활동 중 원의 출입 방조 및 어린이집 정문(현관)의 도로 노출로 인한 사고와 자전거, 씽씽카 등의 유동적 놀이기구와의 충돌로 발생되는 교통사고 등을 들 수 있다.

이들 물리적 요인 중 2013~2015년까지 접수된 어린이 이물질 삼킴/흡인사고의 실태를 보면 〈표 1-5〉와 같다.

〈표 1-5〉 이물질 삼킴/흡인사고 주요 위해 품목  (단위: 건, %)

| 구분 | 2013년 | 2014년 | 2015년 | 총계 |
|---|---|---|---|---|
| 완구, 인형 | 283(11.2) | 287(15.7) | 279(16.8) | 849(14.1) |
| 구슬 | 195(7.7) | 191(10.4) | 269(16.2) | 655(10.9) |
| 동전 | 133(5.3) | 98(5.4) | 90(5.4) | 321(5.4) |
| 스티커 | 66(2.6) | 73(4.0) | 62(3.8) | 201(3.3) |
| 전지(건전지 등) | 69(2.7) | 56(3.1) | 70(4.2) | 195(3.2) |
| 캔디 | 45(1.8) | 36(2.0) | 23(1.4) | 104(1.7) |
| 자석 | 39(1.5) | 32(1.7) | 23(1.4) | 94(1.6) |
| 단추 | 31(1.2) | 29(1.6) | 18(1.1) | 78(1.3) |
| 기타 | 1,668(66.0) | 1,026(56.1) | 825(49.7) | 3,519(58.5) |
| 총계 | 2,529(100.0) | 1,828(100.0) | 1,659(100.0) | 6,016(100.0) |

출처: 한국소비자원(2016).

3년간의 이물질 삼킴 사고를 분석해 보면 총 6,016건 중 완구, 인형을 흡인하는 것이 가장 많이 발생하고 다음으로 구슬, 동전, 스티커를 삼킨 것으로 나타났다. 연도별 총 발생 건수를 보면, 2013년에 비해 2년 사이 870건이 줄어들긴 했으나 완구, 인형, 구슬을 삼키거나 흡인하는 건수는 비슷하거나 더 늘어났음을 볼 수 있다. 단추형 전지나 강력 자석은 건수는 많지 않으나 이들을 삼켰을 경우 단시간 내 장내 손상을 일으키고, 심할 경우 사망에 이를 수도 있으므로 전지 및 자석 제품 취급에 주의가 필요하다. 이 외에도 주방 가전에 의한 화상사고도 3년간 총 2,426건이 발생하였고 블라인드 끈에 의한 질식사고로 사망에 이른 경우도 나타났다. 보호자는 영유아가 주방으로 들어오지 못하도록 주의하고, 뜨거운 음식물이나 고온물질을 바닥에 두지 않도록 각별한 주의가 요구된다.

## (3) 성인에 의한 안전사고 실태

성인에 의한 사고는 교직원의 부주의, 영유아에 대한 감독 소홀, 안전 지식과 이해 부족, 위험에 대한 의사 전달 부족, 안전 예방책 미비, 교직원의 스트레스, 정서적 불안 등의 요인에 의해 발생된다. 교직원의 부주의로 인한 사고는 위험한 물건의 보관 소홀, 부주의한 영유아에 대한 관찰 미흡, 위험한 영유아 행동에 대한 방관, 안전교육 부실 및 교사 자신의 경솔한 행동, 영유아들에게 규칙을 잘 설명해 주지 않아서 발생하는 사고 등이 있다. 이 외에도 방문자가 있는 경우, 영유아 수에 비해 부족한 교사 수, 아픈 영유아로 인해 교사의 일과 진행이 순조롭지 않은 경우, 영유아 능력에 대한 판단 오류, 일과가 끝날 무렵 또는 날씨로 인해 실외놀이를 할 수 없을 때 발생하는 사고 등이 있을 수 있다. 2011~2015년까지 어린이집에서 발생한 안전사고를 유형별로 살펴보면 〈표 1-6〉과 같다.

〈표 1-6〉 2011~2015년 6월까지 어린이집 안전사고 유형별 발생현황 　　　　　　(단위: 건)

| 연도 | 계 (명) | 사고유형 | | | | | | | | | |
|------|--------|--------|--------|------|--------|------------|------|--------|----------|------------|------|
|      |        | 부딪힘 | 넘어짐 | 끼임 | 떨어짐 | 이물질 삽입 | 화상 | 식중독 | 교통 사고 | 원인 미상 | 기타 |
| 2011 | 2,992 | 1,137 | 1,047 | 118 | 93 | 65 | 50 | 9 | 47 | 37 | 389 |
| 2012 | 2,485 | 849 | 849 | 90 | 83 | 40 | 85 | 3 | 51 | 10 | 425 |
| 2013 | 4,196 | 1,588 | 1,563 | 136 | 121 | 85 | 83 | 4 | 52 | 59 | 505 |
| 2014 | 5,814 | 1,912 | 2,187 | 190 | 134 | 106 | 111 | 7 | 100 | 22 | 1,045 |
| 2015 | 1,434 | 470 | 407 | 51 | 31 | 19 | 36 | 0 | 6 | 0 | 414 |
| 합계 | 16,921 | 5,956 | 6,053 | 585 | 462 | 315 | 365 | 23 | 256 | 128 | 2,778 |

출처: 김포신문(2015. 9. 30.).

　　2011년부터 2015년 9월까지 약 5년간 어린이집에서 발생한 안전사고는 총 16,921건이다. 부딪치고 넘어지는 사고가 가장 빈번하게 일어났고 이어 끼임과 추락하는 사고가 발생하고 있음을 볼 수 있다.

　　이상에서 살펴보았듯이, 영유아의 안전사고는 예기치 못한 상황에서 불시에 발생하므로 사고예방은 끊임없는 주의와 안전훈련의 실행만이 최선의 방법이다. 교사는 유아들과 함께하는 모든 활동에서 안전을 고려해야 하며, 주변 환경에 존재하는 다양한 종류의 위험요인을 사전에 발견하여 대처하는 것이 중요하다.

## 2. 아동권리

### 1) 아동권리의 개념 및 중요성

　　아동권리는 아동이 인간으로서 누려야 할 기본적인 제 권리를 총칭하며 그 주체인 아동이 태어나면서부터 성, 언어, 종교, 인종, 피부색, 능력에 관계없이 인간으로서 가지는 기본적인 권리를 말한다. 즉, 생애 시기적 특수성에 입각하여 특별한 보호와 배려를 받을 권리를 말한다. 아동권리협약은 1989년 UN(국제연합)총회에서 채택되어 1990년 발효되었고 한국은 1991년 비준했으며, 2016년 기준으로 전 세계 196개국이 비준하고 있다.

　UN 아동권리협약은 인권 사각지대에 놓인 아동의 권리 보장을 목적으로 한다. 역사적으로 아동은 성인의 시각에서 '보호와 통제'의 대상으로만 여겨졌고 의존성과 불완전한 의사능력 등으로 인해 권리 침해에 관한 관심을 받기 어려웠다. 18세기 후반 산업혁명과 20세기의 제1·2차 세계대전을 거치면서 아동의 인권 침해 문제가 대두되고 20세기 중반부터는 아동의 권리를 보장하고 인권 침해를 방지해야 한다는 여론이 국제적으로 형성되었으며, 그 결과 UN이 아동권리협약을 채택하기에 이르렀다. UN아동권리협약은 만 18세 미만 아동과 청소년의 기본권을 보장하고 아동을 단순한 보호대상이 아닌 권리를 가진 인간 주체로 규정하고 있다.

### UN 아동권리협약

'아동은 한 인간으로서 고유한 존재이며, 스스로가 권리의 주체자임을 인식하고 적극적인 참여를 통해 자신의 권리를 향유하고 자신의 권리를 온진하게 보장받을 수 있어야 함을 담고 있는 국제적인 약속'이며, '그 어떤 폭력도 정당화될 수 없다. 특히 아동에 가해지는 폭력은 미연에 방지되어야 한다.'

　한국은 1991년 아동권리협약을 비준하고 몇 년 단위로 협약에 관한 이행보고서를 작성해 유엔 아동권리위원회(Committee on the Rights of the Child: CRC)에 제출한다. 이행보고서는 지침에 따라 협약 이행을 위한 일반조치와 가정환경 및 대안 양육, 기초보건 및 복지, 교육과 문화활동 등의 주제로 작성되어 있다. 유엔 아동권리위원회는 이행보고서를 기반으로 협약 이행상황을 평가한 뒤 권고사항을 한국 정부에 전달한다.

UN 차원에서의 아동권리에 대해 세계인권교육프로그램을 제1기, 제2기로 나누어 정리해 보면 다음과 같다.

제1기는 2005년부터 2009년 사이로 인권교육의 중요성과 실행을 도모하기 위해 정부의 주요한 역할과 책임을 강조하여 초등 및 중등학교 제도 내의 인권교육을 위한 행동강령을 제시한 시기이다. 'UN 폭력에 관한 연구(UN Study on Violence)' 권고안(보건복지부, 2016)에서는 2009년까지 모든 환경에서 일어나는 모든 형태의 아동에 대한 폭력을 금지하는 것으로 목표일정을 확정하였다. 제2기는 2010년부터 2014년으로 고등교육 체계 내의 인권교육만이 아니라 다양한 분야의 전문가 대상 인권교육도 강조하였다. 특히 아동 관련 분야 전문가들에게 아동인권에 대한 전문적 이해 및 적극적 활동을 강조하였다(권귀염, 2017).

UN아동권리위원회에 대한민국은 가정과 가족, 학교와 교육현장, 그리고 보호시설이 아동에게 체벌을 공식적으로 허용하고 있는 환경으로 보고되어 있었다. 우리나라 아동권리에 대한 적극적인 관심은 2015년 초 인천지역 어린이집 아동학대 사건이 매스컴에 보도된 이후 아동학대가 사회적 이슈로 급부상하면서 국가 차원에서의 아동권리 증진에 대한 관심과 노력 또한 높아졌다.

최근 5년간 유아교육기관에서의 아동학대 적발 사건이 2010년 3건에서 2014년 81건(보건복지부, 2015)으로 급격하게 늘어났고 이에 2015년 8월 28일 아동복지법 시행령(제5조제2항) 개정 내용에는 "아동의 보호자는 아동에게 신체적 고통이나 폭언 등의 정신적 고통을 가하여서는 아니 된다."라고 부모를 비롯한 보호자가 아동에게 신체적·정신적으로 고통을 주는 행위를 금지하였다.

> **아동권리 증진을 위한 노력들**
>
> • 2012. 7. 전국 최초 보육교사 인권교육 실시(서울시교육청 & 국가인권위원회)
> • 2015. 1. 영유아보육법, 유아교육법 개정안 발의(영유아교사 인성교육 의무화 추진)
> • 2015. 4. 영유아 인권강사 양성과정 개설(국가인권위원회)
> • 2017. 4. 영유아인권감수성 향상과정, 영유아인권강사 역량강화과정 등 추가 개설, 운영(국가인권위원회)

매우 어린 영유아일지라도 자신의 권리를 누릴 권리의 주체로 살아가야 한다. 만약 성인들의 그릇된 아동관으로 인해 아동을 성인의 소유물로 인식하거나 존중받지 못한 존재로 성장하게 된다면 타인의 권리를 존중하는 성인으로 자라기 힘들 것이다. 영유아에게는 적합한 환경과 교육의 기회를 제공받아야 하는 인격체로서 존중받으며 성장할 권리가 주어져야 한다.

## 2) 아동권리의 유형과 인권의 실천

UN의 아동권리협약은 생존권, 보호권, 발달권, 참여권을 기본 권리로 정하고 있다. 생존의 권리는 인간다운 생활을 위한 기본권으로 적절한 생활수준과 안전한 주거지, 영양 섭취와 기본적인 보건서비스를 받을 권리 등을 말한다. 보호의 권리는 부당한 형사 처분과 아동에 대한 과도한 노동 등 모든 형태의 학대와 방임에서 보호받을 권리다. 발달의 권리는 교육을 받을 수 있는 권리와 문화생활 등 여가를 즐길 권리를 포함하는 개념이다. 참여의 권리는 아동이 자신에게 영향을 주는 문제에 대해 의견을 말할 수 있는 권리를 말한다. 이러한 아동권리의 네 가지 기본권은 서로 밀접하게 연계되어 있다.

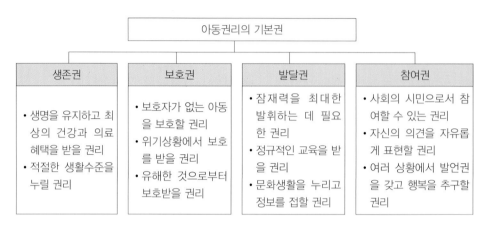

[그림 1-2] 아동권리의 기본권

아동권리에 대해 영유아교사와 학부모 간 인식수준을 보면(권귀염, 2017), 인권
교육의 필요성에 대한 인식은 영유아교사가 높은 반면, 아동인권에 대한 인식수준
은 학부모보다 낮고, 아동 인권에 대한 교사의 실천수준은 인식수준보다 낮았으며
영유아의 생존권과 보호권에 대한 인식보다 발달권과 참여권에 대한 인식이 더 낮
았다.

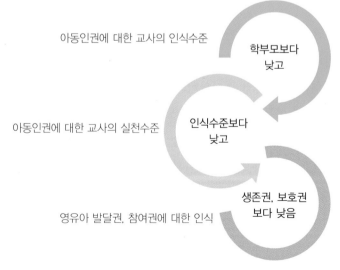

[그림 1-3] 영유아교사와 학부모 간 아동권리에 대한 인식수준

이와 같은 결과가 나타난 것에 대해 사례를 중심으로 원인을 찾아보고 우리의 교실이 인권 친화적이기 위해 어떤 준비를 갖추어야 할 것인지 알아본다. 이에 앞서 유아교육기관에서의 하루 일과 중 놀이 및 집단활동 시 나타나는 영유아의 인권을 침해할 수 있는 교사의 부적절한 발문을 짚어 보자.

### 자유선택활동 시

- (교실 밖을 나가는 1세 영아에게) 그래, 너는 거기 살아라.
- 친구를 힘들게 하는 사람은 혼자 놀이하세요. 애들아 ○○이가 저렇게 하면 되니 안 되니?

### 집단활동 시

- ○○이는 동생반 가서 바르게 앉는 법을 배워와야겠다.
- 아빠다리 했나요? 똑바로 앉으라고 몇 번을 말했니?
- 자꾸 떠들거니? 여기 너만 있니? 친구들한테 방해되잖아!
- 생각하는 의자에 혼자 앉아 있어라!
- (질문 많은 유아에게) 지금 그런 얘기 할 때가 아닌데. 지금 수업 중이잖아.

### 실외놀이 시

- (더 놀고 싶어하는 1세아에게) 넌 안 데려갈 거야. 너만 거기 있어!
- ○○는 약속을 지키지 않았으니까 놀이터에서 못 놀겠다.
- 이렇게 놀면 위험하다고 했는데 이제 ○○는 이 놀이를 할 수 없어.

이와 같은 인권을 침해하는 교사의 부적절한 언어들로 인해, 영유아의 참여에 대한 기회 박탈과 위협, 발달적 권리가 무시된 맹목적 복종과 강요 등을 볼 때, 영유아가 인권을 보장받을 수 있는 교실이라 할 수 있는지, 왜 이러한 상황이 발생하는 것인지, 영유아와 직접적인 관계를 갖는 교사들에게서 그 원인을 찾아본다.

첫 번째 원인으로는 영유아 개인의 발달의 적합성과 특성에 대한 지식을 실제 수업상황과 연계하고 그에 대해 반성적 성찰의 기회를 갖지 못하는 것과 관련된다고 볼 수 있다. 두 번째는 일촉즉발, 동시다발적으로 발생하는 우연한 상황들에 대응할 수 있는 교수전략의 미숙함과 상황을 읽어 내는 민감성이 떨어지는 것과 관련된다. 앞서 제시한 대부분의 사례는 교사들이 미처 의식하지 못하는 상태에서 발생하며 왜 문제가 되는지를 깨닫지 못하기도 한다. 세 번째는 과중한 직무와 그로 인한 스트레스 등으로 교사 자신의 행동과 정서를 조절하는 데 어려움이 있다고 보인다. 이로 인해 교육보다는 관리의 효율성을 우선하게 되고 교사 입장에서 자신이 힘든 것을 먼저 고려하다 보니 나타나는 결과라고 볼 수 있다.

### 3) 아동권리를 위한 관점의 변화와 인권교육

#### (1) 아동권리를 위한 관점의 변화

인습과 관습에 의한 교육이 아닌 영유아의 기본적인 권리가 존중되는 인권 친화적 교실을 위한 아동관과 교사의 권위에 대한 관점의 변화가 절실하다. 따라서 신체적으로 미숙하니까, 인지적 발달이 부족하니까 교사의 판단과 결정이 더 합리적이라는 믿음에서 벗어나야 한다.

즉, 영유아를 사회의 한 구성원으로서 권리의 주체자, 의사결정 참여자, 자율적 도덕성을 지닌 인격적 존재로 인정해 주어야 한다(권귀염, 2017). 이러한 과정에 영유아가 도덕성과 전문성을 갖춘 합리적 권위를 추구할 수 있도록 안내하며, 권위와 힘에 대한 복종이 아니라 상생과 협력의 관점을 추구하는 사회구성원으로 성장해 갈 수 있도록 지원하는 인권교육이 이루어져야 한다.

#### (2) 인권교육

영유아를 위한 인권교육은 교사의 '인권감수성'을 훈련하는 것에서부터 시작되어야 한다.

감수성이란 자극을 받아들여 느끼는 성질이나 성향을 뜻하는데, 영유아 교사는 타인과의 상호관계에서 나타나는 감정과 마음의 흐름을 민감하게 감지하고, 상황에 적절하게 대처하는 능력을 갖추기 위한 인권 감수성의 훈련이 절대적으로 요구된다.

**감수성 훈련**

감수성 훈련(sensitivity training)은 나와 타인과의 상호관계에서 나타나는 감정과 마음의 흐름을 예민하게 감지하고, 상황에 적절하게 대처함으로써 집단 조직을 생산적으로 이끌어 갈 수 있도록 익히는 훈련으로 레빈(Lewin)과 로저스(Rogers)의 인간중심치료에서 시작된다(유아교육용어사전).

인권감수성은 상황 지각 → 결과 지각 → 책임 지각의 과정으로 감수성을 높이는 연습을 반복함으로써 기를 수 있다(권귀염, 2017). 예를 들어, 앞의 자유선택활동 시간에 제시된 사례처럼, 친구를 귀찮게 하는 유아(상황 지각)를 교사가 훈육하면서 "친구를 힘들게 하는 사람은 혼자 놀이하세요."라고 말하며 또래 친구들에게 "얘들아, ○○이가 저렇게 하면 되니? 안 되니?"라고 한다면 어떤 결과가 예측되는가? 유아 입장에서 생각해 본다. 유아는 소외감을 갖게 될 것이고 자존감이 상처받을 것이며 그 결과 눈치를 보거나 뭐든 스스로 하지 못하고 묻는 일이 잦아질 것이다(결과 지각). 그 결과에 대해 교사는 영유아의 인권에 미칠 영향을 지각하고 교사로서 마땅히 해야 할 교수행위에 대해 책임을 지각해야 한다(책임 지각).

- 상황 지각: 일상 속에서의 특정 상황을 인권과 관련된 상황으로 판단하고 해석하며
- 결과 지각: 자신의 행동이 타인(영유아)에게 미칠 영향력을 파악하고
- 책임 지각: 상황 해결을 위해 어떻게 할 것인지 자신의 책임을 지각하는 것

교사가 일상에서 인권적 상황을 감지하지 못한다면, 영유아의 인권에 미칠 영향을

알지 못하고 자신이 마땅히 해야 할 행위에 대한 책임을 느끼지 못하게 된다. 영유아의 기본권리 중 교사들이 가장 낮은 인식을 보인 참여권에 대한 침해상황 중 빈번하게 나타나는 사례를 중심으로 점검해 보고 그 개선점을 제시하면 다음과 같다.

---

**인권교육 사례**

**사례 1:** 집단활동 시 "예쁘게 앉아 있는 친구만 시켜 줄 거예요."

- 상황 지각: 어떤 자세가 예쁘게 앉는 모습인가?보다는 '왜 바르게 앉아 있지 못하는 걸까?'를 고려한다.
- 결과 지각: 계속 산만한 상태로 간다면 그 결과는 어떻게 될까? 그래서 "바른 자세로 앉자."라고 한다면 영유아가 얼마 동안 같은 자세로 앉아 있을 수 있을까? 예쁘게 앉아있지 않으면 학습이 이루어질 수 없는가? 그 결과는 어떻게 될까?
- 책임 지각: '어떤 자세로 어디까지 허용할 것인가?'를 고려하고 영유아와 교사가 함께 협의해서 방해되지 않으면서 활동할 수 있는 방법을 찾아본다. 협의한 결과가 교사의 방향과 다소 다를지라도 크게 문제되지 않는다면 적용해 보는 기회를 갖고 스스로 방안을 찾아 개선해 가도록 한다.

권귀염(2017)을 참고하여 각색함.

---

참여권 침해의 또 다른 예로는 흥미영역에 들어갈 때 교사가 지정한 숫자만큼만 '이름표 붙이고 흥미영역에 들어가기'를 함으로써 영역별 인원수나 영역 간 이동을 제한하고 유아의 놀 권리, 선택의 권리를 박탈하며 영유아의 참여권을 침해하는 경우가 많다. 유아들의 자유로운 선택에 대해 긍정적으로 허용하고 인정해 줌으로써 유아가 놀 권리, 선택의 권리를 배울 기회를 제공해 주어야 한다. 즉,

- 협의를 통해 유아가 '놀이영역 운영방법을 결정'하도록 하여 협의를 배울 기회를 준다.

• 놀이 후 평가를 통해 서로 불편한 점과 권리에 대해 유아-교사가 함께 토론하
  도록 한다.

이를 통해 놀이감 나눠 쓰기와 자율적 도덕성이 증진될 수 있고 유아들의 진정한
놀 권리가 보장될 것이다.

좋은 수업을 하는 교사는 어린이의 권리를 인정하여 그들의 '사고를 경청하는 것'
부터 시작하여야 한다(Dahlberg, Moss, & Pence, 2007; 권귀염, 2017 재인용).

1. 영유아의 안전사고는 1~3세 걸음마기가 절반을 차지할 정도로 가장 높으며, 4~6세의 유아가 그다음으로 높게 나타나 영유아기 안전사고예방을 위한 대처방안이 매우 필요하다는 것을 알 수 있다.

2. 영유아 연령별 안전사고는 연령별 발달특성과 관련되어 다소 다르게 나타나, 연령에 따른 안전사고 예방대책 또한 다양하게 수립되어야 한다.

3. 물리적 환경에 의한 안전사고는 유아교육기관 시설과 설비의 구조적인 문제, 안전장치의 설치 여부, 영유아에게 부적절한 설비 등에 의해 발생됨에 유의하여 물리적 환경에서 발생할 수 있는 안전사고유형을 잘 숙지하여 안전한 환경을 마련하여야 한다.

4. 성인에 의한 안전사고는 교직원의 부주의, 영유아에 대한 감독 소홀, 안전 지식과 이해 부족, 위험에 대한 의사 전달 부족, 안전 예방책 미비, 교직원의 스트레스, 정서적 불안 등의 요인에 의해 발생됨을 알고 성인 스스로 먼저 안전한 생활을 습관화하여야 한다.

5. 영유아의 안전은 아동권리의 하나이며 UN에서는 인권 사각지대에 놓인 아동의 권리를 보장할 목적으로 생존권, 보호권, 발달권, 참여권을 기본 권리로 아동권리협약을 채택하여 196개의 국가가 이에 비준하였다.

6. 인권존중의 생활화, 인권문화를 정착하기 위해서는 불평등 해결을 위한 관점을 변화시키고 인권을 통한 교육, 보호자의 인권감수성을 함양시켜야 한다. 인권감수성의 과정은 상황 지각–결과 지각–책임을 지각하는 과정으로 일상에서 실천될 수 있도록 훈련한다.

# 연령별 발달특성과 안전수칙

영유아기는 신체 · 인지 · 정서 · 사회성 발달이 어느 시기보다도 급속히 발달하는 시기이다. 또한 이 시기의 영유아는 주변 환경에 대해 호기심이 많고 탐색하고자 하는 욕구가 강하기 때문에 여러 상황에서 안전사고가 빈번히 일어난다. 그러므로 영유아를 안전사고로부터 보호하고 예방하기 위해서는 각 연령별 단계에 따른 영유아의 발달적 특성을 알고, 연령별 안전교육 내용과 숙지하여야 한다. 이에 영아기(0~1세, 2세)와 유아기(3~5세)의 연령별 발달적 특성을 살펴보고, 각 시기별로 발생할 수 있는 주요 안전사고를 미연에 방지할 수 있는 환경을 마련하기 위해 안전예방수칙에 대해 알아본다.

# 1. 2세 미만 영아의 발달특성과 안전수칙

## 1) 2세 미만 영아의 주요 발달특성

영아를 안전하게 보호하고 적절한 안전교육을 실시하기 위해서는 이들의 발달특성을 파악하는 일이 중요하다. 0세 영아는 출생에서부터 12개월까지로 발달과 성장이 가장 급속하게 일어나는 시기이다. 성인에게 의존하고 보호받던 영아는 스스로 기고, 앉고, 서고, 1년 만에 혼자 걸을 수 있게 되는 신체적인 발달을 이루고 울음에서 시작하여 몸짓, 언어를 이용하여 다른 사람과 의사소통을 할 수 있는 언어능력을 발달시키며, 주 양육자와의 밀접한 상호작용을 통한 애착, 신뢰감 등 사회정서적인 발달 능력을 보이기 시작한다. 또한 이 시기 영아는 사물에 대한 호기심으로 주변의 모든 물건을 만지고 입으로 탐색하기 시작한다. 그러나 이 시기 영아들은 스스로 움직이기보다는 성인에 의지하는 정도가 높다. 특히 출생 후 3개월까지는 자는 시간 외에는 엄마에게 안겨 있는 시간이 대부분이므로 영아가 스스로 움직이다가 사고를 당하기보다는 주위 사람들의 실수나 위험한 환경으로 인해 사고가 발생하는 경우가 많다. 다시 말하면 영아에 대한 성인의 태도 그 자체가 바로 사고와 연결된다고 볼 수 있다.

여기서는 0~12개월, 13~24개월 영아의 주요 발달특성에 대해 알아보고 이러한 발달특성으로 인해 발생할 수 있는 안전사고를 예방할 수 있는 주된 안전수칙에 대해 알아본다.

### (1) 0~12개월 주요 발달특성

이동능력이 발달하기 시작하고 의도적으로 어떠한 행동을 시도하기 시작하는 4개월부터 12개월까지의 주요 발달특성에 대해 살펴본다.

〈표 2-1〉 4~6개월 영아의 발달특성

| 구분 | 발달특성 |
|---|---|
| 신체발달 | • 4개월이 되면 엎드린 자세에서 머리와 가슴을 들며, 발을 입으로 가져와 발가락을 빨기도 한다.<br>• 5개월이 된 영아를 받쳐 주면 서 있는 자세를 유지한다.<br>• 약간의 도움으로 균형을 유지하며 앉아 있을 수 있다.<br>• 우유병이나 딸랑이를 한 손 혹은 두 손으로 잡는다.<br>• 5개월쯤이면 물체를 잡기 위해 팔을 뻗고 작은 물체에도 관심을 갖는다. |
| 언어발달 | • 놀잇감을 갖고 놀면서 또는 얼굴을 보면서 소리를 많이 낸다.<br>• 이야기하는 소리가 들리면 돌아보고 대상을 찾는다.<br>• 이름을 부르면 고개를 돌린다.<br>• 5개월경이 된 영아는 기쁨과 실망 등의 정서상태를 소리로 표현한다. |
| 지적발달 | • 어머니의 목소리를 구별한다.<br>• 4개월이 되면 물건을 잡고, 쳐다보고, 빨아보는 등 눈과 손의 협응이 활발해진다. 만지고, 잡고, 흔들고, 입에 넣는 행동을 반복한다.<br>• 5~6개월경이 되면 오른손과 왼손 중 자신이 선호하는 손의 사용이 시작된다. |
| 사회·정서발달 | • 친숙한 사람과 낯선 사람을 구분하기 시작하며 친숙한 사람이 나타나면 즐거움을 표현한다. 5개월이 되면 성인과 영아를 구별하며 낯선 사람에 대해 쉽게 접근하려 하지 않고 두려움을 보인다.<br>• 5개월이 되면 얼굴 표정을 보며 모방한다. 또한 애착이 형성된다. |

〈표 2-2〉 7~12개월 영아의 발달특성

| 구분 | 발달특성 |
|---|---|
| 신체발달 | • 8개월경이 되면 가구를 붙잡거나 기대어 설 수 있고 11개월이면 가구를 잡고 이동한다. 12개월이 되면 도움 없이 걸을 수 있다.<br>• 8~9개월경이 되면 계단을 기어서 오른다. 10개월이 되면 능숙하게 기어간다.<br>• 12개월이 되면 던지기를 즐긴다.<br>• 7개월이 되면 엄지, 검지를 사용한다.<br>• 8~9개월경이 되면 양손에 물건을 잡고 두드리는 행동을 보인다.<br>• 10개월이 되면 찢기를 할 수 있고, 작은 구멍이나 틈에 손가락을 찔러보는 행동을 한다.<br>• 12개월이 되면 손가락으로 꽤 작은 물건을 집을 수 있고 쌓기를 할 수 있다. |

| | |
|---|---|
| 언어발달 | • 8개월경 마치 어른의 언어와 같은 음의 고저와 강약의 옹알이를 하며 싫다고 고개를 흔들며 의사를 표현한다.<br>• 8개월경 간단한 지시어("안 돼." 같은)를 이해한다.<br>• 10개월이면 "안 돼."의 의미를 알지만, 곧 다시 행동을 반복한다.<br>• 12개월경이면 한 단어로 여러 가지 의미를 표현하며, "안 돼."라고 금지할 때 화내거나 울기도 한다. |
| 지적발달 | • 8개월이 되면 물체를 잡고, 떨어뜨리고, 여러 각도에서 살펴보는 등 보다 적극적으로 탐색활동을 한다.<br>• 관심이 있는 것에 보다 지속적으로 몰두한다.<br>• 11개월경 모방행동이 증가하고 12개월이면 자기와 다른 사람은 다르고 분리되어 있음을 인식한다.<br>• 보거나 만진 물건을 보다 오래 기억할 수 있고 만진 사물을 기억하고 재인하는 '촉각적인 재인 기억'을 할 수 있다. |
| 사회·정서발달 | • 9개월이면 놀이 활동에 보다 적극적이다.<br>• 10개월이 되면 탐색놀이를 하려고 양육자 곁을 잠시 떠나기도 하지만 격리불안을 강하게 느낀다.<br>• 10개월이면 또래에 대한 관심이 많고, 12개월이 되면 사회적인 놀이(장난)를 하고 또래와 함께 있기를 좋아한다.<br>• 12개월이면 간섭하면 고집을 부리기도 하고, 금지된 행동을 혼자 있을 때 하려고 한다. |

### (2) 13~24개월

1세 영아는 걷기 시작하면서 주변 환경에 대해 탐색적인 행동이 급격히 증가하게 된다. 또한 새로운 기술이 발달하면서 운동 기능을 발달시켜 나가게 되고 성인에게 의존하던 것들을 혼자 스스로 하고 싶어 하고 자아개념이 생기기 시작하면서 감정 표현과 정서조절 능력과 자기 통제력 발달의 기초가 되는 시기이다. 또한 1세가 되면서 영아는 잠자는 절차에 익숙해져 있다. 즉, 씻고, 물이나 우유를 마시고, 안녕하고, 뽀뽀하고, 잠을 자는 일련의 절차에 습관이 되어 있는 시기이다(장영희, 2000). 이와 더불어 일상생활 훈련이 가능해지게 되면서, 신발에 발에 넣으려 하고 쉽게 신고 벗을 수 있는 신발과 양말을 벗을 수 있고. 놀잇감 치우는 것을 돕기도 하며 칫솔질을 시도하거나 대소변 훈련을 실시할 수 있는 준비가 된다. 여기서는 13~18개월, 19~24개월로 나누어 주요 발달의 특성을 정리한다.

〈표 2-3〉 13~18개월 영아의 발달특성

| 구분 | 발달특성 |
|------|----------|
| 신체발달 | • 커다란 물건을 끌어당기거나 밀기를 좋아한다.<br>• 한 손을 잡아주면 계단을 오르고 내려갈 수 있다.<br>• 모험적인 신체운동을 즐긴다.<br>• 그림책을 보며 2~3페이지를 한꺼번에 넘긴다.<br>• 3~4개의 정육면체를 쌓을 수 있다. |
| 언어발달 | • 신체부위를 이야기하면 손으로 지적할 수 있다.<br>• 들은 소리를 보다 정확하게 모방할 수 있다.<br>• 익숙한 사물이나 대상을 그림책에서 찾아보기를 즐기고 사물의 이름 붙이기에 열중한다. |
| 지적발달 | • 다양한 탐색행동을 즐기며, 자신의 행동을 다양하게 변화시켜본다.<br>• 목적물(장난감)을 얻기 위하여 수단(막대기)을 사용한다.<br>• 성인의 모습을 모방한다. |
| 사회 · 정서발달 | • 손을 흔들거나 머리를 숙여 인사를 할 수 있다.<br>• 부모의 말소리나 얼굴 표정 등에 따라 적절히 반응한다.<br>• 단순한 집안일을 모방하거나 하고 싶어 한다.<br>• 어려움이 있을 때 도움을 청한다.<br>• 또래 친구를 치거나 당기는 등 물체를 탐색하듯이 행동한다. |

19~24개월의 시기는 걸음마가 더욱 능숙해지고 신체 균형의 안정성이 커지는 시기이다. 이 시기는 일상생활습관을 지도할 때이다. 즉, 잠을 자는 시간이 아직도 일상화되지 않았다면 더 이상 지체하지 말고 잠자는 습관을 지도해야 하고, 다양한 음식의 맛을 경험하고 균형 잡힌 영양을 섭취할 수 있도록 도와 바람직한 식생활습관이 형성되어야 한다. 이 시기를 놓치게 되면 고집스럽고 자신의 주장을 내세우는 2세가 된다는 점을 유념하여 특별한 관심과 노력을 기울여야 한다.

〈표 2-4〉 19~24개월 영아의 발달특성

| 구분 | 발달특성 |
|------|----------|
| 신체발달 | • 혼자 앉을 수 있고, 난간을 잡고 계단을 혼자 오르고 내려갈 수 있다.<br>• 선을 따라 걸을 수 있다.<br>• 책의 페이지를 넘긴다.<br>• 오른손과 왼손 중 어떤 하나를 보다 자주 사용한다. |
| 언어발달 | • 두 단어를 조합하기 시작한다.<br>• 운율이 있는 노래나 라임을 즐기며, 아주 짧은 이야기를 즐겨 듣는다.<br>• 신체의 명칭을 3~4가지 말할 수 있다. |
| 지적발달 | • 간단한 지시에 따를 수 있다.<br>• 원인과 결과를 고려하기 시작한다.<br>• 자신의 사진을 보며 자신의 이름을 말할 수 있다. |
| 사회·정서발달 | • 다른 사람을 즐겁게 하는 것을 좋아한다.<br>• 낯선 큰 소리에 공포반응을 보인다.<br>• 주변 상황을 고려하여 자신의 요구를 조절하는 것을 배우기 시작한다.<br>• 성인이 요구하면, 물건을 제 위치에 갖다 놓을 수 있다. |

## 2) 2세 미만 영아의 안전수칙

0~1세 영아 안전사고의 대부분은 성인의 부주의로 인해 발생하므로 안전사고의 위험 요소를 제거하는 것이 영아 안전사고를 예방할 수 있는 방법이다. 0세의 경우 일상에서의 안전과 관련된 사고가 빈번하게 발생하고, 1세 영아의 경우 놀이에 의한 안전사고가 증가하는 시기이다. 구체적으로 0~1세 영아에게 빈번하게 발생하는 안전사고는 추락 및 충돌, 질식사고, 이물질 흡입, 중독, 화상 등이 있다. 0~1세 안전사고의 예방수칙과 영아돌연사증후군에 대해 알아본다.

### (1) 추락 및 충돌사고

이 시기 영아는 주로 침대에서 굴러떨어지거나 보행기를 타고 다니다가 넘어져 추락이나 충돌사고가 발생할 수 있다. 또한 걷기를 배우기 시작하는 이 시기 영아가 넘어지고 부딪치는 일은 허다하게 일어나며 일상적인 일이다. 그러나 하체에 비해 머리와 상체 부분이 무거운 영아의 신체적 특징으로 인해 균형 감각이 부족하고, 넘어졌을 경우 두개골이 딱딱하지 않아 머리를 다칠 위험이 있으며 머리를 다칠 경우 뇌 손상의 위험이 있다. 이러한 사고를 예방하기 위한 수칙으로는 다음과 같다.

- 보호 울타리가 없는 침대나 식탁, 소파, 의자, 보행기 또는 다른 높은 장소에 혼자 두지 않는다.
- 항상 침대의 난간을 올려놓는다.
- 계단이나 현관, 낮은 창, 베란다 등에서의 추락사고 방지를 위해 보호대, 안전 울타리 등을 설치한다.
- 깨지기 쉬운 진열대 물건의 추락으로 인해 사고가 일어나지 않도록 한다.
- 가능한 한 보행기를 사용하지 않는다. 특히 계단 근처에서 사용하지 않는다.

### (2) 질식 및 이물질 흡입 사고

질식이란 순환 혈액 속의 산소가 부족하고 이산화탄소가 과다한 현상을 의미한다. 영아에게 발생하는 질식사고의 원인은 이물 흡입으로 인한 기도폐쇄, 호흡기 압박, 익수, 공기 중의 산소 부족 등 다양하다. 잠잘 때 이불이 아기의 얼굴을 덮거나 수유 시 젖을 먹으면서 사레들거나 숨 막히는 사고가 발생하기도 한다.

이 시기 영아들은 호기심이 많아 탐색활동이 활발하며 손에 잡는 물건은 본능적으로 잡고 입으로 가져가 탐색하는 경향이 있다. 이러한 특성으로 인해 영아들은 이물질 흡입사고나 중독사고의 위험이 발생한다. 이때 삼키는 이물질이 식도로 넘어가는 경우와 기도로 넘어가는 경우로 나누어 생각해 볼 수 있는데, 식도로 넘어갔을 경우 대변에 피가 섞여 나오거나 색깔이 쉽게 변하는지, 이물질이 배출되는지 주의 깊게 관찰해야 한다. 이상 증상이나 평상시와 다른 영아의 행동이 나타나면 즉각 병원에 가서 의사의 진단을 받아야 한다.

흡입된 물질이 기도로 들어가면 위험이 더 커진다. 이물질 크기가 아주 작을 경우

호흡곤란이나 기관지염, 폐렴을 일으킬 수 있고, 크기가 큰 경우에는 기도를 막아 질식사고의 위험이 있다. 이물질이 기도로 넘어갔을 경우, 대부분의 영아는 숨이 막혀 더 크게 숨을 들이마시게 되는데 이때 이물질이 더 깊이 들어갈 위험이 있다. 이 상황에 성인이 당황하여 영아의 입안에 손가락을 넣어 이물질을 제거하려 하다가는 자칫 이물질을 입 안쪽으로 더 밀어 넣게 될 수도 있다. 따라서 필요한 경우에는 손가락을 영아의 입 측면으로 깊숙이 넣은 다음 밖으로 훑어내도록 한다. 이물질이 눈에 잘 보이지 않거나 꺼내기 어려운 경우에는 잘못 건드리면 상황을 더욱 악화시킬 수 있으므로 함부로 시도하지 말고 가까운 병원을 찾는 것이 안전하다(한국소비자원, 2016). 2세 미만 영아의 질식 방지를 위한 안전수칙을 제시하면 다음과 같다.

- 침대 매트리스나 요, 이불 등은 너무 두껍거나 푹신하지 않은 것으로 한다.
- 영아와 성인용 침대에서 함께 자지 않는다.
- 우유는 안아서 먹이고 반드시 트림을 시켜 누웠을 때 역류하는 것을 예방한다.
- 핀이나 날카로운 물체, 단추나 구슬, 그 밖의 작은 물체들이 영아의 손에 닿지 않도록 한다.
- 얇은 비닐, 비닐봉지, 끈, 베개 등에 의해 영아가 질식하거나 목이 졸리지 않도록 한다.
- 덩어리가 큰 음식을 먹이지 않는다.
- 딱딱한 사탕이나 땅콩, 씨가 있는 음식을 먹이지 않는다.
- 놀잇감의 크기는 3.5cm 이상의 것을 제공한다.
- 목욕실에 영아를 혼자 두지 않는다.

### (3) 중독사고

영아기는 새로운 것에 대한 탐색욕구가 활발한 반면, 사물에 대한 이해력은 매우 제한되어 있기 때문에 약물, 화학약품 등에 대한 중독사고도 흔히 발생한다. 영아가 기어 다니기 시작하면서 집 안에 있는 일상 약품이나 화장품 등 무엇이든 입에 넣을 위험이 있으므로 특별한 주의가 필요하다. 위험한 물질 등에 의한 중독사고 예방수칙을 정리하면 다음과 같다.

- 가구나 장난감에 칠해진 페인트에 납 성분이 포함되었는지 확인한다.
- 유독성 물체는 영아의 손에 닿지 않는 곳에 둔다.
- 약물과 가정용 화학용품 등은 안전마개가 있는 것으로 선택한다.
- 의사의 처방전 없이 약물을 투여하지 않는다.
- 냉장고나 식품 저장고에 유독성 물체를 보관하지 않는다.

### (4) 화상사고

영아의 피부는 매우 약하다. 식탁 위의 뜨거운 음식에 손을 댈 수 있고 뜨거운 차가 담긴 찻잔을 만질 수도 있다. 김이 나는 밥솥 가까이 기어갈 수도 있고 전자레인지에서 막 꺼낸 음식을 만지거나 바닥에 방치된 전선을 만지다 입에 넣고 빨 수도 있다. 이러한 것들이 영아 주변에 방치되거나 놓여있지 않도록 해야 한다.

- 팔꿈치로 목욕물의 온도를 점검한다.
- 우유를 먹이기 전에 팔목 등에 떨어뜨려 보아 항상 온도를 확인한다.
- 뜨거운 음료와 음식, 다리미, 커피포트, 가습기 등은 영아의 손이 닿지 않는 곳에서 사용하고 근처에 두지 않는다.
- 뜨거운 수증기가 나오는 제품은 피한다.
- 콘센트 안전덮개를 하거나 콘센트 앞에 가구를 배치한다.
- 전선은 몰딩 처리를 하거나 영아의 손이 닿지 않는 곳에 둔다.
- 식탁보를 잡아당기거나 식탁 위의 음식으로 인한 화상사고가 일어나지 않도록 한다.
- 햇빛에 노출될 때는 자외선 차단제를 바른다.

## (5) 영아돌연사증후군

영아돌연사증후군(Sudden Infant Death Syndrome: SIDS)은 분명한 사인이 없고 사망에 이를 과거 병력이 없으며, 외적으로 보기에도 특별한 문제가 없는 1세 미만의 영아가 갑자기 사망한 경우를 말한다(이기숙, 장영희, 윤선화, 정미라, 2011). 영아돌연사증후군은 성별로는 남아에게 많이 나타나고, 발생 연령은 주로 생후 1개월~1년 사이이며, 전체 영아 사망의 40~50%가 영아돌연사증후군이 차지한다. 영아돌연사증후군 중 85% 정도는 생후 2~4개월 사이에 일어나며 생후 6개월 미만에 발생하는 비율이 95%에 이른다(이기숙 외, 2011). 시기별로는 3~5월과 12~2월에 많이 발생하는 것으로 나타났다.

영아돌연사의 원인은 아직 정확히 밝혀져 있지는 않으나 엎드려 눕혀서 재우는 것과 관련되어 있다는 것이 알려져 있으며, 침대 공동 사용, 과 보온, 흡연, 유전적 요인, 저체중아, 미숙아, 산모 연령(18세 이하) 등의 요인들로 추정되고 있다.

영아돌연사증후군 예방을 위한 교사의 안전수칙은 다음과 같다(어린이안전공제회, 2015).

- 영아를 재울 때는 두 돌 전, 특히 한 살 이하의 영아는 엎드려 눕히거나 옆으로 눕히지 말고 바닥에 등을 대고 천정을 보도록 바로 눕힌다.
- 자는 동안 영아의 얼굴과 머리가 이불에 덮이지 않도록 주의하고, 잘 때 주위에 놀잇감, 인형, 베개 등 다른 것이 없도록 한다.
- 영아가 수면하는 바닥의 면이 단단해야 하며 덥지 않게 한다.
- 낮잠을 잘 때의 방은 어둡지 않게 하여 영아의 얼굴 표정을 살필 수 있어야 한다.
- 영아 수면 시 자리를 비우는 일이 없도록 한다.
- 수시로 영아의 상태 확인 및 시간을 기록한다.
- 수면실은 외부에서 창을 통해 관찰할 수 있어야 한다.
- 영아와 같은 침대에 자거나 바로 옆에 눕지 않도록 한다.
- 담배 연기에 노출되지 않도록 한다.

유아교육기관에서 영아돌연사 사망 발생 시에는 사고 발생 즉시 시장, 군수, 구청
장에게 보고하고(즉시 유선 통보 후, 서식에 의한 보고를 진행), 사고보고 내용을 기관
의 보육통합정보시스템에 입력하되, 어린이안전공제회에도 사고 보고를 함께 진행
하도록 한다.


# 2. 2세 영아의 발달특성과 안전수칙

## 1) 2세 영아의 주요 발달특성

출생한 후 2년까지는 급성장기로 이 시기의 영아는 신체적으로 신장과 체중이 급
격히 증가한다. 다른 사람과의 접촉을 원하는 시기이기 때문에 항상 누군가와 함께
있거나 놀고 싶어 하고 누군가가 자기와 함께 있어 주기를 원하지만 공격적인 성향
을 나타내기도 한다. 또한 쾌감이나 불쾌감 등 정서적 분화가 나타나기 때문에 놀이
를 하다가 화가 난 영아는 상대방을 물거나 물건을 던져 부상을 입힐 수도 있다. 언
어는 획득해 가는 시기이나 위험을 신속하고 정확히 전달할 수 있는 능력이 부족하
기 때문에 교사는 위험 요소를 제거하고, 사고의 가능성에 대해 주의를 기울여야 한
다. 2세 영아의 주요 발달특성을 정리하면 다음과 같다.


### (1) 25~30개월

이 시기 영아는 일상적 일과 습관이 고정되는 시기이다. 손 씻기를 즐기고 양치질
을 하고 물로 입을 헹굴 수 있으며 옷을 입고 벗는 것에 흥미를 보이는 시기이다. 가
능한 영아를 화장실로 데리고 가서 직접 보여주고 변기의 물을 낳기는 것을 영아가
해 보도록 하는 등 영아가 할 수 있는 일을 해볼 수 있도록 한다.

〈표 2-5〉 25~30개월 영아의 발달특성

| 구분 | 발달특성 |
|---|---|
| 신체발달 | • 오른발로만 서 있을 수 있다.<br>• 길에 장애물이 있으면 피해서 걸을 수 있다.<br>• 양발로 계단을 오르내린다.<br>• 모서리를 각이 지게 돌지 못하고, 뛰어가다 갑자기 멈추지 못한다.<br>• 또래친구와 싸움놀이를 즐긴다.<br>• 여러 가지 물체를 던지기를 즐긴다.<br>• 문고리를 손으로 돌릴 수 있다.<br>• 연필이나 크레용을 잡고 선을 그릴 수 있다. |
| 언어발달 | • 두 단어 문장을 사용하고 사람들이 하는 말이나 억양을 모방한다.<br>• 그림책을 즐기며, 250~300개의 어휘를 이해할 수 있고 약 50개의 단어를 사용할 수 있다. |
| 지적발달 | • 상징적 놀이에 참여할 수 있고 사물을 머릿속으로 그릴 수 있다.<br>• 신체부위의 명칭을 안다. |
| 사회 · 정서발달 | • 자율성과 독립심이 발달하고 어머니에 대하여 강한 애착심을 보인다.<br>• 또래나 또래의 놀이 활동에 관심을 보인다.<br>• 자기가 좋아하는 것을 "내 것"이라고 하며 혼자서 스스로 하기를 주장한다.<br>• 병행적 놀이형태가 나타나고 모방놀이를 즐긴다. |

## (2) 31~36개월

이 시기는 배변훈련이 되어 있지만 밤에는 조절하기 어렵다. 숟가락이나 컵을 혼자 사용할 수 있고 스스로 음식을 먹을 수 있으면서 흘리는 양도 적어진다. 끈을 매거나 하지 않는 신발은 스스로 신고 벗을 수 있다.

〈표 2-6〉 31~36개월 영아의 발달특성

| 구분 | 발달특성 |
|---|---|
| 신체발달 | • 잘 달릴 수 있으나 멈추는 행동은 아직 미숙하다.<br>• 양발을 모아 평지에서 점프할 수 있고, 낮은 의자에서 바닥으로 점프할 수 있다.<br>• 작은 세발자전거를 탈 수 있다. |

| 언어발달 | • 어휘 수가 급격히 증가하며(900개의 어휘), 3~4개의 단어로 된 문장을 사용한다.<br>• "왜"라는 질문을 많이 한다.<br>• 그림책을 즐겨보며 반복되는 운율과 리듬을 즐긴다. |
|---|---|
| 지적발달 | • 호기심이 많아지고 스스로 문제를 해결하고자 노력한다.<br>• 간단한 수 개념을 이해하고 탐색행동을 즐긴다.<br>• 집중시간이 길어진다. |
| 사회·<br>정서발달 | • 다른 사람을 위해 도와주고 싶어 하고 칭찬을 받으면 기뻐한다.<br>• 형제와 자주 싸우고 동생에게 질투심을 보인다.<br>• 또래와 함께 놀이에 참여한다.<br>• 가상놀이, 상상놀이를 즐긴다. |

## 2) 2세 영아의 안전수칙

걸음마기 영아들은 물체를 잡고, 쌓거나, 집어넣거나 돌리는 행동도 가능하게 되며 크레용으로 그림을 그리고 블록을 쌓고 끼우는 놀이 등을 적극적으로 할 수 있을 만큼 신체운동 능력이 증진되면서 안전사고도 많이 발생한다. 또한 주어진 상황에서 문제를 해결하고자 노력하고 다른 사람의 행동을 모방하거나 또래 간 놀이 활동이 증가하는 반면, 다른 사람의 관점을 이해하고 배려하는 등의 능력은 부족하다 보니 놀이를 하다가 순간적으로 상대방을 물거나 물건을 던져 상대방에게 부상을 입히는 등의 놀이안전사고와 대인안전사고가 증가한다. 이 시기는 무엇이 위험한 것인지를 직접적인 행동이나 체험을 통하여 가르치는 동시에 적절히 보호해야 하는 시기이기 때문에 더욱 세심한 안전교육이 요구된다. 2세 영아의 안전수칙을 살펴보면 다음과 같다.

### (1) 추락 및 충돌 사고

이 시기 영아들은 걷기 시작하면서 이동 움직임이 잦은 반면, 미숙하고 불완전한 보행으로 인해 넘어지고 부딪치는 등의 사고가 많이 발생한다. 뿐만 아니라 공간 지각력이나 위험에 대한 판단이나 예측능력이 부족하기 때문에 무작정 위험물에 접근하게 되어 추락하는 사고도 빈번하게 발생한다. 이에 대한 예방 수칙을 살펴본다.

- 높은 시설이나 가구 가까이에 영아들이 딛고 올라갈 수 있는 물체를 두지 않는다.
- 계단 맨 윗부분과 맨 아랫부분에 차단장치를 설치하여 영아를 보호한다.
- 계단에는 미끄럼 방지 장치를 하고, 영아에게 계단을 올라가고 내려가는 방법을 알려준다.
- 미끄럼틀, 그네, 목마나 시소 등 대근육 활동 놀이 시 추락할 위험이 있는 지점에 충격 완화장치를 설치한다.
- 화장실 등 미끄러지기 쉬운 장소에 미끄럼 방지장치를 한다.

### (2) 질식 및 중독사고

2세 영아의 경우도 여전히 입에 넣어서 좋을 것과 그렇지 않은 것을 구별하는 능력이 부족하므로 손에 잡는 것은 일단 입으로 가져가서 확인해 보려고 한다. 이러한 행동들은 이물질 흡입이나 질식사고의 원인이 된다.

- 단추, 동전, 사탕, 구슬, 콩 등을 영아가 보거나 만질 수 있는 곳에 두지 않도록 한다.
- 과자 비닐, 비닐봉지, 끈이나 가는 실을 영아 가까이 두지 않는다.
- 생선 가시 등이 목에 걸리지 않도록 주의한다.
- 장롱, 냉장고, 세탁기 등에 들어가지 않도록 잠금장치를 한다.
- 좁은 틈에 신체 부위가 끼지 않도록 좁은 틈을 방치해 두지 않는다.
- 세제류, 상비약, 크레용, 건전지, 소독제, 성인용 가위, 칼 등을 영아의 손에 닿지 않는 곳에 두고 보관함을 영아가 열 수 없도록 잠금장치를 한다.
- 먹는 약 등도 영아의 손이 닿지 않는 곳에 보관한다.

## (3) 화상사고

신체 움직임이 활발한 이 시기 영아들은 이동이 바빠지고 탐색하려는 욕구가 강해 안전사고 위험이 크다. 실내에 놓인 정수기의 물, 화장실 수도꼭지를 틀 수 있게 되면서 뜨거운 물을 만지게 되고, 식탁 위 음식에 손을 넣거나 쏟아 화상을 입기도 한다. 2세 영아의 화상 예방 안전수칙을 알아본다.

- '뜨겁다'는 의미를 영아에게 가르친다.
- 전자레인지에서 조리한 음식은 그릇의 겉은 뜨겁지 않아도 속이 뜨겁기 때문에 화상을 입지 않도록 주의한다.
- 전기밥솥의 증기 배출구, 커피포트, 난로, 다리미, 냉온수 겸용 정수기 등이 영아 공간에 놓여있지 않도록 한다.
- 식탁보를 끌어당겨 뜨거운 음식이 쏟아질 수 있으므로 가능한 한 식탁보를 사용하지 않는다.
- 콘센트 안전덮개를 하거나 콘센트 앞에 가구를 배치한다.
- 전선은 감추거나 영아의 손이 닿지 않는 곳에 둔다.
- 성냥이나 라이터를 영아의 손에 닿지 않는 곳에 보관한다.

## (4) 놀이안전 및 대인안전 사고

놀이의 내용과 방법이 다양해지고 신체 이동능력이 발달하면서 이 시기 영아는 놀잇감뿐만 아니라 주변의 많은 사물을 놀이에 이용한다. 가구 밑으로 기어들어 가거나 문이나 서랍 등을 열고 닫으며 안에 있는 물체를 꺼내어 서랍이나 장롱과 같이 구석진 곳에 들어가 놀기도 좋아한다. 실외놀이도 활발해지면서 영아들의 안전한 놀이를 위한 교사의 세심한 관찰과 지도가 요구된다. 걸음마기 영아 놀이 및 대인 간 안전수칙을 보면 다음과 같다.

- 영아가 손이 닿는 곳에 뾰족하거나 날카로운 놀잇감, 기구나 용품을 두지 않는다.

- 바퀴 달린 놀잇감 사용 시 주의하도록 한다.
- 놀잇감을 비치하는 가구 모서리와 같은 뾰족한 부분은 모서리 보호 장치를 한다.
- 놀잇감은 독성이 없고 날카롭지 않으며 견고하여야 한다.
- 놀이기구는 사용방법을 미리 알려 주어 몸에 익히게 한다.
- 영아끼리 부딪치는 사고를 예방하기 위해서 한 반의 인원이 모두 한꺼번에 뛰거나 모이도록 하지 않도록 지도한다.
- 또래 간 물림, 할큄, 꼬집음 등이 자주 발생하므로 놀잇감을 충분히 제공한다.

## 3. 3~5세 유아의 발달특성과 안전수칙

### 1) 3~5세 유아의 주요 발달특성

유아기는 영아기보다 신체적으로 양적 성장은 둔화하지만 체지방이 감소하고 팔다리가 점차 길어지는 등 신체적 성숙이 이루어진다. 또한 운동능력이 보다 정교하게 세분되고 균형감이 발달하면서 활동범위가 넓어진다. 또한 추상적 사고력을 바탕으로 인지적인 성장이 극대화되고, 상상력이 풍부해지며 호기심이 많아지면서 모험적인 활동을 즐기기도 한다. 그러나 자아중심적인 사고와 인지적으로 미성숙하여 주변의 위험 상황에 대한 대처하는 능력이 부족하기 때문에 안전사고의 위험이 가장 큰 시기이다. 또한 언어로 대부분의 의사소통이 가능해지고 관심이 또래로 확장되면서 다양한 사회적 기술을 획득하게 되지만 안전하게 생활하는 데 필요한 지식이나 기술은 부족하다. 3~5세 유아의 발달특성은 다음과 같다(권혜진 외, 2014; 성미영 외 2013; 조복희, 2006).

#### (1) 3세 유아의 주요 발달특성

3세 유아는 정서적으로 질투가 심하고 자기중심적인 성향이 가장 강한 시기이다.

일반적으로 3세 유아는 몸의 균형이 잡히는 시기로 균형 감각과 협응력이 발달하고, 신체를 조절할 줄 아는 능력이 생기면서 가만히 있지 못하고 몹시 부산하게 움직이지만, 상대적으로 신체의 균형 잡기와 조절 능력은 아직까지 불안정하며 민첩성이 부족하고 세련된 동작을 기대하기 어렵다. 또한 행동의 범위가 성인의 감독 범위 밖으로 확장되고 모방을 즐기는 시기이다.

- 기본적인 운동 기능이 확립된다.
- 자기통제를 시작한다.
- 또래와 활발히 놀기 시작한다.
- 그림책 등의 줄거리를 이해한다.
- 집 이외에 동네나 이웃까지 활동범위가 확대된다.
- 상상력과 높은 곳에서 뛰어내리는 등 모험적인 활동이 나타난다.

### (2) 4세 유아의 주요 발달특성

4세 유아는 모험적인 놀이를 선호하고, 달리고, 오르고, 점프하면서 재빨리 움직이며 모든 것을 탐색한다. 자전거 및 탈것류 놀잇감을 사용하고 한계를 시험한다. 또한 굉장한 에너지를 가진 시기이고, 경쟁심이 강화되면서 친구들과 다툼도 생기지만 구체적인 지도를 할 수 있기 때문에 안전교육이 가능하다.

- 약간 복잡한 운동이 가능해진다.
- 자기주장이 강해지고 성취의 기쁨을 느낀다.
- 필요한 규칙은 스스로 따른다.
- 구어가 완성되고 문자에 흥미를 갖는다.
- 원인과 결과를 때때로 혼동하면서 이치를 알고자 한다.

### (3) 5세 유아의 주요 발달특성

5세 유아는 대인관계가 차츰 확대되어 가며 가정의 범위를 넘어 사회로까지 미치기 때문에 규칙 준수에 대한 의미를 배워야 하며, 자신을 비롯한 타인이 건강하고 안전하게 생활하는 데 필요한 안전규칙을 익혀야 한다.

- 가위질이 능숙해진다.
- 성취나 경쟁적인 욕구가 충족된 일에 만족한다.
- 집단활동에 대한 즐거움이 증가한다.
- 발음 체계가 완성되고 구어를 완전히 습득한다.
- 알고자 하는 것들에 적극적으로 질문, 궁리, 해결하려는 탐구력이 증가한다.

## 2) 3~5세 유아의 안전수칙

3~5세 유아의 경우에도 영아와 마찬가지로 질식, 추락, 화상, 중독 등의 위험은 여전하지만, 유아기는 영아기에 비해 운동과 조정능력이 향상되어 추락의 위험이 줄어든다. 또한 영아보다 주의력이 있고 성인의 지시를 잘 따르며 뜨거운 물체나 예리한 기구 등 잠재적인 위험 상황을 인식할 수 있다. 이제 새로운 것을 탐색하기 위해서 물체를 입에 넣는 일은 거의 없지만, 독극 물질이나 약물을 입에 넣을 위험은 아직 남아 있다. 그리고 무엇인가에 오른다거나 하는 거친 신체놀이를 좋아하고 종종 성인의 시야에서 벗어나려 하기도 하며 성인들의 행동을 강하게 모방하려는 특성으로 안전사고가 발생할 수 있다. 특히 유아는 대근육의 발달과 함께 신체의 움직임이 활발해지고 급속한 성장으로 활동 반경이 확대되면서 주변 환경에 대한 탐색 기회가 증가하여 영아에 비해 자동차 사고나 스포츠 안전사고 및 교통사고 등이 증가한다. 또한 동·식물에 의한 사고, 대인사고의 위험이 보다 더 증가하는 시기이다. 이 시기 유아는 자기중심적인 사고로 자신의 관점에서 상황을 파악하며, 성인과 같은 논리적인 사고가 부족함으로 위험을 정확히 인지하는 것이 쉽지 않다. 3~5세

유아의 안전수칙을 살펴보면 다음과 같다.

### (1) 자동차사고

유아의 교통사고는 보행 중에 발생하는 사고, 차량 이용 중에 발생하는 사고, 길거리에서 놀이 중 발생하는 사고 등 여러 가지 요인에 의해 발생하게 된다. 이 시기에는 가정보다 밖에서 활동하는 범위가 확대되면서 교통사고의 위험에 노출되어 있으며, 다양한 교통상황에 대한 인지와 순간적으로 발생하는 위험상황에 대한 대처능력이 미숙하다. 3~5세 유아의 자동차사고 예방 안전수칙을 알아본다.

- 횡단보도의 올바른 이용, 신호등 지키기, 차량 내에서의 질서 등 교통안전에 대한 지속적인 교육을 한다.
- 신호등이 녹색 불일 때에도 좌우에서 차가 오는지를 확인하고 팔을 들고 길을 건너는 습관을 갖도록 지도한다.
- 등 · 하원 버스 이용 시 안전사고가 발생하지 않도록 주의한다.
- 길이나 주차장 등에서 놀지 않도록 지도한다.
- 카시트를 반드시 사용하도록 한다.

### (2) 화상사고

화상은 일상생활에서 전기, 뜨거운 물, 불의 사용 등 여러 원인에 의해서 발생하게 되며, 유아기에 발생하는 안전사고 중 교통사고와 추락사고 다음으로 화상사고는 발생빈도가 높다. 그러므로 화상을 예방하기 위해서는 우선 성인이 화상의 원인이 될 수 있는 요인을 제거해 주는 것이 중요하고, 유아들이 화상을 유발하는 요인이 무엇인지 인지하고 스스로 주의할 수 있도록 지도해야 한다. 3~5세 유아의 화상사고 예방 안전수칙을 살펴보면 다음과 같다.

- 성냥, 라이터 등의 불장난을 하지 않도록 지도하고 불 사용에 대한 위험성을 알

려 준다.

- 뜨거운 물, 증기로 인한 화상(정수기 온수, 온수 수도꼭지, 가습기 등)이 생기지 않도록 주의한다.
- 다리미, 난로, 콘센트 등 전열 기구에 의한 화상이 생기지 않도록 주의한다.

### (3) 추락 및 충돌사고

추락과 충돌사고는 유아기에 가장 많이 일어나며 옥상, 놀이터 기구, 엘리베이터, 베란다, 계단, 창살 없는 창문 등에서 많이 발생한다. 특히, 유아기는 상상력과 모험심이 나타나는 시기로 현실과 허구, 가상 이야기를 구분하지 못하여 동화나 인터넷게임 속의 인물을 모방함으로 인해 추락과 충돌사고가 발생할 수 있다. 3~5세 유아의 추락 및 충돌사고 예방 안전수칙을 살펴보면 다음과 같다.

- 엘리베이터, 베란다, 계단, 창살 없는 창문 등에서의 추락이 생기지 않도록 주의한다.
- 창문 가까이 가구를 배치하거나 유아의 시선을 끄는 물건을 두지 않도록 주의한다.
- 계단은 항상 밝게 조명을 하고 불필요한 물체나 물이 흘러 있지 않도록 한다.
- 에스컬레이터, 무빙워크, 자동문의 끼임 사고에 주의한다.
- 뛰다가 가구, 선반의 모서리 충돌하지 않도록 주의한다.

### (4) 동·식물 관련사고

애완동물은 다람쥐, 거북이, 햄스터, 개 등 주로 가정에서 키우기 때문에 인간과 가장 친숙한 동물들이다. 이 중 애완견은 유아들에게 가장 친근하지만 동시에 가장 위험한 동물이 될 수 있다. 애완견의 특성을 모르고 봉제 인형처럼 생각하는 유아들은 개의 신체 일부(꼬리)를 잡아 본다거나 잠자는 개를 깨우거나 하는 등의 행동을 자주 하게 된다. 이때 개들은 야성적 본능을 가지고 있기 때문에 유아들을 공격할 가능성이 있다. 또한 야외에서 벌이 가까이 오면 유아들은 벌에 침이 있다는 것을 알지 못하고 손을 휘저으며 쫓으려고 하는데 매우 위험한 행동이다. 그리고 관상용 식물은 가정에서 많이 심고 있는데 식물이 독성을 지니고 있을 수 있음을 유아들은 인지하지 못한다. 이처럼 유아들이 생활에서 접할 수 있는 모든 동·식물은 친근하지만 위험한 존재가 될 수 있다. 그러므로 유아들이 동·식물 관련하여 올바르게 인지하게 하고 유아가 자신을 스스로 보호할 수 있도록 지도해야 한다. 3~5세 유아의 동·식물 관련 사고 예방 안전수칙을 알아본다.

- 야외에서 벌이 좋아하는 단 음식(청량음료)은 되도록 먹지 않도록 주의한다.
- 사마귀, 거미, 송충이 등을 손으로 직접 만지지 않도록 주의한다.
- 애완동물로 인한 피부염 등 감염에 주의한다.
- 애완견의 귀를 잡아당긴다든지, 꼬리를 잡아당긴다든지 등의 행동을 하지 않도록 주의한다.
- 애완동물에게 물리거나 할퀴지 않도록 접근에 주의한다.
- 독성 및 가시가 있는 화초나 식물은 유아의 손이 닿지 않는 곳에 둔다.

### (5) 놀이사고

유아기의 특정적인 놀이로는 구성놀이, 상징놀이, 사회극놀이, 게임 등 창의적·상징적·사회적 놀이를 하게 된다. 또한 유아기는 신체적인 균형능력이 발달하면서 실외놀이에 참여하는 시간이 길어지고, 친구들과 실외놀이기구를 이용하여 다양한 놀이에 참여하게 된다. 이러한 사회적 놀이에 참여하는 과정에서 또래와 갈등상황에 놓이게 되는 경우가 많다. 이때 친구 간에 밀거나 때리는 등 공격적인 행동이 나타나기도 하고 때로는 심각한 상해를 입힐 수 있기 때문에 성인의 적절한 지도가 필요하다. 3~5세 유아의 놀이사고 예방 안전수칙을 알아본다.

- 미끄럼틀, 시소, 그네 등 실외놀이기구 등에 의한 골절사고에 주의한다.

- 자전거, 인라인스케이트 등 안전용품 미착용으로 인한 사고에 주의한다.
- 날카롭고 뾰족한 기구, 칼, 총 등의 공격적 놀잇감에 의한 사고에 주의한다.
- 놀이기구에 끼이는 사고에 주의한다.
- 가위, 칼 등의 안전한 사용법을 익히도록 지도한다.
- 위험한 도구는 잠금장치를 하여 보관한다.
- 놀이시설에서 지켜야 할 행동 규칙 및 놀이 규칙을 지키도록 교육한다.
- 수영장 이용 시 충분한 준비 운동 후 물에 들어가도록 한다.

### (6) 대인사고

대인사고는 실종 및 유괴, 아동학대, 유기, 성폭력 및 성추행 등을 포함하는 사고들이다. 이 중 우선 실종 및 유괴사고는 유아교육기관 주변이나 놀이터, 백화점 등 사람들이 많이 모이는 장소 또는 유아가 혼자 집에 남겨져 있을 때, 부모나 다른 사람과 같이 있을 때도 발생한다. 유아기는 발달특성상 애정표현과 성폭력 행동을 구분할 수 있는 능력이 부족하고, 아동학대, 실종 및 유괴, 사고로부터 노출되어 있음에도 외부에 도움을 요청할 수 있는 능력이 제한되어 있다. 3~5세 유아의 대인사고 예방 안전수칙을 살펴보면 다음과 같다.

- 사람이 많은 곳에서 실종 및 유괴가 발생하지 않도록 주의한다.
- 유아에게 나쁜 사람들도 옷을 잘 차려입고, 친절하게 접근할 수 있음을 설명해 준다.
- 어떤 이유라도 낯선 사람의 차는 절대로 타지 않도록 주의한다.
- 학대 및 유기가 발생하지 않도록 주의한다.
- 성폭력과 관련하여 유아 스스로 자신의 몸을 지킬 수 있도록 안전교육을 실시한다.

## 요 약

영유아의 안전사고 발생은 다음과 같은 영유아기의 발달특성과 관련된다(정아란, 2013).

- 자신과 자신을 둘러싸고 있는 주위환경을 구분하지 못한다.
- 자신의 관점과 다른 사람의 관점을 구별하기 어렵다.
- 환상과 실제를 구별하기 어렵다.
- 이후의 행동을 예측하는 능력이 부족하다.
- 자신의 충동을 조절하는 능력이 미숙하다.
- 신체조절 능력이 충분치 않다.
- 정보를 처리하고 조작하는 능력이 아주 제한되어 있다.

# 제2부
# 유아교육기관 안전관리

제3장

# 유아교육기관에서 준수해야 할
# 안전법규와 안전관리 지침

• 유아교육기관에서 준수해야 할 안전 관련 법규
    - 아동복지법
    - 영유아보육법
    - 유아교육법
    - 소방기본법
    - 재난 및 안전관리기본법

• 유아교육기관에서의 안전관리 지침
    - 안전관리의 기본 원칙
    - 안전사고 예방대책
    - 차량 안전관리 지침
    - 소방 관련 안전관리 지침

안전사고의 유형이 다양화되면서 영유아기 사고에 대한 심각성을 인식하고 이를 예방하기 위해 국가 차원의 안전법규와 제도적 근거를 보다 체계적이고 구체적으로 마련하고 안전교육 캠페인을 확대 실시하고 있다. 이 장에서는 유아교육기관에서의 '안전관리 관련 법규'와 '안전관리 원칙 및 지침'에 대해 알아본다.

# 1. 유아교육기관에서 준수해야 할 안전 관련 법규

유아교육기관의 시설·설비 관련 법령과 조항은 영유아의 안전을 보장하기 위한 법적 근거이므로 모든 교직원은 영유아가 어떤 법규를 통해 보호를 받고 있는지 알고 사고의 발생요인을 사전에 제거할 수 있어야 한다. 유아교육기관 관련 안전관리 법규는 「아동복지법」, 「영유아보육법」, 「유아교육법」, 「어린이 놀이시설 안전관리법」, 「어린이제품 안전특별법」, 「주택건설 기준 등에 관한 규정」, 「전기사업법」, 「도시가스사업법」, 「도로교통법」, 「환경보건법」, 「국민 건강 증진법」, 「다중이용시설 등의 실내공기질 관리법 시행령」, 「다중이용업소의 안전관리에 관한 특별법」 등이 있다.

## 1) 아동복지법

### (1) 아동복지법 및 시행령의 목적

「아동복지법」에 제시된 안전은 '아동이 건강하게 태어나 행복하고 안전하게 자라도록 그 복지를 보장하는 것'을 목적으로 하고 제22조 '아동학대의 예방과 방지 의무'에서부터 제34조 '아동 긴급 보호소 지정 및 운영'까지 안전과 관련된 내용을 명시하고 있다(2016. 5. 29.). 그 시행령은 '아동복지법에서 위임된 사항과 그 시행에 필요한 사항을 규정함'을 목적으로 하고 있다(2016. 9. 22.).

### (2) 아동복지법에 명시된 아동학대 관련 법규의 주요내용

「아동복지법」 및 그 시행령에 명시된 아동학대 관련 주요 법규를 살펴보면, 아동학대의 예방과 방지 의무(제22조), 피해아동 등에 대한 신분조회 등 조치(제22조2), 홍보영상의 제작·배포·송출(제24조), 아동학대 신고 의무자에 대한 교육(제26조), 아동학대 등의 통보(제27조2), 피해아동 응급조치에 대한 거부 금지(제27조3), 사후관리 등(제28조), 국가아동학대정보시스템(제28조2), 피해아동 및 그 가족 등에 대한 지원(제29조), 아동학대행위자에 대한 상담·교육 등의 권고(제29조2), 아동 관련기관의 취업제한 등(제29조3), 아동학대 관련 범죄 전력자 취업의 점검·확인(제29조4), 취업자의 해임 요구 등 아동학대 예방과 방지 의무(제29조5), 아동학대 신고 의무자가 소속된 다음 각 호의 기관의 장은 소속 아동학대 신고 의무자에게 신고의무 교육을 실시하고, 그 결과를 관계 중앙행정기관의 장에게 제출하여야 한다(제26조 3항). 여기서 26조의 아동학대 신고 의무자 교육은 「영유아보육법」에 따른 어린이집, 「유아교육법」에 따른 유치원, 「초·중등교육법」에 따른 학교 및 그 밖에 대통령령으로 정하는 기관은 실시해야 한다.

「아동복지법에 따른 시행령」에 명시된 아동학대 관련 주요 법규는 다음과 같다.

---

〈제23조〉 아동학대의 예방 및 방지
　　－아동학대의 예방과 방지를 위한 관계 기관 간의 협력체계 구축
　　－법 제25조제2항 각 호의 신고 의무자에 대한 교육 프로그램 개발 및 관리·운영
　　－아동복지시설 및 아동학대 예방·방지 관련 기관에 대한 지도·감독
〈제26조〉 아동학대 신고 의무자에 대한 교육
① 교육 시 다음 각 호의 사항이 포함되어야 한다.
　　－아동학대 예방 및 신고의무에 관한 법령
　　－아동학대 발견 시 신고방법
　　－피해아동 보호절차
② 관계 중앙행정기관의 장은 자격취득 또는 보수교육과정에 교육을 1시간 이상 포함시켜야 한다.
③ 아동학대 신고 의무자가 소속된 기관의 장은 교육을 매년 1시간 이상 실시한다.
④ '대통령령으로 정하는 기관'이란 다음에 해당하는 기관을 말한다.
　　－「의료법」 제3조의3에 따른 종합병원
　　－법 제52조제1항에 따른 아동복지시설
⑤ 교육은 집합 교육, 시청각 교육 또는 인터넷 강의 등의 방법으로 할 수 있다.
〈제26조2〉 국가아동학대정보시스템의 구축 및 운영
〈제26조3〉 피해아동의 취학에 대한 지원
〈제26조4〉 아동학대 관련 범죄 전력조회 절차

---

〈제26조5〉 자료제출의 요구
〈제26조6〉 아동학대 관련 범죄전력자 점검 · 확인 결과 공개
〈제27조7〉 해임 또는 폐쇄 요구 등

### (3) 아동복지법에 명시된 안전 법규의 주요내용

국가는 대통령령으로 정하는 바에 따라 아동복지시설과 아동용품에 대한 안전기준을 정하고 아동용품을 제작 · 설치 · 관리하는 자에게 이를 준수하도록 법규를 정하고 있다.

안전에 대한 기준을 설정(제30조)하고 아동의 안전에 대한 교육(제31조), 아동보호구역에서의 영상정보처리기기 설치 등(제32조), 아동안전 보호인력의 배치(제33조) 등을 실시해야 한다. 제31조에 명시한 안전에 대한 교육은 다음과 같이 한다.

① 아동복지시설의 장, 「영유아보육법」에 따른 어린이집의 원장, 「유아교육법」에 따른 유치원의 원장 및 「초 · 중등교육법」에 따른 학교의 장은 교육대상 아동의 연령을 고려하여 대통령령으로 정하는 바에 따라 매년 다음 각 호의 사항에 관한 교육계획을 수립하여 교육을 실시하여야 한다.
　－성폭력 및 아동학대 예방
　－실종 · 유괴의 예방과 방지
　－감염병 및 약물의 오남용 예방 등 보건위생관리
　－재난대비 안전
　－교통안전
② 아동복지시설의 장, 「영유아보육법」에 따른 어린이집의 원장은 제1항에 따른 교육계획 및 교육실시 결과를 관할 시장 · 군수 · 구청장에게 매년 1회 보고하여야 한다.
③ 「유아교육법」에 따른 유치원의 원장 및 「초 · 중등교육법」에 따른 학교의 장은 제1항에 따른 교육계획 및 교육실시 결과를 대통령령으로 정하는 바에 따라 관할 교육감에게 매년 1회 보고하여야 한다.

「아동복지법 시행령」에 명시된 안전 관련 법규 내용은 다음과 같다.

〈제27조〉아동복지시설 및 아동용품의 안전기준

〈제28조〉 아동의 안전에 대한 교육

① 교육계획을 수립하여 교육을 실시할 때에는 별표 3의 교육기준에 따라야 한다.

② 교육감에게, 각각 교육계획 및 교육실시 결과를 매년 3월 31일까지 보고하여야 한다.

③ 아동복지시설의 장은 그 아동복지시설에 입소한 아동 중 「영유아보육법」에 따른 어린이집, 「유아교육법」에 따른 유치원 또는 「초 · 중등교육법」에 따른 학교에서 실시하는 법 제31조제1항 각 호의 사항에 관한 교육을 받은 아동에 대해서는 법 제31조제1항에 따른 교육을 실시하지 아니할 수 있다.

〈제29조〉 아동보호구역의 지정

〈제30조〉 영상정보처리기기의 설치 및 관리 등

〈제31조〉 영상정보처리기기 설치 등의 지원

〈제32조〉 아동안전 보호인력의 업무범위

　　－순찰활동 및 아동지도

　　－위험에 처한 아동에 대한 일시적 보호 및 안전사고 예방을 위한 임시 조치

　　－그 밖에 실종 및 유괴 등 아동에 대한 범죄 예방을 위하여 필요한 조치

〈제33조〉 (아동안전 보호인력의 범죄경력 확인절차 등)

〈제34조〉 아동긴급 보호소의 지정 등

① 법 제34조제1항에 따른 아동긴급 보호소로 지정 받으려는 자는 다음 각 호의 어느 하나에 해당하는 시설의 주변 또는 지역에서 사업을 영위하는 자여야 한다.

　　－「영유아보육법」에 따른 어린이집

　　－「유아교육법」에 따른 유치원 등

## 2) 영유아보육법

「영유아보육법」에 제시된 안전 관련 주요 내용은 '폐쇄회로 텔레비전의 설치(제15조의4) 및 영상정보의 금지(제15조 5항, 제66조), 안전공제회(제31조 2항), 비상재해 대비시설(제15조 3항), 어린이집 차량안전(제33조 2항)에 대한 내용으로 명시되어 있

다.「영유아보육법 시행령」은 제23조, 제34조에 주요내용을 명시하고 있다. 구체적 내용은 다음과 같다.

### (1) 폐쇄회로 텔레비전의 설치 등

제15조의4(폐쇄회로 텔레비전의 설치 등)

① 아동학대 방지 등 영유아의 안전과 어린이집의 보안을 위하여「개인정보 보호법」및 관련 법령에 따른 폐쇄회로 텔레비전을 설치 · 관리. 다만, 다음 각 호의 어느 하나에 해당하는 경우에는 미설치 가능

　－보호자 전원의 동의를 받아 시장 · 군수 · 구청장에게 신고한 경우

　－보호자 및 보육교직원 전원의 동의를 받아「개인정보 보호법」및 관련 법령에 따른 네트워크 카메라를 설치한 경우

② 제1항에 따라 폐쇄회로 텔레비전을 설치 · 관리하는 자는 영유아 및 보육교직원 등 정보 주체의 권리가 침해되지 아니하도록 다음 각 호의 사항을 준수

　－아동학대 방지 등 영유아의 안전과 어린이집의 보안을 위하여 최소한의 영상정보만을 적법하고 정당하게 수집하고, 목적 외의 용도로 활용하지 아니하도록 할 것

　－영유아 및 보육교직원 등 정보 주체의 권리가 침해받을 가능성과 그 위험 정도를 고려하여 영상정보를 안전하게 관리할 것

　－영유아 및 보육교직원 등 정보 주체의 사생활 침해를 최소화하는 방법으로 영상정보를 처리할 것

③ 폐쇄회로 텔레비전에 기록된 영상정보를 60일 이상 보관

④ 제1항에 따른 폐쇄회로 텔레비전의 설치 · 관리기준 및 동의 또는 신고의 방법 · 절차 · 요건, 제3항에 따른 영상정보 보관기준 및 보관기간 등에 필요한 사항은 보건복지부령으로 정한다.

## (2) 영상정보의 열람금지 등

제15조의5(영상정보의 열람금지 등)

① 폐쇄회로 텔레비전을 설치·관리하는 자는 다음 각 호의 어느 하나에 해당하는 경우를 제외하고는 제15조의4제1항의 영상정보를 열람하게 하여서는 아니된다.

  −보호자가 자녀 또는 보호아동의 안전을 확인할 목적으로 열람시기·절차 및 방법 등 보건복지부령으로 정하는 바에 따라 요청하는 경우

  −「개인정보 보호법」 제2조제6호가목에 따른 공공기관이 제42조 또는 「아동복지법」 제66조 등 법령에서 정하는 영유아의 안전업무 수행을 위하여 요청하는 경우

  −범죄의 수사와 공소의 제기 및 유지, 법원의 재판업무 수행을 위하여 필요한 경우

  −그 밖에 보육 관련 안전업무를 수행하는 기관으로서 보건복지부령으로 정하는 자가 업무의 수행을 위하여 열람시기·절차 및 방법 등 보건복지부령으로 정하는 바에 따라 요청하는 경우

② 다음 각 호의 어느 하나에 해당하는 행위를 하여서는 아니 된다.

  −제15조의4제1항의 설치목적과 다른 목적으로 폐쇄회로 텔레비전을 임의로 조작하거나 다른 곳을 비추는 행위

  −녹음기능을 사용하거나 보건복지부령으로 정하는 저장장치 이외의 장치 또는 기기에 영상정보를 저장하는 행위

③ 제15조의4제1항의 영상정보가 분실·도난·유출·변조 또는 훼손되지 아니하도록 내부 관리계획의 수립, 접속기록 보관 등 대통령령으로 정하는 바에 따라 안전성 확보에 필요한 기술적·관리적 및 물리적 조치를 해야 한다.

④ 국가 및 지방자치단체는 어린이집에 설치한 폐쇄회로 텔레비전의 설치·관리와 그 영상정보의 열람으로 영유아 및 보육교직원 등 정보 주체의 권리가 침해되지 아니하도록 설치·관리 및 열람 실태를 보건복지부령으로 정하는 바에 따라 매년 1회 이상 조사·점검해야 한다.

⑤ 폐쇄회로 텔레비전의 설치·관리와 그 영상정보의 열람에 관하여 이 법에서 규정된 것을 제외하고는 「개인정보 보호법」(제25조는 제외한다)을 적용한다.

## (3) 어린이집안전공제회

제31조의2(어린이집 안전공제사업 등)

③ 어린이집의 원장은 공제회의 가입자가 된다.

④ 공제회에 가입한 어린이집의 원장은 공제사업의 수행에 필요한 출자금과 다음 각 호의 공제료 등을 공제회에 납부해야 한다. 공제료는 어린이집의 원장이 선택하여 납부할 수 있다.

　－영유아의 생명 · 신체에 대한 피해를 보상하기 위한 공제료

　－보육교직원 등의 생명 · 신체에 대한 피해를 보상하기 위한 공제료

　－어린이집의 재산상의 피해를 보상하기 위한 공제료

⑪ 어린이집 원장이 공제료를 납부하는 경우 「사회복지사업법」 제34조의2에 따른 보험가입의무 를 이행한 것으로 본다.

## (4) 비상재해대비시설 및 어린이집 차량안전관리

제15조의3(비상재해대비시설)

① 반드시 1층과 2층 이상 등 종류별 비상재해대비시설 설치

② 2009년 7월 3일 이전에 이미 인가받은 어린이집의 경우, 비상재해 대비에 지장이 없다고 판단 되면 종전 인가 당시 기준 적용(비상재해대비시설기준 심의위원회를 구성 · 운영하여야 하며 해당 위원회의 심의 必)

제33조의2(어린이집 차량안전관리)

어린이집 원장은 영유아의 통학을 위하여 차량을 운영하는 경우 「도로교통법」 제52조에 따라 미 리 어린이통학버스로 관할 경찰서장에게 신고하여야 한다.

## 3) 유아교육법

「유아교육법」에 제시된 안전과 관련된 내용은 제17조의 1에 제시된 건강 및 급식, 17조의 3에 제시된 응급조치, 제21조의 2에 제시된 유아의 인권보장에서 찾아볼 수 있다. 이에 대한 구체적인 내용은 다음과 같다.

## (1) 건강 및 급식

제17조의 1(건강 및 급식)

① 원장은 교육하고 있는 유아에 대하여 건강검진을 실시하고, 그 결과 치료가 필요한 유아에게는 보호자와 협의하여 필요한 조치를 하여야 한다.

② 원장은 교육하고 있는 해당 유치원의 유아에게 적합한 급식을 할 수 있다.

③ 제1항에 따른 건강검진의 실시시기 및 그 결과처리에 관한 사항과 제2항에 따른 급식시설·설비기준 등에 관하여 필요한 사항은 교육부령으로 정한다.

## (2) 응급처치

제17조의 3(응급처치)

원장(제21조제2항에 따라 원장의 직무를 대행하는 사람을 포함한다)은 보호하는 유아에게 질병·사고나 재해 등으로 인하여 위급한 상태가 발생한 경우 즉시 해당 유아를 「응급의료에 관한 법률」 제2조에 따른 응급의료기관에 이송하여야 한다.

## (3) 유아의 인권보장

제21조의2 유아의 인권보장

① 유치원의 설립자·경영자와 원장은 헌법과 국제인권조약에 명시된 유아의 인권을 보장하여야 한다.

② 교직원은 제21조에 따라 유아를 교육하거나 사무를 담당할 때에는 도구, 신체 등을 이용하여 유아의 신체에 고통을 가하여서는 아니 된다.

## 4) 소방기본법

「소방기본법」에서는 안전체험관 설립과 소방교육 및 훈련에 대한 법적인 근거를 명시하고 있다.

제17조(소방교육 · 훈련)
소방방재청장 · 소방본부장 또는 소방서장은 화재예방과 화재발생시 인명과 재산피해를 최소화하기 위하여 「유아교육법」 제2조제2호의 규정에 따른 유치원 및 「초 · 중등교육법」 제2조 각 호의 규정에 따른 학교 학생을 대상으로 행정자치부령이 정하는 소방안전교육과 훈련을 실시할 수 있다고 명시하였다.

제5조(소방박물관 등의 설립과 운영)
①항으로 소방의 역사와 안전문화를 발전시키고 국민의 안전의식을 높이기 위하여 소방방재청장은 소방박물관을, 시 · 도지사는 소방체험관을 설립하여 운영할 수 있다고 적시하고 있다.

## 5) 재난 및 안전관리기본법

「재난 및 안전관리기본법」에서는 재난예방교육과 홍보에 대한 내용을 명시하고 있다.

제34조(재난예방교육 · 홍보)
소방방재청장은 대통령령이 정하는 바에 의하여 재난의 예방을 위한 교육 · 홍보를 정기 또는 수시로 실시하여야 한다.

시행령 제42조(재난예방교육 · 홍보)
①항에서 법 제34조 규정에 의하여 소방방재청장은 재난 및 안전관리에 대한 각종 교육 및 행사 등과 연계하여 재난의 예방을 위한 교육을 정기 또는 수시로 실시하여야 한다.
③항 소방방재청장은 초 · 중등학교에서 재난의 예방을 위한 교육을 할 수 있도록 지원하거나 재난예방을 위한 홍보방송용 프로그램을 제작하여 방송법에 의한 방송위원회와 언론기관에 홍보방송을 요청할 수 있다고 그 구체적인 방법을 제시하였다.

이러한 법규에 근거하여 유아교육기관에서는 안전관리 지침을 마련하고 철저히 관리해야 한다.

# 2. 유아교육기관에서의 안전관리 지침

## 1) 안전관리의 기본 원칙

### (1) 교직원 행동지침

교직원은 영유아의 안전사고 예방을 위해 안전관리의 중요성을 인식하고 영유아에 대한 보호와 감독을 철저히 하여야 한다. 원장은 '통합안전점검표'를 비치하고 매일, 매월 시설안전점검을 실시하여 화재, 상해 발생요인을 사전에 제거하여야 한다.

### (2) 안전관리 및 교육

교직원은 안전점검방법 및 안전점검표의 활용법, 영유아의 발달단계 특성을 고려한 보호 및 안전교육 방법에 대해 숙지하여야 하며, 영유아의 안전을 위해 영유아의 보호자와 상호 협력하여야 한다. 또한 영유아와 부모에 대한 안전교육을 시행해야 하며, 원장은 모든 교직원에 대해 안전교육을 실시하고, 관련 기관 등에서 전문적인 안전교육을 받을 수 있도록 조치해야 한다.

### (3) 안전관리 관련 기록

유아교육기관에서는 매일 작성하는 보육(교육)일지에 안전교육의 내용을 포함하여 기록하고 보관하여야 하며, 별도의 안전교육계획안을 수립하여 실시한다. 또한 '응급처치 동의서, 소방대피 훈련일지, 차량운행 일지, 비상 시 업무분담표, 비상 연락체계 및 교직원 비상연락망' 등을 비치하고 관리해야 한다.

안전관리를 포함한 각종 운영 관련 서식은 보육(교육)사업안내의 부록(서식)과 어린이집 문서 및 서식 자료집(중앙육아종합지원센터, 2015)' 등을 참고하여 활용할 수 있다.

## 2) 안전사고 예방대책

### (1) 비상연락체계 구축

유아교육기관의 장은 안전사고에 대응하기 위하여 인근 소방서, 경찰서 및 가스, 유류 등의 안전상태를 점검하는 유관기관 등과 비상연락체계를 구축하여야 한다.

### (2) 사고보고체계의 확립

- 유아교육기관의 장은 사고에 대비하여 부모와의 비상연락망을 확보하고 어린이집 내 사고와 안전관리, 응급처치동의서를 비치해야 한다.
- 사고발생 24시간 이내에 사고보고서를 작성하여 시장·군수·구청장에게 보고하여야 하며, 중대사고(중상 이상의 안전사고, 감염병 및 식중독 등, 집단 질병, 화재·침수·붕괴 등 재난사고 등)는 사고발생 즉시 보고(유선 통보 후 서식에 의한 보고)해야 한다.
- 영유아의 안전사고 및 감염병 발생 보고는 보육통합정보시스템에 입력보고를 원칙으로 한다.

### (3) 자체안전점검

자체안전점검 계획을 수립하여 매월 일정한 날에 안전점검을 실시해야 한다. 자체점검은 '안전점검 체크리스트'에 따라 매일, 매월 실시하여 화재, 상해 등 위험발생요인을 사전에 제거해야 한다.

### (4) 위험 대비 보험가입(시행규칙 제23조 별표8)

- 모든 유아교육기관에서는 만일의 위험에 대비하기 위해 보험에 가입해야 한다.
- 의무가입: 영유아 생명 신체 피해보상 관련(기관에 따라 가스사고 배상책임, 놀이시설배상책임 공제 등 가입), 화재, 자동차, 교직원 관련 보험

## 3) 차량 안전관리 지침

통학 차량을 운행하고자 할 경우, 차량은 9인승 이상 자동차로 한정하며 「도로교통법」 제52조에 따라 미리 어린이통학버스로 관할 경찰서장에게 신고하고 신고필증을 발급받아야 한다. 차량 안전관리의 지침은 다음과 같다.

- 운전기사 채용 시 건강진단서 제출, 교통안전교육 이수여부 확인 및 성범죄경력조회를 실시해야 한다.
- 차량 내부에 안전수칙을 부착하고 차량용 소화기 및 구급상자를 비치해야 하며, 차량안전점검표에 의한 안전점검을 실시해야 한다.
- 차량운행 시 교사 등 교직원이 동승해야 하며, 36개월 미만 영아는 영아용 보호장구를 착용하는 것을 원칙으로 한다.
- 교사와 영유아는 차량운행 시작 전 안전벨트를 착용해야 하며, 운전자는 영유아가 어린이통학버스를 타고 내리는 때에 영유아가 좌석에 앉은 것과 보도 또는 길 가장자리구역 등 자동차로부터 안전한 장소에 도착한 것을 확인한 후에 어린이통학버스를 출발시켜야 한다.
- 운전자는 음주, 휴대폰 또는 이어폰 사용 등 운전판단 능력에 영향을 미치는 행위를 해서는 안 된다.
- 등·하원 차량 운행 시 운전기사 및 교사 등 차량에 동승하는 사람은 영유아가 안전하게 부모 등 보호자에게 인도될 수 있도록 조치하여야 한다.

## 4) 소방 관련 안전관리 지침

화재와 같은 대형사고를 예방하고 영유아가 보다 안전한 환경에서 생활할 수 있도록 평소 교직원이 소방, 가스, 전기 관련 시설과 물품의 점검방법과 안전수칙을 인지하고 실천하는 것이 무엇보다 중요하다.

### (1) 소화기 지침

소화기는 소화 약제를 압력에 따라 방사하는 기구로서 사람이 수동으로 조작하여 소화하는 것을 말하며, 화재 시 신속하게 대처하기 위하여 각 교실마다 1개씩 비치하는 것을 권장하고 있다.

### ① 소화기 관리방법

|  |  |  |  |  |
|---|---|---|---|---|
| 제조일자, 회사명, 연락처 등이 표기되어 있는지, 국가 검정스티커 부착 여부를 확인한다. | 외관상으로 녹이 슬거나 파손된 부분은 없는지 확인한다. | 약제의 굳은 여부 확인 시 거꾸로 흔들어 미세한 분말의 움직임으로 확인한다. | 지시압력계 바늘이 녹색 범위를 가리키고 있는지 확인한다. | 소화기를 소화기 점검표와 함께 비치하여 정기적으로 점검, 관리한다. |

[그림 3-1] 소화기 관리방법

### ② 압력계 점검방법

소화기의 용기 내부가 압축가스로 채워졌는지 여부를 확인할 때는 소화기에 부착된 압력계의 지시침을 확인하면 된다. 정상상태의 압력은 지시침이 녹색 부분을, 이상 과압상태는 적색 부분을, 압력미만 상태는 흰색 또는 노란색 부분을 가리킨다. 정상상태가 아닐 경우, 해당 업체에 연락하여 재충전하거나 교환하여 비치한다.

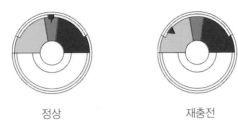

정상                                       재충전

[그림 3-2] 소화기 압력계

### (2) 비상출구(비상대피로) 및 대피로

#### ① 비상출구

비상출구는 비상시 양방향 대피가 가능해야 한다. 비상출구의 문은 대피 방향으로 열리도록 하며 잘 열려야 한다. 비상 출구를 잠가 놓을 경우 실내 안쪽에서 잠그고 열쇠는 출구 옆의 성인의 키 높이 위치에 보관해 두어 신속히 대피가 이루어질 수 있도록 한다. 또한 비상 출구 개방에 방해되는 커튼, 거울, 교구장, 짐 등이 비상 출구를 막지 않도록 한다.

#### ② 비상대피도 비치

비상대피도는 시설 외부에서 쉽게 확인할 수 있도록 현관 쪽에 비치하되, 대피도를 구성할 때 다음과 같은 내용을 포함해야 한다.

• 각 교실과 출입구 위치를 쉽게 알아볼 수 있도록 표시
• 화재 시 대피할 수 있는 비상구 위치 표시
• 소화기, 옥내 수화전 등 수방 시설의 위치 표시
• 구획된 교실에서 비상구 및 출입구까지의 피난동선 표시

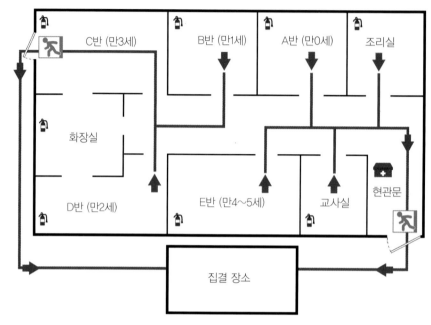

[그림 3-3] 비상대피도 예

출처: 국민안전처(2017).

### (3) 방염

방염은 물품이 타지 않는 것이 아니라 타는 시간을 지연시켜(천천히 탐) 대피시간을 확보하기 위해 준비하는 것이다. 실내 장식물과 유사한 물품(방염대상물품)은 방염 성능 기준 이상의 것으로 설치하고 방염 증빙서류를 보관해 두어야 한다.

방염 대상 물품은 다음과 같다.

- 실내 장식물
  - 종이류(두께 2mm 이상)
  - 합성수지류 또는 섬유류를 주 원료로 한 물품
  - 합판이나 목재
  - 간이칸막이

－흡음재(흡음용 커튼 포함) 또는 방음재(방음용 커튼 포함)

• 제조 또는 가공 공정에서 방염처리를 한 물품으로 다음에 해당하는 것
  －창문에 설치하는 커튼류(블라인드 포함)
  －카페트
  －두께가 2㎜ 미만인 벽지류(종이벽지는 제외)
  －전시용 합판 또는 섬유판, 무대용 합판 또는 섬유판
  －암막 및 무대막
  －침구류와 소파 및 의자는 방염처리가 된 제품을 사용하도록 권장

1. 영유아교사는 영유아의 안전사고를 예방하고 안전에 대한 책임과 의무를 다하기 위하여 안전과 관련된 법적 문제와 책임에 대해 잘 알고 있어야 한다.

2. 유아교육기관 관련 안전관리는 「아동복지법」, 「영유아보육법」, 「유아교육법」, 「어린이 놀이시설 안전관리법」, 「어린이제품 안전특별법」, 「주택건설 기준 등에 관한 규정」, 「전기사업법」, 「도시가스사업법」, 「도로교통법」, 「환경보건법」, 「국민 건강 증진법」, 「다중이용시설 등의 실내공기질 관리법 시행령」, 「다중이용업소의 안전관리에 관한 특별법」 등에서 찾아볼 수 있다.

3. 아동복지법에는 성폭력 및 아동학대 예방, 실종·유괴의 예방과 방지, 감염병 및 약물 오남용 예방 등 보건위생관리, 재난대비 안전 교통안전교육계획을 수립하고 실행해야 함을 명시하고 있다.

4. 폐쇄회로 텔레비전의 설치 및 영상정보의 금지, 안전공제회, 비상재해대비시설, 어린이집 차량안전에 대한 내용은 영유아보육법 및 시행령에서 찾아볼 수 있다.

5. 어린이집 원장은 영유아, 보육교직원의 생명, 신체 피해 보상 및 어린이집 재산상 피해 보상을 위한 공제료를 어린이집안전공제회에 납부함으로써 보험가입의 의무를 이행할 수 있다.

6. 안전사고 예방 대책은 비상연락체계 구축, 사고보고체계의 확립, 자체안전점검, 위험대비 보험가입으로 나누어 구체적으로 수립하여야 한다.

### 제4장

# 표준보육과정 및 유치원교육과정과
# 평가인증지표에서의 안전관리

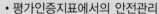 교육 내용

- 표준보육과정과 유치원교육과정에서의 안전관리
  - 안전영역의 연령별 목표
  - 안전영역의 내용범주 · 내용 · 세부내용

- 평가인증지표에서의 안전관리
  - 유아교육기관 평가인증지표의 변천과 내용
  - 평가인증지표(통합지표) 내에서의 안전 내용

국가수준 교육과정인 유치원 교육과정과 표준보육과정에서의 '안전'에 대한 내용을 0~1세 보육과정, 2세 보육과정, 3~5세 누리과정으로 나누어 살펴보고 이를 실천하는 방안의 예를 연령별로 비교하여 제시한 다. 또한 어린이집 · 유치원 통합평가지표에서 제시한 안전 내용을 살펴본다.

# 1. 표준보육과정과 유치원교육과정에서의 안전관리

## 1) 안전영역의 연령별 목표

국가수준의 교육과정인 표준보육과정과 유치원 교육과정(이하 3~5세는 누리과정으로 표기)에서의 안전 내용은 0~1세와 2세는 기본생활영역, 누리과정에서는 신체운동·건강영역의 내용범주에 '안전하게 생활하기'의 내용으로 제시되어 있다. 각 연령별 안전의 목표는 〈표 4-1〉과 같다(보건복지부, 2013).

〈표 4-1〉 표준보육과정과 누리과정에서의 연령별 안전 목표

| 0~1세 보육과정 | 2세 보육과정 | 누리과정 |
|---|---|---|
| 안전한 생활을 경험한다. | 안전한 생활습관의 기초를 경험한다. | 안전한 생활습관을 기른다. |

2세 미만 시기는 신체 협응력과 운동능력이 급속하게 발달하면서 기고, 앉고, 서고, 이동하는 등 운동적 행동이 많이 나타난다. 또 무엇이든 입에 넣는 본능이 있기 때문에 위험한 물질을 삼켜 질식사고의 위험이 높고 이동 중 떨어지거나 부딪히는 사고가 빈번하게 일어난다. 또한 영아는 주변을 탐색하고자 하는 열의와 호기심이 많기 때문에 주변 환경이 안전하지 못하면 안전사고에 노출되기 쉽다. 따라서 영아에게 위험한 물건이나 장소를 인식하게 하여 안전사고를 예방해야 한다. 이를 위해 위험한 것이 무엇인지 알려 주고, 위험한 물건(칼, 가위, 작은 이물질 등)과 위험한 장소(높은 곳, 물 주변, 화기 근처 등)에 대해 알게 하고 함부로 만지거나 가까이 가지 않도록 하는 등 안전한 생활을 경험할 수 있도록 지도한다.

2세 영아는 다양한 이동능력과 대·소근육의 발달이 진행됨과 동시에 인지적 변화가 일어나 이전의 의존적인 존재에서 좀 더 독립적인 존재로 이행해 가는 과도기적인 시기이다. 그러나 아직까지 자아중심적인 성향이 강하고 놀잇감이나 놀이기구를 혼자만 사용하려 하고 또래와 공유하는 데 어려움을 느낀다. 교사는 영아가 차례대로 놀이기구를 이용하고, 또래에게 놀잇감을 던지지 않고, 놀잇감 사용 후 제자리에 정리하기 등 놀이에 규칙이 있음을 이해하도록 지도한다. 또한 이 시기의 영아는 새로운 것을 시도해 보려고는 하지만 위험에 대해서는 알지 못하므로 놀잇감을 원래의 의도와 다른 방법으로 다루거나 놀이기구를 안전하지 않은 방법으로 이용할 수 있다. 점차 규칙에 따라 놀이함으로써 영아 스스로 안전한 생활습관을 기르도록 지도한다.

3~5세 유아는 발달특성상 주변의 사물이나 환경에 대한 호기심이나 탐구하려는 충동은 강한 반면 아직 신체 기능의 미성숙으로 운동기능이 충분히 발달되어 있지 않으므로 항상 사고의 위험에 노출되어 있다. 따라서 교사는 유아에게 놀이기구나 놀잇감, 도구의 바른 사용법을 알려 줄 뿐만 아니라 유아가 스스로 안전한 사용 규칙에 대해 의논하고 약속으로 정하고 이를 지켜서 놀이하도록 지도함으로써 안전한 생활습관을 기른다.

## 2) 안전영역의 내용범주 · 내용 · 세부내용

### (1) 0~1세

0~1세 보육과정에서의 안전 내용은 '안전하기 지내기'와 '위험한 상황에 반응하기'의 내용이며 4수준의 세부내용으로 분류되어 있다. 그 내용은 〈표 4-2〉와 같다.

〈표 4-2〉 0~1세 보육과정에서의 안전 내용 범주 · 내용 · 세부 내용

| 내용범주 | 내용 | 1수준 | 2수준 | 3수준 | 4수준 |
|---|---|---|---|---|---|
| 안전하게 생활하기 | 안전하게 지내기 | 안전한 상황에서 놀이한다. | | | 놀잇감을 안전하게 사용한다. |
| | | 안전한 장소에서 놀이한다. | | | |
| | | 차량 승하차 시 안전 장구를 착용한다. | | | |
| | 위험한 상황에 반응하기 | | 위험하다는 말에 반응을 보인다. | 위험하다고 알려 주면 주의한다. | |

교사는 영아 주변에 칼이나 가위와 같은 날카로운 물건을 두지 않고 단추, 구슬, 동전 등은 영아의 손에 닿지 않는 곳에 보관하며 작은 부품으로 나눠지는 놀잇감은 질식의 위험이 있으므로 영아에게 주어서는 안 된다. 그리고 교사는 위험한 장소나 물건의 주변에는 보호대를 두르고 계단의 위아래 그리고 복도나 현관에 안전문을 설치한다. 이때 안전문은 아코디언 문이나 미는 문이어서는 안 된다. 1층 이상의 모든 창문에는 창문 보호대를 설치하고, 욕조에 영아 혼자 두지 않으며 온수의 온도는 49℃ 이하로 유지한다. 뜨거운 라디에이터나 수로 파이프는 영아의 손이 닿지 않도록 감싸거나 손이 닿지 않게 하고 만져도 뜨겁지 않게 한다. 정수기의 뜨거운 물로 화상을 입지 않도록 온수가 나오지 않게 고정해 놓거나 영아의 힘으로 열 수 없도록 안전장치를 해 두어야 한다.

### (2) 2세

2세 보육과정에서의 안전 내용은 '안전하기 놀이하기' '교통안전 알기', '위험한 상황 알기'로 0~1세보다 교통안전 내용이 추가되었으며 세부내용은 2수준으로 제시하고 있다. 그 내용은 〈표 4-3〉과 같다.

〈표 4-3〉 2세 보육과정에서의 안전 내용 범주 · 내용 · 세부 내용

| 내용범주 | 내용 | 1수준 | 2수준 |
|---|---|---|---|
| 안전하게<br>생활하기 | 안전하게<br>놀이하기 | 놀이기구나 놀잇감을 안전하게 사용한다. | |
| | | 안전한 장소에서 놀이한다. | |
| | 교통안전<br>알기 | 교통수단의 위험을 안다. | 교통수단의 위험을 알고<br>조심한다. |
| | 위험한<br>상황 알기 | 위험한 상황과<br>위험한 것을 안다. | 위험한 상황과 위험한<br>것을 알고 조심한다. |
| | | 위험한 상황 시 어른의 지시에 따른다. | |

교사는 영아에게 시설물 때문에 발생할 수 있는 위험을 알려 준다. 즉, 문이나 창문을 닫을 때 손이 낄 수 있고, 전기 콘센트에 이물질을 넣거나 만지면 위험하며, 실내에서 뛰거나 부주의하게 다니다가 미끄러지거나 부딪힐 수 있음을 알려 주어야 한다. 또 시설과 설비의 위험을 알고 영아 스스로 안전하게 이용하는 습관을 기르도록 지도한다.

영아는 주차되어 있는 차가 움직일 수 있음을 이해하지 못한다. 따라서 서 있는 차는 계속해서 움직이지 않을 것이라 생각한다. 차가 멈춘 후에 차에 오르거나 내려야 하며 주차되어 있던 차도 움직일 수 있음을 알려 주고 주차장이나 자동차 뒤에서 놀지 않도록 하며 탈것의 위험을 알고 스스로 조심하는 안전 태도를 취하도록 지도한다.

교사는 영아에게 차가 다니는 길과 사람들이 다니는 인도가 있음을 알게 하고 신호등의 의미를 알고 점차 신호에 맞추어 어른이 영아의 손을 잡고 신호등을 보고 좌우를 살피면서 횡단보도를 건너도록 지도한다.

### (3) 3~5세

3~5세 누리과정에서의 안전 내용은 '안전하기 놀이하기' '교통안전 규칙 지키기', '비상시 적절히 대처하기'로 세부내용은 일곱 가지 요소를 제시하고 있다. 그 내용은 〈표 4-4〉와 같다.

〈표 4-4〉 3~5세 누리과정에서의 안전 내용 범주 · 내용 · 세부 내용

| 내용 범주 | 내용 | 세부 내용 |
|---|---|---|
| 안전하게 생활하기 | 안전하게 놀이하기 | 놀이기구나 놀잇감, 도구를 안전하게 사용한다. |
| | | 안전한 놀이장소를 안다. |
| | | TV, 인터넷, 통신기기 등을 바르게 사용한다. |
| | 교통안전 규칙 지키기 | 교통안전 규칙을 안다. |
| | | 교통수단을 안전하게 이용한다. |
| | 비상시 적절히 대처하기 | 학대, 성폭력, 실종, 유괴상황을 알고 도움을 요청한다. |
| | | 재난 및 사고 등 비상 시 적절하게 대처하는 방법을 안다. |

① 안전하게 놀이하기

'안전하게 놀이하기'는 실내 · 외 여러 가지 놀이기구나 놀잇감, 도구를 안전하게 사용하고, 안전한 장소에서 놀이하며, 전자 미디어를 안전하게 사용하는 데 필요한 지식, 기능, 태도를 형성하는 내용이다. 실외놀이터에서 놀 경우 끈 달린 옷을 입지 않거나 신발을 바로 신는 등 안전을 위해 갖추어야 할 복장도 포함한다.

 **'안전하게 놀이하기' 세부내용 지도 예**

사례 1

- '놀이기구나 놀잇감, 도구를 안전하게 사용한다.'는 유아에게 안전한 사용법을 알려 주는 것뿐만 아니라 생활 속에서 실천할 수 있게 하는 것이다. 5세 유아의 경우는 실내 · 외 놀이기구나 놀잇감, 도구를 어떻게 사용해야 안전한지, 왜 그렇게 사용해야 하는지 등을 알고 실천할 수 있도록 한다.
- '안전한 놀이장소를 안다.'는 내용을 3세 유아에게 적용할 때는 안전사고 위험요인들이 미리 제거된 안전한 놀이공간과 시설을 제공하는 것이 중요하다. 3세 유아에게 찻길이나 도로변과 같은 위험한 장소를 알려 주어 일상생활에서 위험에 노출되지 않도록 지도한다. 4, 5세 유아에게는 위험한 장소 및 그 이유에 대해 알아보고, 안전하게 놀이할 수 있는 규칙을 정하고 스스로 지키면서 놀이하도록 연령에 적합한 수준에서 지도한다.

- 'TV, 인터넷, 통신기기 등을 바르게 사용한다.' 내용의 경우, 3세 유아에게는 정해진 시간에만 바른 자세로 앉아 사용하는 등 전자 미디어의 바른 사용법을 알고 생활 속에서 지킬 수 있도록 한다. 이때 교사는 적정 시간을 지켜 전자미디어를 사용할 수 있도록 지도한다. 4, 5세 유아에게는 생활 속에서 전자 미디어와 관련된 다양한 문제상황 및 문제해결 방법에 대해 알아보고 자신이 경험해 본 전자 미디어의 위해성 및 대안을 다른 사람들에게 알리며 스스로 조절해 보는 활동을 해 볼 수 있다.

### ② 교통안전 규칙 지키기

'교통안전 규칙 지키기'는 유아가 교통안전 규칙의 중요성과 자동차 사고의 위험을 알고 사고의 위험에서 자신을 보호하기 위해 필요한 지식, 기능, 태도를 형성하는 내용이다.

**사례 2**　'교통안전 규칙 지키기' 세부내용 지도 예

- '교통안전 규칙을 안다.'는 3세 유아에게는 등 · 하원 길의 안전과 골목길에서의 안전 보행과 신호등이 있는 횡단보도, 신호등이 없는 횡단보도, 횡단보도가 없는 도로에서의 안전 횡단에 대하여 지속적으로 알려 주고 실천해 보도록 한다. 4, 5세 유아에게는 교통안전 규칙에 대해 알아보고 실천하면서 평가해 볼 수 있는 경험을 제공하도록 한다. 또한 기본적인 교통 표지판에 대해 알아보고 그 의미를 알고 지키도록 한다.
- '교통수단을 안전하게 이용한다.'는 3, 4, 5세 유아가 승용차, 버스, 지하철 등 실생활에서 경험할 수 있는 교통수단을 승차해 보는 경험을 제공하고, 그에 따른 안전수칙에 대해 알고 안전하게 이용하도록 한다. 유아가 일상생활에서 많이 이용하는 유치원이나 어린이집 통학버스를 안전하게 이용하는 방법을 경험하는 것에서부터 시작할 수 있다. 이후 점차 대중교통수단을 안전하게 이용할 수 있는 방법을 의논하고 문제점을 찾아봄으로써, 유아가 자율적으로 교통수단을 안전하게 이용하도록 발전시켜 나간다.

③ 비상시 적절히 대처하기

'비상시 적절히 대처하기'는 학대, 성폭력, 실종, 유괴 상황과 재난 및 사고 등의 비상상황을 알고 적절하게 대처함으로써 자신을 보호하는 데 필요한 지식, 기능, 태도를 형성하는 내용이다. 유아에게 태풍, 홍수, 지진(해일), 화재, 폭염, 폭설, 한파 등에 대비한 재난 대피방법 및 사고가 발생할 수 있는 위험한 상황을 알려 주어 자신을 보호하도록 하는 내용이다.

**사례 3** | **'비상시 적절히 대처하기' 세부내용 지도 예**

• '학대, 성폭력, 실종, 유괴상황을 알고 도움을 요청한다.'는 3세 유아에게는 위험에 처했을 때 적절히 대처하는 방법을 알지 못하므로 교사나 주변의 믿을 만한 성인에게 도움을 요청하는 방법을 알려 준다. 이때 단순한 지식 전달이 되지 않도록 상황극을 통해 연습함으로써 유아가 실제 상황에서 도움을 요청할 수 있도록 지도한다. 4, 5세 유아에게는 영상물 홍보자료, 방송이나 신문기사, 그림자료, 동화 등을 통해 유아와 함께 왜 이런 상황이 생기는지, 이런 상황에서 어떻게 대처해야 하는지에 대해 토의하고, 토의한 대로 실천해 보도록 한다.

• '재난 및 사고 등 비상시 적절하게 대처하는 방법을 안다.'는 3세 유아에게는 대피 방법을 구체적으로 알려주고 교사의 안내대로 따라하도록 한다. 이때 유아가 놀라거나 당황하지 않도록 미리 수업시간에 대피 훈련을 연습해 보도록 한다. 또한 유아에게 생활 주변에서 발생할 수 있는 위험한 상황(추락, 전기, 약물 등)을 알려 주고 위험한 상황에서 자신을 보호하도록 한다. 4, 5세 유아에게는 실제 생활 속에서 발생하는 다양한 재난 및 사고 발생의 원인과 예방방법을 알아보고, 적절히 행동하는 방법을 익힐 수 있도록 한다.

## 2. 평가인증지표에서의 안전관리

유아교육기관 평가인증은 어린이집과 유치원의 통합지표가 개발되어 어린이집의 경우, 2017년 11월 이후 평가인증 현장관찰이 이루어지는 기관들은 통합지표(어린이집 3차 평가인증지표)를 적용하여 평가가 시행된다. 통합지표 구성체계를 살펴보고 통합지표 내에서의 안전 내용을 제시한다.

### 1) 유아교육기관 평가인증지표의 변천과 내용

어린이집 평가인증제도는 2005년 도입되어 1, 2차 시행을 거치면서 어린이집의 전반적인 질적 수준 향상에 기여해 왔다. 이에 2015년 보육의 질 관리 제도로서의 개선을 위한 '어린이집 평가인증 3차 시범지표'를 개발하여 2015년부터는 2차 평가인증지표와 3차 평가인증 시범지표 중 어린이집에서 선택하여 참여할 수 있도록 운영되어 왔다. 유치원 또한 2014년부터 유치원 평가를 실시해 오고 있다.

이러한 과정에 2014년 12월, 국무조정실 주관하에 유보통합과제로 유치원·어린이집의 서비스 수준에 대해 비교 가능한 정보를 제공하고 서비스 질 개선을 위해 평가체계를 통합하는 방안을 추진해 오다 곧이어 유치원·어린이집 평가체계 통합방안을 발표하였다(2014. 12.). 이후 통합평가지표와 평가체계를 보완하여(2016년) 2017년 하반기부터 시행할 것을 부처 간(보건복지부와 교육부) 유보통합평가 시행을 확정하였다(보건복지부·한국보육진흥원, 2017). 이에 따라 어린이집의 경우, 2017년 11월 이후 평가인증 현장관찰이 이루어지는 기관들은 모두 통합평가지표를 적용한 평가가 이루어진다.

통합평가지표의 운영체계는 전체 시설에 대해 등급제(4등급: A-B-C-D)로 평가하고 그 결과를 공개하며, 평가결과에 따라 평가주기를 차등적용하게 된다.

### (1) 유치원평가 · 어린이집3차 시범평가 · 통합평가지표 비교

유치원과 어린이집3차 시범평가지표, 통합평가지표의 영역과 문항을 비교하여 제시하면 〈표 4-5〉와 같다.

〈표 4-5〉 유치원 평가 · 어린이집3차 시범평가 · 통합평가지표 비교

| 구분 | 유치원 평가(2014~2016년) | 어린이집3차 시범지표 | 통합평가지표 |
|---|---|---|---|
| 평가<br>지표 | • 4개 영역<br>1. 교육과정(3지표)<br>2. 교육환경(2지표)<br>3. 건강 및 안전(2지표)<br>4. 운영관리(4지표)<br><br>• 11개 지표, 30개 평가단위 | • 6개 영역<br>1. 보육환경(8지표)<br>2. 건강(8지표)<br>3. 안전(8지표)<br>4. 보육과정 운영(8지표)<br>5. 보육활동과 상호작용(10지표)<br>6. 운영관리(8지표)<br>• 50개 지표, 308개 평가단위 | • 4개 영역<br>1. 보육과정 및 상호작용(7지표)<br>2. 보육환경 및 운영관리(5지표)<br>3. 건강 · 안전(5지표)<br>4. 교직원(4지표)<br><br>• 21개 지표, 79개 평가항목,<br>123개 평가단위 |
| 평가<br>방식 | • 점수 평정 | • 점수 평정 | • 등급 평정 |

### (2) 통합평가지표의 영역과 평가지표 구성

통합평가지표는 보육과정 및 상호작용 영역 7지표, 보육환경 및 운영관리 영역 5지표, 건강 · 안전영역 5지표, 교직원영역 4지표로 총 21개 지표로 구성되어 79개의 평가항목으로 평가한다. 각 영역별 평가지표와 평가항목 수는 〈표 4-6〉과 같다.

〈표 4-6〉 통합평가 영역 및 지표 구성

| 평가영역(항목 수) | 평가지표 | 평가항목 수 |
|---|---|---|
| 1. 보육과정 및 상호작용(31) | 1-1. 보육계획 수립 및 실행 | 4 |
| | 1-2. 일과 운영 | 5 |
| | 1-3. 교수-학습방법 및 놀이지원 | 6 |
| | 1-4. 교사-영유아 상호작용 | 6 |

| 1. 보육과정 및 상호작용(31) | 1-5. 영유아 간 상호작용 시 교사 역할 | 4 |
|---|---|---|
| | 1-6. 평가 | 4 |
| | 1-7. 일상생활 | 2 |
| 2. 보육환경 및 운영관리(19) | 2-1. 실내 공간 구성 | 5 |
| | 2-2. 실외 공간 구성 | 3 |
| | 2-3. 기관 운영 | 4 |
| | 2-4. 가정 및 지역사회와의 연계 | 5 |
| | 2-5. 어린이집 이용 보장 | 2 |
| 3. 건강·안전(15) | 3-1. 실내외 공간의 청결 및 안전 | 4 |
| | 3-2. 급·간식 | 3 |
| | 3-3. 건강증진을 위한 교육 및 관리 | 3 |
| | 3-4. 등·하원의 안전 | 2 |
| | 3-5. 안전교육 및 사고대책 | 3 |
| 4. 교직원(14) | 4-1. 원장의 리더십 | 4 |
| | 4-2. 교직원의 근무환경 | 3 |
| | 4-3. 교직원의 처우와 복지 | 3 |
| | 4-4. 교직원의 전문성 제고 | 4 |

출처: 보건복지부·한국보육진흥원(2017).

## 2) 평가인증지표(통합지표) 내에서의 안전 내용

### (1) 통합평가지표에서의 안전영역 평가항목

통합평가지표에서의 안전영역 평가항목은 건강영역의 내용을 포함하여 총 15개 항목으로 구성되어 있다. 안전 내용은 3-1 실내외 공간의 안전 3항목, 3-4 등·하원 안전 2항목, 3-5 안전교육 및 사고대책 3항목으로 평정한다. 〈표 4-7〉에서 참고할 수 있다.

〈표 4-7〉 통합평가지표 안전영역 평가항목

| 영역 | 평가지표 | 평가항목 |
|---|---|---|
| Ⅲ.<br>건강·<br>안전<br>(15) | 3-1. 실내외 공간의 청결 및 안전(4) | 1. 실내외 공간을 청결하고 쾌적하게 관리하고 있다. |
| | | (평가항목 Y충족 기준) 5개 중 4개 이상<br>※ 낮잠시간 편성하지 않는 학급 – 평가항목 Y충족 기준 4개 중 3개 이상 |
| | | 2. 실내외 공간을 유아의 안전을 위해 위험요인 없이 관리하고 있다. |
| | | (평가항목 Y충족 기준) 5개 중 4개 이상 |
| | | 3. 실내외 놀잇감이 안전하고, 위험한 물건을 안전하게 보관·관리하고 있다. |
| | | (평가항목 Y충족 기준) 4개 중 3개 이상 |
| | | 4. 안전시설 및 설비를 비상시 효율적으로 사용할 수 있도록 관리하고 있다. |
| | | (요소 없음) |
| | 3-1 지표 등급 | 우수: 3개 이상, 적합: 2개, 개선 필요: 1개 이하 |
| | 3-2. 급·간식(3) | 1. 영양의 균형을 고려한 급·간식을 제공하고 있다. |
| | | (평가항목 Y충족 기준) 5개 중 4개 이상 |
| | | 2. 식자재의 구입·보관 및 조리공간을 위생적으로 관리하고 있다. |
| | | (평가항목 Y충족 기준) 5개 중 4개 이상(요소 2, 3 포함) |
| | | 3. 조리 및 배식과정을 청결하고 위생적으로 관리하고 있다. |
| | | (평가항목 Y충족 기준) 6개 중 5개 이상(요소 4, 6 포함) |
| | 3-2 지표 등급 | 우수: 3개, 적합: 2개, 개선 필요: 1개 이하 |
| | 3-3. 건강증진을 위한 교육 및 관리(3) | 1. 손 닦기, 양치질 등 청결한 위생습관을 실천한다. |
| | | (요소 없음) |
| | | 2. 교사는 유아의 건강상태를 살펴보고 적절하게 지원한다. |
| | | (평가항목 Y충족 기준) 4개 중 3개 이상 |

| | | 3. 유아와 교직원의 건강증진을 위한 예방관리와 교육을 실시한다. |
|---|---|---|
| | | (평가항목 Y충족 기준) 5개 중 4개 이상 |
| | 3-3 지표 등급 | 우수: 3개, 적합: 2개, 개선 필요: 1개 이하 |
| | 3-4. 등·하원의 안전(2) | 1. 유아는 등·하원 시 성인의 보호하에 있다. |
| | | (평가항목 Y충족 기준) 4개 중 3개 이상 |
| | | 2. 통학차량을 운행할 경우 안전요건을 갖추어 관리한다. |
| | | (평가항목 Y충족 기준) 4개 중 4개 이상 ※ 차량운행 하지 않는 경우 |
| Ⅲ. 건강·안전 (15) | 3-4 지표 등급 | 우수: 2개, 적합: 1개, 개선 필요: 0개 이하 |
| | 3-5. 안전교육 및 사고대책(3) | 1. 유아를 대상으로 안전교육을 지속적으로 실시하고 있다. |
| | | (평가항목 Y충족 기준) 4개 중 3개 이상 |
| | | 2. 교직원은 안전교육을 받고 유아학대 예방지침을 준수한다. |
| | | (평가항목 Y충족 기준) 5개 중 4개 이상 |
| | | 3. 영유아, 교직원 및 시설 보험에 모두 적합하게 가입하고 있다. |
| | | (요소 없음) |
| | 3-5 지표 등급 | 우수: 3개, 적합: 2개, 개선 필요: 1개 이하 |

출처: 보건복지부·한국보육진흥원(2017).

### (2) 건강 및 안전영역 지표별 평정 기준

통합평가지표의 건강 및 안전영역, 즉 실내 및 공간의 청결 및 안전(3-1), 급·간식(3-2), 건강증진을 위한 교육 및 관리(3-3), 등하원의 안전(3-4), 안전교육 및 사고대책(3-5)의 5개 지표의 각 항목별 내용을 살펴보면 다음과 같다(보건복지부·한국보육진흥원, 2017).

| 3-1 | 실내외 공간의 청결 및 안전 |

① 3-1-1. 실내외 공간을 청결하고 쾌적하게 관리하고 있다.

본 영역은 보육실의 청소상태는 양호하고 놀잇감과 개별 침구가 청결하며, 보육실의 공기, 온도, 습도, 채광, 조도가 적정하여 쾌적한지를 살피고 보육실외 실내 공간(화장실, 세면장, 기저귀 가는 공간, 현관과 복도, 유희실, 교사실, 자료실, 식당, 계단 등), 실외 공간(옥상 및 옥외놀이터) 등이 청결하고 실내공기, 온도, 습도, 채광, 조도가 적정한지를 확인하는 데 중점을 둔다. 본 영역의 평가요소는 5개로 이루어져 있으며 그에 대한 내용은 다음과 같다.

| | |
|---|---|
| 1. 실내외 공간을 청결하게 유지한다. | • 보육실<br>–공간: 바닥과 벽, 천장, 기둥, 출입문과 창문, 구석진 곳 등<br>–가구 및 비품: 책상과 의자, 활동자료장 등<br>–전자제품: 에어컨, 선풍기, 공기청정기 등<br>–(영아) 기저귀를 가는 공간(기저귀갈이대 및 이동식 변기)이 별도로 마련되어 있고 청결함<br>• 실내외 공간<br>–화장실, 세면장: 바닥이 건조하며, 변기, 세면대가 청결하며, 수건 등이 청결하게 사용될 수 있도록 관리됨<br>–실내공간과 설비: 현관과 복도, 유희실, 교사실, 자료실, 식당, 계단, 활동 자료장, 공동매트, 쿠션, 에어컨, 선풍기, 공기청정기 등<br>• 실외공간과 설비: 옥상, 옥외놀이터, 화단, 출입구, 실외 고정식 놀이기구 등 |
| 2. 실내외 놀잇감을 청결하게 유지한다. | –흥미영역 놀잇감, 활동자료, 이동식 놀이기구 포함<br>–실내외 공간에 비치된 놀잇감, 신체놀이기구(이동식 놀이기구) |
| 3. 개별 침구를 청결하게 유지한다. | –모든 영유아가 개별 침구(이불, 요, 베개)를 사용함<br>–침구 보관 장소가 청결함<br>–개별 침구와 여분의 침구가 청결하게 관리됨 |

| | |
|---|---|
| 4. 환기를 자주 하여 실내 공기를 쾌적하게 유지한다. | −영유아의 등원 전, 놀이 전후, 식사 및 간식시간 후, 낮잠시간 후 등 일과 중 수시로 환기함(겨울철에도 동일)<br>−외부 연결 창문이 없는 경우 공기청정기 등을 사용하여 환기함<br>−실내공기의 질 측정 결과 기록(연 1회 이상)<br><br>〈기록 확인〉<br>※근거: 「다중이용시설 등 실내공기질관리법령」<br>※연면적 430m² 미만의 어린이집인 경우, 기록 확인을 하지 않고 관찰 결과로만 평정함 |
| 5. 실내공간의 온도, 습도, 채광, 조명을 적정하게 유지한다. | −보육실, 복도, 유희실, 실내놀이터 등에서 실내 적정 온도와 습도를 유지함<br><br>※실내온도는 18℃ 이상 28℃ 이하/난방온도 18~20℃/냉방온도 26~28℃<br>※비교습도는 30% 이상 80% 이하임<br><br>−실내공간은 자연채광, 인공조명, 블라인드 등으로 적절한 밝기가 유지되어 영유아의 활동에 방해가 되지 않음. |

② 3-1-2. 실내외 공간을 영유아의 안전을 위해 위험요인 없이 관리하고 있다.

본 영역은 실내외 공간의 출입문과 창문, 천장과 바닥, 벽면, 전기설비와 전선줄, 고정식 및 이동식 시설과 설비, 세면대, 정수기 등을 위험요인이 없도록 관리하고 있는지를 평가하는 데 중점을 두고 있다. 아울러 성인이 주로 사용하는 실내외 공간에도 위험요인이 없도록 관리하는지를 확인하는 데 중점을 두고 있다. 본 영역의 평가요소는 5개로 이루어져 있으며 그에 대한 내용은 다음과 같다.

| | |
|---|---|
| 1. 출입문, 창문, 천장, 미닥, 벽면 등이 안전하여 위험요인이 없다. | −현관문: 영유아가 성인 보호 없이 나갈 수 없고 외부인이 침입하지 못하도록 개폐장치 설치 및 관리됨<br>−출입문: 손 끼임 방지 장치가 부착되어 있고, 문턱은 영유아가 걸려 넘어질 위험이 없도록 마감됨<br>−창문: 추락방지 창문보호대 설치됨<br>−천장, 바닥, 벽면: 균열, 돌출 등이 없고 고르게 설치됨<br>−실내계단, 화장실, 세면장: 미끄럼 방지를 위한 안전 조치가 되어 있음 |

| 2. 전기설비 및 전선줄 등이 안전하여 위험요인이 없다. | −모든 전기콘센트(이동식 콘센트 포함)는 영유아의 손이 닿지 않는 곳에 설치되어 있거나 안전덮개로 덮여져 있음<br>−전선줄 등은 영유아 손이 닿지 않는 위치에 있고, 영유아가 잡아당기거나 걸려 넘어지지 않도록 관리되고 있음 |
|---|---|
| 3. 고정식 및 이동식 시설, 설비가 안전하여 위험요인이 없다. | −보육실 내 시설·설비: 벽면에 설치된 게시판, 선반, 에어컨, 부착형 선풍기 및 온열기, 블라인드 등은 안전하게 설치되어 있음<br>−가구, 가전제품: 책상, 의자, 활동자료장 등의 가구와 공기청정기, 제습기, 가습기 등 가전제품은 파손된 곳이 없고, 모서리가 날카롭지 않거나 보호대가 설치되어 있어 안전함<br>−유희실·실내놀이터: 고정식 놀이기구, 고정식 미끄럼틀, 볼풀장 등은 안전하게 설치되어 있고 파손된 곳이 없음<br>−옥외놀이터: 고정식 놀이기구, 옥외놀이터의 바닥면 등은 안전하게 설치되어 있고 파손된 곳이 없음<br>−실내외 공간의 설비: 돌출형 라디에이터, 화기시설, 가스밸브, 실외 공간의 에어컨 실외기, LPG 가스통 등에는 영유아가 접근하지 않도록 되어 있거나 보호 장치가 있음 |
| 4. 세면대, 정수기 등에 온수조절장치가 적절하여 위험요인이 없다. | −세면대, 정수기: 온수조절을 위한 안전조치가 되어 있음 |
| 5. 성인이 주로 사용하는 실내외 공간에 영유아가 출입하지 않는다. | −교사실, 원장실 등은 영유아가 성인의 보호하에 출입할 수 있도록 관리하고 있음<br>−조리실, 보일러실, 자료실, 덤웨이터 등은 영유아가 출입하지 못하도록 관리하고 있음<br>※구조상 부엌 등의 조리실과 영유아의 활동공간이 분리되어 있지 않은 경우, 영유아의 접근을 막을 수 있는 안전장치를 설치하여 관리하고 있음 |

③ 3-1-3. 실내외 놀잇감이 안전하고, 위험한 물건을 안전하게 보관·관리하고 있다.

본 영역에서는 실내외 놀잇감에 위험요인이 없어서 영유아가 안전하게 사용할 수 있도록 하고 있는지를 살펴볼 뿐만 아니라 위험한 물건은 영유아의 손에 닿지 않도록 철저히 보관·관리하는지 여부를 살피는 데 중점을 둔다. 왜냐하면 영유아는 호기심이 강하여 위험한 물건임에도 이를 건드려 보거나 놀이대상으로 삼기 쉬우므로 위험한 물건을 영유아의 손에 닿지 않도록 보관·관리하는 것은 매우 중요하기 때문이다. 본 영역의 평가요소는 4개이며 이에 대한 내용은 다음과 같다.

| | |
|---|---|
| 1. 보육실 내 놀잇감에 파손된 부분이 없다. | -보육실 내 모든 놀잇감 및 보관함이 파손되지 않았고 일부 파손된 경우 거친 표면, 날카로운 모서리 등 위험한 부분이 없음 |
| 2. 실내외 공간에 비치된 놀잇감에 파손된 부분이 없다. | -실내외 공간의 모든 놀잇감 및 보관함, 이동식 놀이기구가 파손되지 않았고 일부 파손된 경우 거친 표면, 날카로운 모서리 등 위험한 부분이 없음 |
| 3. 보육실 내의 위험한 물건을 안전하게 보관·관리한다. | -보육실 내 모든 위험한 물건은 영유아 손이 닿지 않는 곳에 별도로 보관되어 있음<br>-영유아 손이 닿는 위치에 보관하는 경우에는 잠금장치를 사용하고 있음<br>-영아(만 0~1세, 만 2세)가 삼킬 수 있는 놀잇감이나 활동자료가 없음<br><br>• 직경 3.5cm 이하 작은 크기의 물건이나 놀잇감(예: 블록이나 구슬, 솜 공 등)<br>• 직접 활동자료로 제공되거나, 영아가 쉽게 열 수 있는 통 안에 들어 있는 크기가 작은 자연물(예: 콩, 팥, 은행, 도토리 등) |
| 4. 실내외 공간의 위험한 물건을 안전하게 보관·관리한다. | -실내외 공간의 모든 위험한 물건은 영유아 손이 닿지 않는 곳에 별도로 보관되어 있음<br>-영유아 손이 닿는 위치에 보관하는 경우에는 잠금장치를 사용하고 있음 |

④ 3-1-4. 안전시설 및 설비를 비상시 효율적으로 사용할 수 있도록 관리하고 있다.

본 영역에서는 비상계단, 영유아용 미끄럼대, 비상구, 비상대피로 등의 안전시설을 잘 갖추고 있으며 피난구 유도등, 소화기, 가스누설경보기 등의 설비 등이 제대로 관리되고 있는지 여부를 살피는 데 중점을 둔다. 본 영역의 평가항목은 '비상사태를 대비한 안전시설'과 '비상사태를 대비한 설비' 2개로 이루어져 있으며 2개의 평가기준 모두가 충족되어야 한다.

| 3-2 | 급 · 간식 |
| --- | --- |

① 3-2-1. **영양의 균형을 고려한 급 · 간식을 제공하고 있다.**

본 영역은 영유아에게 연령 특성에 맞고 영양 균형을 맞춘 식단에 따라 자연식품 위주의 급 · 간식을 제공하는지 여부를 살피고, 신선한 과일, 채소, 우유 등을 먹기 좋은 형태로 제공하여 영유아의 영양균형과 건강증진에 도움이 되도록 배려하는지를 살피는 데 중점을 둔다. 아울러 식품알레르기 질환에 대한 지침을 마련하여 특별한 요구가 있는 영유아도 안전하고 건강하게 급 · 간식을 할 수 있도록 배려하는지 확인한다. 본 영역의 평가요소는 5개이며 그에 대한 내용은 다음과 같다.

| | |
| --- | --- |
| 1. 영유아의 연령 및 영양 균형을 맞춘 식단이 수립되어 있고, 식단에 따른 급 · 간식을 제공한다. | -급 · 간식 식단표(오전간식, 점심, 오후간식 포함)<br><br>〈기록 확인〉<br>※전문영양사(임용된 영양사, 어린이급식관리지원센터, 육아종합지원센터 등)가 작성한 식단 사용<br><br>-(영아) 영아용 급 · 간식 식단표(월령별 이유식)<br>-사전에 수립된 식단과 실제 제공된 급 · 간식의 내용이 일치함 |
| 2. 인스턴트식품보다 자연식품 위주로 급 · 간식을 제공한다. | -급 · 간식 식단표 및 제공기록<br>-인스턴트식품: 조리절차가 간단하고 식품첨가물(예: 유화제, 발색제, 보존제 등)이 함유된 식품(예: 라면, 자장면 등), 냉동식품, 탄산음료, 과자류 등 |
| 3. 영유아의 연령 특성을 고려한 급 · 간식(크기, 맛, 조리형태 등)을 제공한다. | -음식물의 조각이 크지 않고, 지나치게 뜨겁거나 차갑지 않고, 맵거나 짜지 않게 조리되어 있음<br>-영아에게 제공되는 이유식(고형식)은 음식 조각의 크기가 작아 영아가 쉽게 먹을 수 있게 조리되어 있음 |

| 4. 충분한 양의 급·간식을 제공한다. | −배식할 음식은 여분이 있어 더 먹기를 원하는 영유아에게는 추가로 배식할 수 있음 |
|---|---|
| 5. 식품 알레르기 질환에 대한 지침을 마련하여 실행한다. | −식품 알레르기 질환에 대한 지침 및 보호자 안내자료<br>−영유아별 식품 알레르기 질환 조사기록<br>−식품 알레르기 질환이 있는 영유아가 재원하고 있는 경우, 이를 고려하여 급·간식의 조리나 배식이 이루어졌다는 기록(보육일지, 알림장 등) |

②3-2-2. 식자재의 구입·보관 및 조리공간을 위생적으로 관리하고 있다.

본 영역은 급·간식에 사용되는 모든 식자재가 얼마나 신선할 때 구입하여 유통기한 내 사용하는지를 확인하고, 식자재 보관 요령을 준수하여 그에 맞는 적절한 장소에 보관하는지 여부를 살피는 데 중점을 둔다. 또한 영유아의 식사와 간식을 준비하는 곳인 조리실(또는 조리공간)이 청결하고 위생적으로 관리되어 식중독과 질병 예방에 철저한지를 파악하는 데 중점을 둔다. 본 영역의 평가요소는 5개이며 그에 대한 내용은 다음과 같다.

| 1. 신선한 식자재를 구입하여 사용한다. | −구입한 식자재의 외관, 색상, 냄새 등을 확인했을 때 변질되지 않은 상태임 |
|---|---|
| 2. 유통기한 경과 식자재가 없다.(필수) | −식자재 중 유통기한이 경과된 것이 전혀 없음<br>−평정대상: 어린이집 내의 모든 공간에 있는 유통기한이 표기된 모든 음식(수입식품 포함)<br><br>※ 식자재 관리 관련 평정범위<br>• 조리실을 함께 사용하는 경우 해당 조리실 내 모든 식자재가 평정대상에 포함됨<br>• 가정어린이집에서 살림을 병행하는 경우, 인가공간 내 모든 식자재(살림용 포함)가 평정대상에 포함됨 |
| 3. 식자재를 위생적으로 보관한다.(필수) | −모든 식자재는 보관방법에 맞게 실온·냉장·냉동보관함<br><br>※냉장식품 5℃ 이하/신선편의식품은 5℃ 이하/냉동식품은 −18℃ 이하/생선 및 육류는 5℃ 이하/일반채소는 건냉한 장소/전처리된 채소는 10℃ 이하 |

| 3. 식자재를 위생적으로 보관한다.(필수) | −식자재 보관장소(창고, 싱크대, 베란다 등)는 곰팡이나 습기가 없고 건냉함<br>−창문이 있을 경우 방충망이 설치됨 |
|---|---|
| 4. 조리실 공간 (바닥, 벽, 천장 등)을 청결하게 유지한다. | −조리실 바닥, 벽, 천장, 하수구 등은 물기, 찌든 때, 이물질, 냄새 유발 요인이 없이 청결함<br>−외부로 연결된 문, 창문이 있는 경우 방충망이 설치됨 |
| 5. 조리실 내 시설 · 설비 (개수대, 조리대, 식기 수납장, 가스레인지, 후드, 환풍기, 주방가전 등)를 청결하게 유지한다. | −개수대, 조리대, 수납장, 가스레인지, 후드, 환풍기, 냉장고, 냉동고, 오븐, 전자레인지, 전기밥솥 등은 찌든 때, 이물질, 냄새 없이 청결함 |

③ 3-2-3. 조리 및 배식과정을 청결하고 위생적으로 관리하고 있다.

본 영역은 영유아에게 청결하고 위생적인 음식을 제공하기 위해 급 · 간식의 조리과정이 위생적으로 이루어지는지, 조리된 음식은 청결한 식기를 이용하여 깨끗하고 위생적인 절차로 배식되는지를 확인하는 데 중점을 둔다. 또한 영유아가 원할 때 언제나 물을 마실 수 있도록 이용하기 쉬운 곳에 마실 물을 준비해 두는지, 모유나 우유를 관리하는 과정도 위생적으로 이루어지는지를 살피는 데 중점을 둔다. 본 영역의 평가요소는 6개이며 그에 대한 내용은 다음과 같다.

| 1. 조리 시 앞치마, 머릿수건, 조리실 전용 신발이나 위생화를 착용한다. | −조리사, 조리원 등 조리를 하는 교직원은 전용 앞치마(또는 위생복), 전용 머릿수건(또는 위생모)을 착용함<br>−조리실 전용 신발(덧신)이나 위생화를 착용함<br>※가정어린이집 등 실내공간과 조리공간의 바닥이 구분되지 않으며, 바닥에서의 물 사용이 없는 경우 조리실 전용 신발이나 덧신 미착용을 허용함 |
|---|---|
| 2. 조리가 위생적으로 이루어진다. | −조리 전 비누를 사용하여 손을 깨끗이 씻음<br>−식재료 준비 작업을 바닥에서 하지 않음<br>−조리 중이거나 조리된 식품을 맨손으로 만지거나 취급하지 않음<br>−조리 중 맛보기할 경우 맛보기 숟가락을 별도로 사용함 |

| 3. 식기류(컵 등)와 조리실 비품(조리도구, 행주 등)을 위생적으로 관리한다. | −식기류, 조리도구, 행주 등 조리실 비품은 사용 후 세척, 소독하여 위생적으로 관리함<br>−도마는 육류용, 어패류용, 기타 채소류용으로 구분하여 사용함<br>−매번 청결한 상태의 새로운 컵을 사용하며, 개별 컵을 반복 사용하는 경우 청결하게 관리함<br>−(영아) 수유용 젖병과 젖꼭지는 1회 사용 후 소독하여 관리함 |
|---|---|
| 4. 1회 조리된 음식은 당일 소모하고 재배식하지 않는다.(필수) | −당일 조리된 음식은 당일 소모를 원칙으로 함<br>−1회 조리된 음식을 배식 완료하고 남았을 경우 이를 전량 폐기함<br><br>※ 면담 예시<br>−배식완료하고 남은 음식은 어떻게 처리하는가?<br>−전날 조리된 음식이 재배식된 적이 있는가? |
| 5. 배식과정이 위생적으로 이루어진다. | −배식 전 식탁(책상) 닦기, 음식별로 위생적인 개별 배식도구 사용하기 등 배식과정이 위생적으로 이루어짐 |
| 6. 마실 물, 우유 등을 위생적으로 관리한다.(필수) | −마실 물은 끓여서 식힌 물이나 생수를 제공함<br>−「먹는 물 관리법」 제5조 등의 규정에 의한 수질 기준에 적합한 물을 제공함<br>−영유아가 마시는 우유는 냉장보관하며 먹다 남은 우유는 즉시 폐기함 |

| 3-3 | 건강증진을 위한 교육 및 관리 |
|---|---|

① 3-3-1. 손 닦기, 양치질 등 청결한 위생습관을 실천한다.

본 영역은 영유아와 교사의 위생습관이 어떠한지를 파악하는 데 중점을 둔다. 따라서 영유아와 교사가 손을 씻어야 하는 상황에서 반드시 손을 씻는지, 점심식사 후 이를 닦고 양치도구를 위생적으로 관리하는지 및 배변 후 뒤처리를 위생적으로 하는지 여부를 확인한다. 본 영역의 평가요소는 '영유아와 교사는 손을 씻어야 하는 상황에서 반드시 손을 씻는다.' '영유아는 점심식사 후 적합한 방법으로 이를 닦으며 칫솔과 양치컵을 사용 후 위생적으로 관리한다.' '영유아 배변 후 뒤처리를 위생적으로 한다.'의 3개로 이루어져 있으며 이 모든 기준이 충족되어야 한다.

② 3-3-2. 교사는 영유아의 건강상태를 살펴보고 적절하게 지원한다.

본 영역은 교사가 아프거나 다친 영유아를 주의 깊게 살피고, 아픈 영유아를 발견했을 시 안전지침에 따라 신속히 지원하며 이를 위한 비상약품은 잘 갖추고 있는지 여부를 확인하는 데 중점을 둔다. 본 영역의 평가요소는 4개로 이루어져 있으며 이에 대한 내용은 다음과 같다.

| 1. 아프거나 다친 영유아에 대한 지침을 마련하고 있다. | -아프거나 다친 영유아에 대한 어린이집의 지침, 상해유형별 응급처치<br><br>※지침 포함 내용(기록 확인 자료)<br>교직원 업무분장 및 처리절차/안전사고 시 영유아의 상해유형 및 응급처치 |
| --- | --- |
| 2. 교사는 일과 중 영유아의 건강상태를 주의 깊게 살펴보고, 적절히 조치한다. | -등원 시 영유아의 건강상태를 확인하고 이상이 있을 경우 보호자에게 직접 질의하거나 여의치 않을 경우 보호자의 전언(전화, 알림장 등)으로 확인함<br><br>※영유아 건강상태 확인: 발열, 기침, 콧물, 눈곱, 발진, 기분상태 등<br><br>-교사는 일과 중 평소와 다른 모습을 보이는 영유아가 있는지 수시로 살펴봄<br>-교사는 아픈 영유아가 있을 경우 '아픈 영유아에 대한 지침'에 따라 즉시 조치를 취함<br>-아프거나 다친 영유아가 발견되었을 경우 교사는 즉시 부모나 보호자에게 영유아의 증상과 어린이집에서의 처치계획 등을 전화로 알림<br>-하원 시 알림장, 전화 등을 통해 부모나 보호자에게 알림 |
| 3. 투약의뢰서를 관리하고, 부모에게 투약 보고를 한다. | -투약의뢰 및 투약보고 관련 기록<br><br>※필수 기재사항: (투약의뢰) 투약하는 약의 종류, 용량, 시간(횟수), 의뢰자/ (투약 보고) 투약 여부, 투약자 |

| 4. 비상약품이 용도별 (실내활동용, 실외활동용)로 구비되어 있고, 비상약품을 유효기간 내로 관리하고 있다. | -비상약품(또는 구급상자)이 실내활동용, 실외활동용(산책, 견학 등)으로 별도로 구비되어 있거나 반 별로 구비되어 있음<br>-구비되어 있는 모든 약품에는 종류별로 사용(유효)기한이 표기되어 있고, 사용(유효)기한 이내임 |
|---|---|

③ 3-3-3. 영유아와 교직원의 건강증진을 위한 예방관리와 교육을 실시한다.

본 영역은 영유아의 올바른 식습관 형성, 감염병 예방관리를 위한 건강교육을 실시하여 영유아의 건강증진 도모에 힘쓰고 있는지를 살피고, 교직원의 정기적인 건강검진, 감염병 예방관리 및 직무스트레스 예방관리 서비스 등을 통한 건강증진 지원 여부를 확인하는 데 중점을 둔다. 본 영역의 평가요소는 5개로 이루어져 있으며 이에 대한 내용은 다음과 같다.

| 1. 개별 영유아의 건강검진 서류, 응급처치동의서를 작성 · 관리하고 있다. | -모든 영유아(90% 이상)의 건강검진 서류가 구비되어 있음<br>-모든 영유아의 응급처치동의서(필수기재사항: 보호자의 비상연락처, 의료기관, 보호자 서명)가 구비되어 있음<br><br>※영아(만 0~2세)의 경우, 신체계측 결과와 소아과의 정기 예방접종 등으로 갈음하여 비치할 수 있음<br>※기록 확인 자료: 영유아 건강검진 서류, 응급처치동의서, 보육통합정보시스템 |
|---|---|
| 2. 영유아 및 교직원을 대상으로 다양한 건강 및 영양교육을 실시한다. | -발달수준에 적합한 교육활동 및 일상적 양육활동을 통해 상시적으로 교육이 이루어지고 있음<br><br>※기록 확인 자료: 식습관 지도, 건강 및 영양교육 실행기록(일일 계획안, 보육일지, 관찰일지 등)/영아(만 0~1세, 만 2세)에게 개별 또는 소집단으로 일상적 양육을 통해 이루어짐.<br>※기록 확위 자료: 교직원(원장, 교사, 조리원 등)이 받은 건강 및 영양 관련 주제의 교육 기록(연 1회 이상)/내용: 영유아 건강 · 영양교육 실시 및 일상생활 지도에 도움이 되는 지식, 영유아 건강 · 영양교육을 위한 교수 및 지도방법 등/방법: 어린이집 자체교육, 외부 집합교육, 온라인 교육 등 |

| 3. 교직원의 건강검진이 정기적으로 이루어진다. | −대상: 미임용 보육교직원 중 매일 1개월 이상 지속적으로 근무하는 자, 어린이집 보육실습생, 어린이집에서 함께 거주하는 자, 특별활동 강사, 노인 일자리 파견 파견자 등<br><br>※기록 확인 자료: 건강검진 서류(연 1회 이상)<br>※임용된 보육교직원의 건강검진은 기본사항에서 확인함 |
|---|---|
| 4. 영유아 및 교직원에 대한 감염병 관리수칙을 수립하여 실천한다. | ※기록 확인 자료: 감염병에 대한 관리수칙, 감염병 정보를 보호자에게 제공한 기록(분기별 1회 이상)<br>※관리수칙의 필수 기재사항<br> −영유아에게 자주 발생하는 감염병(예: 수두, 볼거리, 홍역, 수족구, 독감, 뇌염 등)의 증상<br> −등원하지 않아야 할 감염병의 종류와 기간<br> −영유아나 교직원이 감염병에 걸렸을 경우의 대처방법 |
| 5. 교직원의 직무스트레스(정신건강)를 예방하고 관리할 수 있는 서비스를 안내하거나 제공한다. | ※ 면담 예시<br> −교직원에게 정신건강 관리 교육 및 온라인 전문상담 서비스를 안내한 적이 있는가?<br> −직무스트레스 해소 기회를 제공한 적이 있는가? |

| 3-4 | 등 · 하원의 안전 |
|---|---|

① 3-4-1. 영유아는 등원부터 하원까지 성인의 보호하에 있다.

본 영역은 등 · 하원 시 어린이집과 지정된 보호자 간에 영유아의 인계가 안전하고 정확하게 이루어질 수 있도록 명확한 인계절차와 관련 규칙을 수립하여 보호자에게 안내하고, 이를 준수하는지 여부를 확인하는 데 중점을 둔다. 본 영역의 평가요소는 4개로 이루어져 있으며 이에 대한 내용은 다음과 같다.

| 1. 영유아의 인계과정에 대한 규정이 있고, 규정에 따라 안전하게 이루어진다. | −등·하원 시 모든 영유아(차량 이용 영유아 포함)는 반드시 지정된 보호자에게 직접 인계함<br>−지정된 보호자가 아닌 다른 성인에게 인계할 때는 사전에 보호자와의 통화나 서명으로 미리 확인을 받음<br>−혼자 등·하원 하는 영유아가 없음 |
|---|---|
|  | ※ 기록 확인 자료<br>−영유아 인계과정 규정(귀가동의서 내 영유아의 인계과정에 대한 규정 포함 가능) −필수기재사항: 영유아 등·하원의 구체적 절차 및 방법, 지정된 보호자에게 영유아 인계, 영유아 단독 귀가 금지 등 |
| 2. 영유아의 보호자에게 받은 귀가동의서를 구비하고 있다. | ※ 기록 확인 자료<br>−귀가동의서(90% 이상)<br>−필수기재사항: 영유아의 이름, 귀가 시 영유아를 인계받을 보호자의 이름, 관계 및 연락처, 보호자 서명 |
| 3. 교직원은 영유아의 안전을 위해 항상 전체 상황을 주시한다. | −안전을 위해 전체 영유아를 주시함. |
| 4. 영유아를 두고 자리를 비울 때에는 책임 있는 성인에게 인계한다. | −교사는 가급적 영유아만 남겨 두고 활동공간에서 자리를 비우지 않음<br>−교사가 등·하원 지도 등으로 자리를 비워야 하는 경우에는 원장이나 다른 교사 등 책임 있는 성인과 교대한 후 자리를 비움 |

② 3−4−2. 등·하원 차량을 운행할 경우 안전요건을 갖추어 관리한다.

본 영역은 등·하원 차량을 운행할 경우, 차량의 안전점검은 어떻게 이루어지며 자격을 갖춘 운전자와 책임 있는 성인이 영유아를 안전하게 관리하는지 여부를 확인하는 데 중점을 둔다. 본 영역의 평가요소는 4개로 이루어져 있으며 이에 대한 내용은 다음과 같다.

| 1.차량 내부에 안전수칙을 게시하고, 영아용 보호장구, 차량용 소화기, 구급상자를 구비하고 있다. | −탑승자가 지켜야 할 안전수칙: 운전자 및 교사의 차량운행 관련 준수사항, 영유아 안전 준수사항 등이 부착되어 있음<br>−보호장구: 차량 내부에 개별 안전띠는 차량을 이용하는 영유아의 수에 충분함<br><br>※영아(36개월 미만)는 영아용 보호장구를 착용함<br>※영아용 보호장구는 안전인증(KC)을 받고 영아에게 적합한 안전인증검사기준(W1, W2)을 충족하는 제품을 사용하고 있으며 안전인증 마크와 인증번호가 반드시 부착되어 있어야 함<br><br>−차량용 소화기, 구급상자 구비하고 있음 |
|---|---|
| 2. 매일 차량 안전점검을 실시한다. | ※ 기록 확인 자료<br>−차량 안전점검일지 |
| 3. 차량 운행 시 성인이 동승한다. | −차량 운행 시 운전자 외에 책임 있는 성인(원장, 교사 등)이 동승함 |
| 4. 차량기사와 차량에 동승한 성인은 영유아를 안전하게 보호한다. | −차량기사는 음주, 휴대전화 사용, 이어폰 사용 등 운전판단능력에 영향을 미치는 행위를 하지 않고 안전하게 운행함<br>−차량에 동승한 교사(성인)는 영유아의 안전한 승하차를 도움<br>*차량을 완전히 정차시킨 후 영유아가 하차하도록 도움/영유아가 안전한 곳으로 이동한 것을 확인하고 출발함/모든 영유아가 차에서 내렸는지 확인하고 하차하는지 마지막으로 교사가 하차함<br><br>※ 면담내용 예시(관찰 안 될 시 면담을 통해 확인)<br>−차량기사가 운전하는 태도는 어떠한가? 특별한 행동을 하지는 않는가?<br>−영유아가 승하차하는 상황은 어떠한가? 어떻게 도와주는가? |

## 3-5 안전교육 및 사고대책

① 3-5-1. 영유아를 대상으로 안전교육을 지속적으로 실시하고 있다.

본 영역은 영유아가 여러 가지 위험으로부터 자신을 지키고 안전하게 생활할 수 있는 능력과 기술 습득을 지원하기 위한 안전교육계획이 수립되어 실천되고 있는지 여부를 확인하는 데 중점을 둔다. 본 영역의 평가요소는 4개로 이루어져 있으며 이에 대한 내용은 다음과 같다.

| 1. 영유아를 대상으로 발달에 적합한 안전교육을 정기적으로 실시한다. | −아동복지법에서 규정한 안전교육 기준(안전교육 내용 및 실시주기) 준수 여부 확인<br><br>※영아반의 경우 만 2세반 위주로 평가함<br>※기록 확인 자료 − 연간안전교육계획안, 안전교육 실행기록(안전교육 결과보고서, 보육일지 등)<br>※안전교육의 실시 주기 및 교육내용(「아동복지법 시행령」 제28조 제1항 [별표 3])<br>　−성폭력 및 아동학대 예방교육: 6개월에 1회 이상<br>　−실종·유괴 예방교육: 3개월에 1회 이상<br>　−약물 오남용 예방교육: 3개월에 1회 이상<br>　−재난 대비·대피요령 교육: 6개월에 1회 이상<br>　−교통안전교육: 2개월에 1회 이상 |
|---|---|
| 2. 영유아가 정기 소방대피훈련에 참여한다. | ※기록 확인 자료<br>　−소방대피훈련 실시기록 |
| 3. 영유아가 놀이기구와 놀잇감을 안전하게 사용하도록 지도한다. | −영유아의 놀잇감 던지기, 모래 뿌리기 등 위험행동이 안전사고를 초래하지 않도록 긍정적인 방법으로 지도함<br>−영아(만 0~1세, 만 2세)가 놀이기구나 놀잇감을 위험하게 사용하지 않는지 항상 주시하고 긍정적인 방법으로 지도함 |
| 4. 계절 및 날씨 관련 놀이 안전수칙을 준수한다. | −폭염, 추위, 미세먼지, 황사, 강우, 강설 등에 따라 필요한 조치를 취하거나 일정을 조정함<br><br>※면담내용 예시(관찰 안 될 시 면담을 통해 확인)<br>　−영유아의 실외활동 시 계절이나 날씨에 따라 어린이집에서 실시하는 구체적인 조치방안에는 무엇이 있는가? |

② 3-5-2. 교직원은 안전교육을 받고 영유아학대예방지침을 준수한다.

본 영역은 어린이집에서 아동학대가 발생하지 않도록 예방하기 위한 교직원 대상의 안전교육이 체계적으로 수립되어 실시되고 있는지를 확인하는 데 중점을 둔다. 본 영역의 평가요소는 5개로 이루어져 있으며 이에 대한 내용은 다음과 같다.

③ 3-5-3. 영유아, 교직원 및 시설 보험에 모두 적합하게 가입하고 있다.

본 영역은 영유아, 교직원 및 어린이집이 모두 보험에 적절하게 가입하고 있는지 여부를 확인하는 데 중점을 둔다. 본 영역의 평가는 보험 가입 관련 기록을 확인함으로써 점검하며 어린이집에서 가입해야 할 보험의 종류는 어린이집안전공제회, 상해보험, 화재보험, 배상책임보험, 가스배상책임보험, 통학버스책임보험, 통학버스 종합보험관련, 보육교직원 관련 보험(국민연금, 건강보험, 고용보험, 산재보험) 등이 있다.

| | |
|---|---|
| 1. 교직원을 대상으로 기본적인 안전교육을 정기적으로 실시한다(영유아 학대 예방교육 포함). | ※ 기록 확인 자료<br>-연간 교직원 안전교육 계획 및 실시 기록<br>-교직원의 아동학대 예방 및 신고의무와 관련된 교육 기록(연 1회 이상)<br>-대상: 원장, 종일제 보육교사, 기타 보육교직원(보조교사, 조리사, 조리원, 취사부, 사무원 등) |
| 2. 교직원은 안전관리 시설 및 설비(소화기 등)의 사용법을 숙지하고 있다. | ※ 면담 예시<br>-지금 이 장소에서 가장 가까운 소화기는 어디에 비치되어 있는가?<br>-소화기의 사용법은 어떠한가? 비상구는 어디에 있으며 어떻게 여는가?<br>-비상시에 영유아용 미끄럼대는 어떻게 사용하는가? 평소 이를 위해 어떤 훈련을 하는가? |
| 3. 비상시 교직원의 대처방안과 업무분장이 체계적으로 수립되어 있고, 교직원은 자신의 역할을 숙지하고 있다. | ※ 기록 확인 자료<br>-비상 시 대처방안<br>-필수기재사항: 비상사태를 대비한 교직원의 역할 분담표, 비상 대피도, 대피요령<br>※ 면담 예시<br>-비상 시 어떤 역할을 맡고 있는가? |
| 4. 교직원 중에 응급처치(심폐소생술) 관련 교육에 참여한 직원이 있다. | ※ 기록 확인 자료<br>-응급처치(심폐소생술) 관련 교육 이수증, 자격증 |

| | |
|---|---|
| 5. 영유아학대예방지침<br>(체벌 금지 포함)을 준수<br>한다. (필수) | −영유아학대예방지침이 수립되어 있음<br>−필수기재사항: 영유아학대의 정의와 유형, 신고 의무 등<br>−'유치원·어린이집 아동학대 조기발견 및 관리 대응 매뉴얼'을 준<br>　수하고 있음<br><br>※ 기록 확인 자료: 영유아학대예방지침<br><br>−어떠한 경우에도 교직원이 영유아를 체벌하지 않음<br><br>※ 면담 예시<br>−영유아학대예방지침의 주요 내용은 무엇인가?<br>−영유아학대 신고가 의무인 것을 알고 있는가?<br>−영유아학대 신고 전화번호는 무엇인가?<br>−영유아학대가 의심되는 상황(예: 멍, 상처 등 신체적 상흔, 무단결<br>　석, 명확한 사유 없이 퇴소 신청 등)이 발생하면 어떻게 대처해야<br>　하는가?<br>−영유아를 학대로부터 보호하기 위한 자신의 역할 범위는 어디까지<br>　인가?<br>−영유아를 학대로부터 보호했던 경험이 있는가? |

1. 국가수준의 교육과정인 표준보육과정에서는 0~1세 보육과정, 2세 보육과정, 3~5세 누리과정으로 나누어 안전교육의 목표와 내용을 제시하고 있음에 유의하여 연령에 따른 안전교육계획이 다르게 수립되어야 한다.

2. 2세 미만의 영아는 안전한 생활을 경험하게 하고 2세는 안전한 생활습관의 기초를 기르도록 지도하며 3세 이상의 유아는 유아 스스로가 안전한 생활을 습관화할 수 있는 기회를 제공해야 한다.

3. 통합평가지표에서의 안전은 3영역, 총 5개 지표에 15개의 문항으로 구성되어 있다.

4. 안전에 대한 평가인증지표 문항은 실내외 공간의 청결 및 안전, 급 · 간식, 건강증진을 위한 교육 및 관리, 등 · 하원의 안전, 안전교육 및 사고대책의 내용을 중심으로 이루어져 있다.

5. 통합평가지표에서는 그동안 진행되어 오던 점수평가에서 4등급으로 나누어진 등급으로 결과를 평가한다.

### 제5장

# 유아교육기관 실내 안전관리

**교육 내용**

- **교실 내 공간 안전관리**
  - 교실 내 고정된 시설·설비 안전관리
  - 교실 내 이동식 설비 및 비품의 안전관리

- **실내 교실 외 공간 안전관리**
  - 현관·복도·계단 안전관리
  - 화장실 안전관리
  - 유희실 안전관리
  - 양호실 안전관리
  - 식당 안전관리
  - 성인 공간 안전관리

- **놀잇감 안전관리**
  - 안전한 놀잇감이 갖춰야 할 조건
  - 흥미영역별 놀잇감의 안전관리
  - 놀잇감의 안전한 보관

유아교육기관에 자녀를 보내는 부모나 보호자가 우선적으로 바라는 것은 무엇보다 자녀가 안전하게 보호받는 것이다. 사고나 위험으로부터 영유아를 보호할 수 있는 안전한 교육공간과 놀잇감은 영유아로 하여금 교육활동에 자유롭게 참여하여 심신의 건강과 전인발달을 돕는 장이 된다. 이 장에서는 실내 공간에서의 교실 내 공간과 교실 외 실내 공간, 놀잇감의 안전관리에 대해 알아본다.

## 1. 교실 내 공간 안전관리

영유아가 장시간 머무는 교실은 언제나 청결하고 안전하게 관리되어야 한다. 영유아의 신체 크기에 적절한 교구재를 제시하고 이를 영유아들이 자유롭게 꺼내 쓸 수 있는 위치에 놓여 있는 상황에서 안전하게 관리함으로써 영유아가 안전한 환경에서 마음껏 탐색하고 자신의 욕구와 흥미에 따라 자발적으로 놀이를 즐길 수 있어야 한다. 교실 내 공간의 안전관리는 이동식과 고정식 시설·설비로 구분하여 알아본다.

### 1) 교실 내 고정된 시설·설비 안전관리

교실 내의 고정된 시설·설비는 교실 출입문을 시작으로 창문, 천장, 벽면, 바닥 공간에서의 설치물이나 전기설비(전기 콘센트 등), 세면대, 라디에이터, 정수기 등이 안전하게 관리되고 있는지를 점검하고 관리한다. 이에 대한 안전관리방법을 장면 사진과 함께 제시한다.

> • 설비란?
> 설비란 건축물에 부대(附帶)하는 것. 즉, 기구, 기계, 전기, 난방, 냉방 등
> • 비품이란?
> 늘 갖추어 두고 쓰는 물품, 가구 및 소모되지 않는 일용품 등
> • 교구·교재란?
>   －교재(Training aid): 교수학습을 하는 데 쓰이는 여러 가지 재료. 교사 및 영유아 사이를 매개하여 교육활동을 성립시키는 것
>   －교구: 효과적으로 학습시키기 위해 사용하는 여러 도구 및 기구들(텔레비전, 시청각 교구 등)

(1) 교실 내 출입문, 바닥, 창문 안전

교실 출입문 손잡이, 문틈 손 끼임, 문 턱 등에 균열이 있거나 날카로운 못 등이 돌출되어 있어 위험하지 않는지 세심히 살펴서 안전한 조치를 하고 관리되어야 한다. 그 예는 [그림 5-1]과 같다.

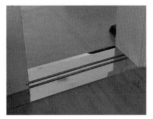

① 교실 출입문 보호대　　　② 출입문 턱 높지 않게　　　③ 출입문 손 끼임 방지

[그림 5-1] 출입문 손 끼임 방지 예

- 출입문 손잡이가 날카롭거나 철재로 되어 있어 튀어나와 있다면 보호대를 부착한다.
- 출입문 턱의 높이가 발에 걸리게 돌출되어 있으면 바닥면과 평면이 되도록 하거나 완만하게 낮춘다.
- 열고 닫는 문은 손이나 발이 끼이지 않도록 손 끼임 방지 장치를 부착한다.
- 교실 바닥의 장판이 들뜨거나 울퉁불퉁하여 영유아의 발이 걸려 넘어지는 일이 없도록 한다.
- 창문의 문이 열리는 높이는 바닥면에서 120㎝보다 높게 한다. 120㎝보다 더 낮게 설치되어 있다면 보호대를 설치하고, 창문 아래 책상, 교구장 등을 두지 않도록 하여 영유아가 추락하는 일이 없도록 한다.
- 창문의 커튼이나 블라인드의 끈이 영유아의 목에 감길 정도로 길게 늘어지지 않도록 감아서 올려 둔다.

### (2) 교실 내 벽면 및 천장 설치물 안전

교실 내 천장 설치물과 벽면 설치물은 전등, 게시판, 전선, 전기 콘센트, 비상사태를 대비한 설치물 등이 있다.

① 모빌 고정은 핀, 압정 등 날카로운 것은 안 됨　　② 날카로운 커튼 핀 대신 둥근 고리 사용

[그림 5-2] 유아교육기관 내 벽면 부착물 안전관리 예

- 천장에 매달아야 하는 모빌이나 커튼 등은 날카로운 핀이나 압핀은 떨어져 위험할 수 있으므로 둥근 고리를 활용하여 설치한다.
- 전등은 갓을 씌워 놀잇감 등으로 인해 깨지거나 떨어지는 일이 없도록 한다.
- 벽면 게시판 시계 등은 떨어지지 않도록 고정시킨다.
- 게시판에 영유아의 작품을 고정시킬 때 압정이나 날카로운 핀은 위험하므로 자석판이나 함석판 또는 라이렉스 천 등을 활용한 게시판을 설치하여 집게, 자석 등을 이용하여 부착하도록 한다.

  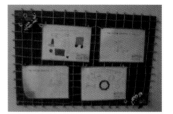

① 함석 게시판에 자석으로　　② 그물천 게시판에 집게로　　③ 끈이나 줄에 집게로 작품 게시
　작품 게시　　　　　　　　　작품 게시

[그림 5-3] 영유아 작품 게시의 안전관리 예

이때 영아반의 경우 집게나 자석의 크기가 3.5㎝보다 커야 한다([그림 5-4] 참조). 시중에서 구입이 어려울 경우 교사가 직접 제작해서 사용할 수 있다. [그림 5-4]의 ②는 폐품 색연필대를 5㎝정도의 길이로 잘라 자석을 붙여 활용한 예시이다.

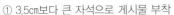

① 3.5㎝보다 큰 자석으로 게시물 부착     ② 색연필대에 자석을 붙인 교사 제작 자석

[그림 5-4] 3.5cm보다 큰 자석으로 작품 게시 예

- 선풍기나 녹음기 등 전선의 길이는 영유아가 손으로 끌어당기거나 발이 걸리지 않도록 몰딩처리를 한다.
- 전기 콘센트는 영유아 손이 닿지 않는 곳에 설치하는 것이 바람직하다. 영유아의 손이 닿는 곳에 설치된 콘센트(이동식 콘센트 포함)는 안전덮개를 해야 하며, 콘센트가 깨져 있지 않도록 한다.
- 콘센트는 접지극(금속부분)이 있는 것을 사용하여야 누전을 방지할 수 있다.
- 물기 있는 장소(화장실, 조리실 등)의 콘센트는 방수형(덮개 부착형)으로 사용한다.

[그림 5-5] 노출된 전선은 몰딩처리 함

유아교육기관의 시설규모가 크든 작든 전기 콘센트가 대체로 많은 편이다. 일상
으로 사용하는 많은 콘센트들을 매일 안전덮개를 확인하고 관리하기는 매우 번거
롭다. 따라서 [그림 5-6]의 ①과 ②와 같이 콘센트를 편리하게 관리하는 방법을 참
고해 보면 좋다. 안전덮개에 찍찍이의 보슬이를 붙이고 콘센트 주변에 까슬이를 붙
여 두면 콘센트를 사용할 때 붙여 두었다 사용 후 곧바로 막을 수 있어 편리하게 사
용하면서 안전하게 관리할 수 있다.

① 콘센트 안전덮개　② 이동식 콘센트의 안전덮개　③ 덮개 부착형　④ 접지극(금속부분)

[그림 5-6] 콘센트 안전관리 예

### (3) 교실 내 세면대, 정수기, 라디에이터 등의 안전

교실 내 설치된 세면대나 정수기 등에서 뜨거운 물이 나와 영유아가 화상을 입을
수 있으므로 온수의 양이나 온도를 조절하거나 온수가 나오지 않도록 잠금장치를
설정해 둔다. 또한 라디에이터가 설치되어 있을 경우 영유아의 손이 직접 닿지 않도
록 커버를 하는 등 적절한 장치를 해 두어 화상을 입거나 부딪쳐서 다치는 일이 없
도록 한다.

① 세면대 온수 잠금　② 정수기 입구 온수 잠금　③ 라디에이터 커버 설치

[그림 5-7] 세면대 등 온수 잠금과 라디에이터 커버 예

## 2) 교실 내 이동식 설비 및 비품의 안전관리

### (1) 교실 책상 및 의자

영유아들이 교실에서 뛰어가다 넘어지거나 또래들과 놀이 중 부딪혀서 책상 모서리에 찧는 사고가 발생한다. 영아가 사용하는 책상 모서리에는 보호대를 부착해 둔다. 또한 나무결이 일어난 책상이나 의자가 있는지 수시로 점검하여 비닐이나 천 등으로 커버를 씌워 사용하거나([그림 5-8]의 ①) 교체해 준다.

① 나무결 안전을 위한 커버 예                   ② 의자를 잘못 들고 가는 유아 모습

[그림 5-8] 책장, 의자 등 안전관리 예

교실에서 의자를 사용하는 경우, 안전사고의 발생률이 보다 높게 나타난다. 의자에 앉아서 의자를 앞뒤로 흔들다가 넘어지거나, 흔들거릴 때 의자 틈에 발이나 다른 사람의 손이 끼여 다치기도 하고, 다른 유아들과 장난치다 의자에 걸려 넘어져 다치기도 한다. 따라서 반복하여 의자 바르게 사용법을 지도해야 한다. 또한 의자 드는 방법이 잘못되어 발생하는 사고도 있다. [그림 5-8]의 사진 ②와 같이 의자를 들고 이동하게 되면 밀치거나 부딪칠 경우, 사고가 크게 발생할 수 있다. 따라서 한 손은 의자의 등받이를 잡고 다른 손은 의자의 좌석 앞 부분을 잡고 이동하도록 한다.

### (2) 교구장

교실에 설치된 교구장으로 인해 안전사고가 발생한다. 주변에 있는 다른 물건에

걸려서 넘어지다가 교구장에 부딪치기도 하고 다른 영유아들과 장난치다가 교구장
에 부딪치기도 한다. 또한 교구장으로 인해 교사의 시선이 차단되어 사고의 순간을
보지 못하는 경우도 발생한다. 따라서 어떤 교구장을 어떤 위치에 연령에 적절한 것
을 사용할 것인지를 고려해서 흥미영역을 구성해야 한다.

① 영아용 낮은 교구장으로 벽면에 설치

② 교사의 시야 확보를 위해 뒷면이 트인
교구장 사용

[그림 5-9] 교구장 안전배치 예

- 영아용 교구장은 높이가 높지 않은 것으로 하되, 교실 벽면을 이용하여 흥미영역
  을 구성함으로써 영아 이동 시 부딪침을 적게 하도록 한다([그림 5-9]의 ① 참조).
- 영아반에서 교구장으로 흥미영역을 구분하기 위해 교실 벽면과 떨어져 세워놓
  아야 할 경우는 교구장의 바퀴가 없는 것으로 사용함으로써 교구장이 밀려 영
  아가 다치는 경우가 없도록 한다.
- 유아반의 경우 교구장의 바퀴가 있어서 놀이에 따라 흥미영역을 자유로이 재
  구성할 수 있도록 한다.
- 유아반의 교구장은 뒷면이 막힌 장과 트인 장을 적절히 준비하여 흥미영역 간
  에 칸막이 기능을 할 수 있도록 세팅할 수 있다. 이때 뒷면이 트인 교구장을 사
  용하여 교사의 시야를 가리지 않도록 한다. 교사는 교실의 어떤 곳에 있든 학
  급의 모든 영유아가 교사의 시선 안에 있음으로써 사고로부터 보호받을 수 있

어야 한다([그림 5-9]의 ② 참조).

### (3) 비품성 교구와 비품들

교구 중 오랜 기간 비치해 두고 사용하는 미끄럼틀, 경사로, 놀이집 등을 비품성 교구라고 한다.

- 영유아의 놀이공간에 들어가는 비품이나 고정된 놀잇감 등의 뾰족한 모서리 부분은 반드시 보호대를 부착하여 안전문제를 사전에 예방하도록 한다([그림 5-10] 참조).
- TV대, 에어컨 등은 흔들거리거나 넘어지지 않도록 벽면에 고정시킨다.

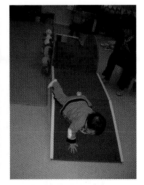

① 가구 모서리 보호            ② 놀이기구 모서리 보호

[그림 5-10] 가구, 놀이기구 모서리 안전관리 예

교실 내에는 이러한 교구 외에도 교사용 책상, 의자, 책장 등이 비치될 수 있다. 놀이공간에 교사용 책상 등이 들어감으로써 많은 안전문제가 발생될 수 있다. 특히, 수시로 사용하는 교사용 칼, 가위, 본드, 글루건 등 안전에 문제가 될 수 있는 것들은 보관과 관리를 철저히 해야 한다.

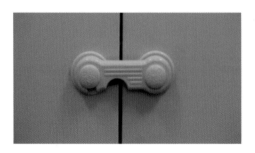

[그림 5-11] 위험한 물건 보관방법

- 교사가 사용하는 물건 중 영유아에게 위험한 모든 것은 반드시 잠금장치가 있는 장 속에 넣어 두어 영유아가 만지지 않도록 관리해야 한다([그림 5-11] 참조).
- 교사용 칼, 가위, 본드, 글루건 등 영유아에게 위험한 물건들은 교사의 책상위에 두거나 영유아가 있는 동안 놀이공간에서 사용하지 않도록 한다([그림 5-12] 참조).
- 교사의 의자를 교실에 넣어야 한다면 바퀴가 없고 안전한 것으로 비치한다. 특히, 영아반의 경우 의자를 끌거나 밀고 다니면서 놀잇감처럼 갖고 놀기도 한다. 의자의 바퀴가 없는 것으로 하되, 보관하기 편리한 것이 좋다([그림 5-12]의 ① 참조).
- 모든 교실 내에는 소화기를 비치하고 정기적으로 관리한다.

① 바퀴 달린 교사의 의자 배제

② 위험한 교사용 물건들 안 됨

③ 영유아의 손 닿는 곳에 약품 상자 두면 안 됨

[그림 5-12] 교실의 위험한 물건을 잘못 관리한 예

- 비상시 대피를 위한 휴대용 조명등을 교실 출입구 벽면에 부착해 두어 소방대 피훈련 시에도 실제상황처럼 휴대용 조명등으로 영유아를 유도하여 대피훈련에 임하도록 한다.
- 교실에서 대피 가능한 노선을 그린 대피도를 벽면에 부착해 둔다.
- 교직원 비상연락망, 비상시 교직원 역할분담, 관계기관 연락처 등을 교실 내 잘 볼 수 있는 곳(출입문 주변 벽면 등)에 부착해 두어 비상시 신속히 대처할 수 있도록 한다.

 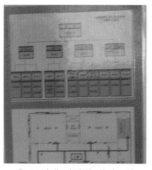 

① 교실 내 소화기 비치 예     ② 교실에 비치된 대피도와 비상연락망 예     ③ 휴대용 조명등

[그림 5-13] 비상 시 필요한 것들 중 관리 예

## 2. 실내 교실 외 공간 안전관리

교실을 제외한 실내공간은 현관과 복도, 화장실, 계단, 식당, 유희실 또는 강당 등 영유아가 비상시 수시로 이용하는 공간과 자료실, 조리실, 보일러실 등 성인이 사용하는 공간 모두를 포함한다.

## 1) 현관 · 복도 · 계단 안전관리

유아교육기관 현관 또는 복도 공간은 부모 또는 방문객 공간을 함께 사용하고 있는 경우도 있다. 이 공간에는 게시판, 어른용 벤치, 영유아용 벤치, 신발장, 우산꽂이, 유모차 등이 놓일 수 있다. 부모 또는 방문자 공간이 함께 세팅될 경우에는 책장, 탁자, 소파 등도 비치될 수 있다. 이러한 비품들로 인해 발생할 수 있는 안전사고와 안전관리에 대해 알아본다.

### (1) 현관

- 현관문은 영유아가 보호자 없이 나가지 못하도록 하며, 외부인이 함부로 드나들 수 없도록 개폐장치를 설치하여 관리한다.
- 또한 영유아가 드나드는 모든 출입문과 마찬가지로 현관문에 손 끼임 방지장치를 한다.
- 출입문이나 교실 문 등 영유아 출입이 가능한 문은 열리는 쪽만이 아니라 뒷부분도 손 끼임 장치를 한다. 특히 출입문이 미닫이일 경우 문의 무게로 인해 뒷부분에 손을 끼여 다치기도 한다([그림 5-14] 참조).

[그림 5-14] 미닫이문의 뒷면 손 끼임 방지 예

- 유모차는 바퀴를 잠가두어 영유아가 밀고 다니지 못하도록 한다.
- 게시판, 시계 등은 흔들거리지 않도록 벽면에 고정시킨다.
- 출입문 문턱 또한 영유아의 발이 걸려 넘어지지 않도록 높이와 마감처리를 적절히 한다.
- 부모 공간 등 성인을 위해 비치된 공간의 책상 등에 영유아가 올라 타 넘어지거나 다리가 걸려 다치지 않도록 고려하여 비치한다.

## (2) 복도

- 복도나 실내 영유아가 다니는 공간에 비치된 화분이 있을 경우 돌멩이 등이 노출되지 않도록 감싼다([그림 5-15]의 ① 참조).
- 실내 공간에 비치된 자외선 소독기, 칫솔 소독기 등은 건조와 소독을 겸하게 되어 있다. 건조 시 온도가 높아 화상이 염려되므로 소독시간을 영유아가 사용하지 않는 시간으로 정해 두고 실시한다. 소독기 등의 문 모서리가 날카로울 경우 보호대로 감싸 준다([그림 5-15]의 ② 참조).
- 실내 공간에 비치된 책상, 의자, 자료 비치장 등 모든 비품은 파손된 곳이 없도록 하고 모서리가 날카로운 것은 보호대를 부착한다.

① 영유아가 다니는 곳 화분관리

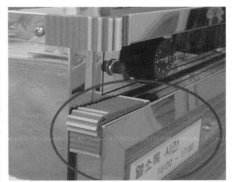
② 컵 소독기 안전처리

[그림 5-15] 복도에 비치된 물건 안전관리 예

### (3) 계단

- 계단에 영유아의 작품이나 그림 등을 설치할 경우 자칫 영유아가 작품을 감상하느라 통행에 방해가 될 수 있고 이때 뒤에서 밀쳐 안전사고가 발생할 수 있다. 너무 많은 것을 설치하지 않도록 하며 설치 시 벽면에서 돌출되는 것이 없도록 한다.
- 계단 손잡이를 설치해야 하며, 손잡이에 옷이나 가방 끈 등이 걸리지 않도록 끝 처리가 튀어나오지 않게 한다([그림 5-16]의 ② 참조).
- 계단에는 미끄럼 방지를 한다([그림 5-16]의 ③ 참조).

① 계단 손잡이 끝 부분 잘못된 예     ② 계단 손잡이 바람직한 예     ③ 계단 미끄럼 방지 예

[그림 5-16] 계단 설치물 안전관리 예

## 2) 화장실 안전관리

유아교육기관 화장실은 영유아용, 성인용, 장애우를 위한 화장실로 구분된다. 성인용 화장실은 영유아가 드나들지 못하도록 반드시 잠금장치를 해 둔다. 영유아용 화장실의 안전관리에 대해 알아본다.

- 화장실, 세면대와 샤워기의 온수는 잠금장치를 해 두되, 성인이 사용 시 잠금을 풀고 쓸 수 있도록 한다.
- 샤워기 줄이 바닥에 닿거나 영유아가 끌어당기지 못하도록 묶어 두거나 영유

아의 손이 닿지 않는 위치에 둔다.
- 화장실 바닥은 물기로 인해 미끄러지지 않도록 수시로 닦아 주거나 바닥에 깔판을 깔아 주어 영유아의 미끄럼을 방지한다.

화장실 바닥 모습　　　　　청소와 관리가 편리한 깔판

[그림 5-17]  화장실 바닥 안전관리 예

- 청소를 위해 화장실에서 사용하는 고무장갑은 영유아의 손이 닿지 않는 곳에 비치한다. 고무장갑을 얼굴에 쓰고 놀다 질식사하는 사고가 발생할 수 있다.
- 빗자루, 쓰레받기 등은 영유아의 손이 닿지 않는 곳에 비치해 두어 영유아가 가지고 놀지 않도록 한다.
- 걸레는 사용한 것과 사용하지 않는 것을 구분해 두되, 영유아의 통행에 방해가 되지 않는 곳에 둔다.

[그림 5-18]  청소도구는 영유아 손이 닿지 않는 곳에 비치해야 함

## 3) 유희실 안전관리

유희실이나 실내놀이터는 미끄럼틀, 볼풀장, 매트 등 활발한 신체활동이 이루어지는 놀이기구들이 비치되어 있는 곳이면서 집단으로 이루어지는 게임, 신체표현 활동 등을 위해서도 다양하게 사용되는 공간으로 움직임이 매우 분주하다. 이러한 유희실에서의 안전관리에 대해 알아본다.

- 유희실에 들어갈 때는 영유아보다 교사가 먼저 들어가서 놀이기구들이 안전하게 세팅되어 있는지를 확인하고 영아가 사용하기에 부적절한 놀이기구가 있으면 칸막이 등을 하여 조치한다.
- 놀이기구들 간의 적정한 거리가 유지될 수 있도록 구성해 놀이 시 영유아들끼리 서로 부딪히는 일이 없도록 한다([그림 5-19]의 ① 참조).
- 유희실은 동적인 놀이와 정적놀이가 함께 이루어질 수 있으므로 작은 놀잇감 조각들이 흩어져서 활동하는 영유아들 발에 밟히지 않도록 한다([그림 5-19]의 ② 참조).
- 볼풀장의 볼은 정기적으로 세척하여 위생관리를 철저히 한다.
- 볼풀장은 영유아의 과격한 행동이 빈번하게 나타나는 곳이므로 영유아의 안전을 위해 교사는 잠시도 관찰을 소홀히 하지 않도록 한다. 또한 영유아가 볼을

① 트램펄린과 농구대의 거리 확보가 안 되어 있음

② 유희실에서의 정적놀이를 위한 레고판, 구성놀이판 등

③ 볼풀장 안쪽 코너에 그물망 설치 예

[그림 5-19] 유희실 안전관리 예

놀이공간으로 던지지 않도록 하기 위해 그물망을 안쪽 코너에 매달아 주어 자
유로이 공놀이가 이루어지도록 해 주면 놀이가 보다 확장되어 이루어진다([그
림 5-19]의 ③ 참조).

• 모든 기구나 놀잇감이 파손되거나 낡아 떨어진 곳은 즉시 수리하거나 빼낸다.

## 4) 양호실 안전관리

양호실은 침대, 유아놀이 교구, 책꽂이, 구급약품, 간단한 의료기구(체온계, 핀셋,
붕대, 솜, 일회용 밴드 등), 간호사용 책걸상, 약품상자 등이 비치될 수 있다. 양호실
은 별도의 공간이 마련되면 좋겠지만 공간이 여의치 않을 경우 성인의 보호가 가능
한 교사실이나 원장실에 마련할 수 있다. 양호실의 안전관리에 대해 알아본다.

① 구급약품 상자

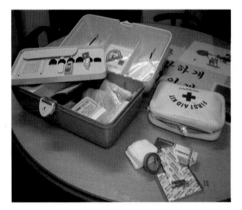

② 휴대용 약품상자와 약의 종류

[그림 5-20] 양호실 안전관리 예

• 양호실의 약품이나 의료기구 등은 영유아 손이 닿지 않는 곳에 보관한다.
• 교사실 또는 원장실에 양호실이 있으면 칸막이를 설치하여 성인의 공간으로
영유아가 혼자 드나들지 않도록 한다. 칸막이 설치가 여의치 않다면 성인 공간
에 있는 영유아가 만지면 위험한 물건들은 영유아의 손이 닿지 않는 곳에 보관

하고 반드시 성인과 함께 들어가도록 한다.

- 약품은 반드시 유통기한이 표기되어 있어야 하며 유통기한이 지난 것은 두지 않는다.
- 약품들과 의료기구들은 영유아의 손이 닿지 않도록 상자나 수납장에 넣어 잠금장치를 한다.
- 먹는 약의 경우 투약의뢰서 기록에 근거하여 투약하되, 실온(상온), 냉장보관 등을 잘 확인하여 보관하고 시간을 지켜 복용하도록 한다.
- 실외놀이 또는 산책 시 휴대용 비상약품을 별도로 준비하여 지참함으로써 즉각적으로 처치가 가능하도록 한다.

## 5) 식당 안전관리

유아교육기관 내 별도의 식당이 있을 수도 있으나 그렇지 않을 경우 놀이 공간인 교실에서 식사를 하게 된다. 식사시간은 식사를 준비하는 과정에서 식사하기까지 위생과 안전문제들이 발생할 수 있다. 식사 시 안전관리에 대해 알아본다.

- 이동식 카트를 이용하여 식사 또는 간식을 배식할 경우, 카트를 영유아가 오가는 놀이 공간 가운데에 두지 않도록 한다([그림 5-21] ① 참조). [그림 5-21]의 ②와 같이 벽면에 기대어 바퀴를 잠가두고 배식을 진행하도록 한다.
- 배식을 할 때 뜨거운 국물은 식혀서 온도가 60도를 넘지 않도록 하며, 영유아가 식사를 하고 있는 공간에 두지 않도록 한다([그림 5-21] ③ 참조). 뜨거운 국물로 인한 안전사고가 빈번하게 발생하고 있다.
- 포크나 젓가락을 들고 장난하는 일이 일어나지 않도록 식사를 기다리는 시간을 줄여 주고 세심한 관찰과 지도를 한다.

① 카트가 교실 가운데 놓여 위험!　② 카트를 벽면에 붙여 배식 준비　③ 뜨거운 국통이 식사공간에 놓여 위험!

[그림 5-21] 식사 관련 안전관리 예

## 6) 성인 공간 안전관리

유아교육기관에서의 성인 공간은 조리실, 자료실, 보일러실, 원장실, 교사실, 세탁실 등이 있다. 성인이 주로 사용하는 실내외 공간에 영유아가 출입하지 않도록 관리해야 한다. 조리실의 경우 놀이공간과 분리해 준다. 만약 주방과 놀이공간의 분리시설이 없으면 영유아의 키보다 높은 사물함 또는 책장이나 책상을 이용한 분리대를 설치해 둔다.

보일러실, 자료실, 세탁실 등에도 잠금장치를 해 두어 영유아가 드나들지 않도록 하며, 교사실이나 원장실의 경우 성인과 함께 출입할 수는 있으나 영유아가 자유로이 드나들지 않도록 관리한다.

① 성인공간의 출입금지 칸막이　② 잠금장치는 바깥쪽에 둠

[그림 6-22] 성인공간 출입금지 예

## 3. 놀잇감 안전관리

영유아는 등원하여 귀가까지 하루일과 속에서 놀잇감과 소통하며 놀이한다. 이런 과정에 고장 난 놀잇감에 찔리기도 하고, 접었다 폈다 하는 놀잇감이 뻑뻑한 경우 조작하다 살이 집히기도 한다. 또는 작은 놀잇감으로 놀다 입·코·귀 등에 넣거나 삼키거나 하여 병원을 가야 하는 일이 발생하기도 한다. 교사는 교실 내에 위험요인은 없는지를 수시로 점검하고 파손된 놀잇감은 즉시 수리하거나 보완해야 하며, 수리할 수 없는 상황일 경우 교실에서 제거함으로써 교실의 안전을 확보해야 한다.

### 1) 안전한 놀잇감이 갖춰야 할 조건

놀잇감의 선정기준은 발달의 적절성, 흥미, 창의성, 안전성, 견고성, 경제적인 조건이 갖추어졌을 때 좋은 놀잇감이라 할 수 있다. 여기서 안전한 놀잇감이 되기 위해서는 재질, 크기, 모양, 소음, 품질 표시 등이 고려되어야 한다. 이에 대한 세부 내용은 다음과 같다.

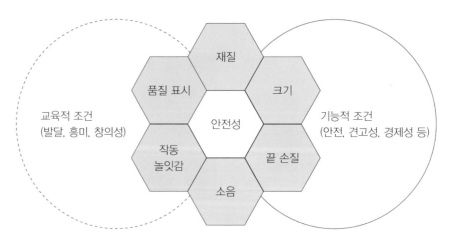

[그림 5-23] 놀잇감의 안전 조건

### (1) 놀잇감의 재질

놀잇감의 안전은 연령에 따라 다른 의미를 가진다. 즉, 2세아에 안전한 놀잇감이 1세아에게는 위험할 수 있다. 특히 영아는 입으로 탐색하는 특성이 있어 모든 사물을 입으로 가져간다. 영유아에게는 인체에 무해한 무독성 놀잇감을 제공해야하며, 금속성보다는 나무나 플라스틱 재질의 놀잇감이 더 적합하다. 영아의 경우 털이 있는 놀잇감은 털이 입으로 들어갈 수 있으므로 털이 짧은 놀잇감을 제공하는 것이 적절하다.

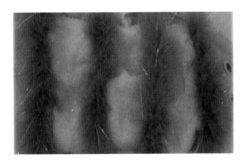
① 털이 많은 인형은 영아반에 부적절

② 천으로 만들어진 영아용 놀잇감

[그림 5-24] 영아용 놀잇감 안전관리 예

### (2) 놀잇감의 크기

영유아에게 제공되는 놀잇감의 크기는 삼킬 수 있을 만큼 작아서는 안 되고, 적당히 크다고 하더라도 탈착되는 작은 부품이나 조각이 있는지도 확인해야 한다. 영아에게 제시되는 놀잇감은 3.5㎝보다 큰 것이어야 한다.

### (3) 끝 손질 및 모양

영유아에게 제공되는 놀잇감은 모서리가 날카로운지, 갈라져 있거나 뾰족한 부분이 있는지, 표면에 거친 부분이 있는지, 찔리고 긁히고 벨 위험이 있는지를 확인하여 이러한 것들을 보완하여 제공해야 한다. 또한 끈이나 실이 부착되어 있을 경우

목에 감길 우려가 있으므로 길지 않도록 정리하며, 페인트 등 칠이 벗겨져 있는지도
확인한다.

### (4) 놀잇감의 소음

소리 나는 놀잇감일 경우, 청각적으로 자극의 범위 내에 있는지 얼마나 오랫동안
작동되는지, 실내에 두어도 좋은 것인지도 확인하여 제공해 준다. 일부 경찰차나 소
방차 중에 전자음이나 센 음향을 내는 것이 있어 청력을 손상시킬 가능성이 보이기
도 한다.

### (5) 품질 표시

전기를 이용하거나 압력으로 움직이는 것은 피한다. 건전지로 작동되는 것은 건
전지 함 뚜껑이 쉽게 열리지 않도록 확인한 후 제공해 준다. 현행 국가기술표준원
(2016) 고시에는 단위 포장에는 눈에 가장 띄기 쉬운 전면에 쉽게 지워지지 않는 방
법으로 사용연령, 제조회사, 제조연월, 주소 등을 표시하게 되어 있다.

## 2) 흥미영역별 놀잇감의 안전관리

기본적으로 세팅되는 쌓기 · 역할놀이영역과 언어 · 미술 · 감각 · 탐색영역/수 ·
조작 · 과학 · 음률영역에 제시되는 놀잇감의 안전한 관리에 대해 알아본다.

### (1) 미술 · 언어영역

미술과 언어영역에 제시되는 교재 · 교구는 공통적으로 비치되는 것이 많다. 가
위, 종이, 필기류, 스테이플러, 펀치 등을 거의 매일 사용한다. 자르기를 하는 상황
에서 손을 베이기도 하고 친구와 장난치다가 찔리기도 하며 화가 났을 때 다른 영유

아에게 위해를 가하는 무기로 사용되기도 한다. 따라서 철저한 관리와 지도가 요구된다. 구체적인 내용은 다음과 같다.

- 유아에게 제공하는 가위는 끝이 뾰족하지 않아야 하며, 영아일 경우는 플라스틱 커버가 씌워진 안전가위를 제시해 준다.
- 가위를 사용하지 않을 때는 손에서 놓고 있기, 상대편에게 전달할 때는 가위날 쪽을 모아 손잡이가 상대편을 향하게 잡고 전달하기 등을 매일 반복하여 지도한다.
- 필기구는 색연필이나 싸인펜, 크레파스 등을 제공하되, 독성 여부를 확인하여 무독성 표기된 것을 제공한다.
- 유아반은 연필을 제공할 수 있으나 연필을 가지고 글을 쓰다가 연필심에 손이 찔려 손이 퉁퉁 부어오르는 사고가 발생하기도 하므로 사용법에 대한 주의가 요구된다.
- 영아의 경우 그림을 그리던 중 크레파스를 씹어 먹기도 한다. 무독성 크레파스를 주되, 세심한 관찰이 요구된다.

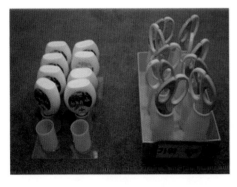

[그림 5-25] 안전가위와 무독성 본드

[그림 5-26] 무독성 크레파스 영아반 제시 예

① 유리테이프 커트기 손이 닿음

② 커트기 칼날을 보완한 예

③ 무독성 본드는 비치해 두지 말고
사용할 때 교사가 제시

[그림 5-27] 커트기, 본드 등 안전관리 예

- 미술영역에서 많이 사용하는 유리테이프 커트기의 경우, 자르는 칼날에 영유아의 손이 들어가지 않는 것으로 제공한다([그림 5-27] ② 참조). 만약 손이 닿는다면 성인의 보호하에 사용하도록 한다([그림 5-27] ① 참조).
- 본드는 무독성이어도 혼자 사용하게 제시해 주지 말고 성인의 보호하에 사용하도록 한다. [그림 5-27]의 ③은 잘못 제시한 예이다.
- 종이를 많이 만지는 미술영역과 언어영역에서는 종이에 손이 베거나 눈이 찔리기도 하고 얼굴에 상처를 입기도 한다. 따라서 영아반의 경우는 하드보드지 책이나 비닐, 헝겊 등의 재질로 된 책을 제공해 주는 것이 적절하다.([그림

① 영아반에 적절한 재질의 책

② 영아에게 너무 큰 책은 부적절

[그림 5-28] 영아용 도서 안전관리 예

5-28] ① 참조)
- 영아반에 제공하는 책의 경우 영아가 한 번에 넘기기에 적당한 크기의 책을 제
공해 준다.

## (2) 신체 · 쌓기 · 역할놀이영역

흥미영역에서 가장 역동적이며 협동놀이와 사회적 관계가 많이 이루어지는 곳이
신체 · 쌓기 · 역할놀이 영역이다. 영아반의 경우, 신체와 연령의 적절하게 낮은 미
끄럼틀, 다양한 블록류, 크고 작은 공, 끌고 타고 다닐 수 있는 자동차류, 쌓기놀이
감, 다양한 종류의 사람 · 동물 인형류, 가정용구, 양육에 필요함 소품 등이 기본적
으로 제시된다. 유아반은 보다 비구조화된 놀잇감으로 스스로 구성할 수 있는 공간
적목, 유니트 블록 등 나무블록들이 더 첨가되어 제공되면서 협동놀이, 구성놀이가
활발하게 이루어진다. 동적영역 놀잇감의 안전한 관리에 대해 알아본다.

## ① 신체영역

- 영아 신체활동을 위한 자동차 등은 품질이 보증된 안전한 것을 구비해 준다.
나사가 튀어나와 있지는 않은지, 플라스틱 동체가 깨어져 있지는 않은지 수시
로 점검하여 파손된 것은 수선하고 더 이상 사용이 어려운 것은 놀이 공간에서
제외한다.
- 움직이는 놀잇감을 자체 제작해서 제공할 경우, 연령의 적절성, 견고성, 안
정성을 철저히 점검하여 제시해 주어야 한다. [그림 5-29]의 ① 자동차의 경
우, 영아가 스스로 자동차에 올라 탈 수도 없거니와 교사의 도움을 받아 올
라탔다 하더라도 스스로 제어하거나 내릴 수가 없어 매우 위험한 무기가 될
수 있다.
- 영아반의 다양한 신체활동을 위해 미끄럼틀을 제공할 때 대체로 쌓기놀이 영
역과 통합하여 세팅을 해 준다. 미끄럼틀 주변에 블록들이 흩어져 있어 밟고

① 자체 제작 자동차 위험!

② 품질 보증 자동차

③ 미끄럼틀 주변 흩어진 블록

[그림 5-29] 신체활동 놀잇감 안전관리 예

다니거나 발로 차고 다니면서 넘어지는 사고가 발생한다([그림 5-29]의 ③ 참조). 교사는 놀이를 지켜보며 통로에 흩어진 블록이나 레고 조각 등을 치워 주어 영아가 통행 시 안전사고가 발생하지 않도록 관리한다.

• 실내에서 공놀이를 하다가 공에 맞거나 다른 놀잇감을 손상시키기도 한다. 실내에서는 공을 던지지 않는다는 것을 지도한다.

② 쌓기놀이 영역
• 쌓기놀이 영역에는 소음 흡수와 부딪힘을 방지하기 위해 카펫을 깔아 준다. 카펫은 밀림 방지 처리가 된 것을 구비한다. 세탁이 쉽고, 진드기, 먼지 등이 적으려면 면 소재 카펫이 더 적합하다.
• 블록을 던지거나 블록으로 때려서 타박상을 입는 경우가 있으므로 던지거나 때리는 도구가 아니라는 것을 지속적으로 지도한다.
• 블록을 쌓거나 나무블록 등으로 구성물을 만들 때 키보다 높이 쌓으면 무너지거나 떨어져 다칠 수 있음을 반복하여 지도한다.
• 블록으로 총이나 칼 싸움놀이를 하면 친구가 다칠 수 있음을 인지시켜 준다.
• 공간적목을 비롯하여 나무블록들은 나무결이 일어나는지를 수시로 확인한다.
• 블록을 밟아서 미끄러질 수 있으므로 영유아가 지나다니는 통로에 있는 블록은 옆으로 치워 준다.

- 블록을 옮길 때는 떨어뜨려 다칠 수 있으므로 적당량을 옮길 수 있도록 주지시 킨다.
- 레고블록의 깨진 부분에 손가락이 찔릴 수 있으므로 사전에 점검해 둔다.
- 나무망치 등을 사용할 때는 주변에 사람이 있는지를 확인하도록 주지시켜 다 른 유아가 맞지 않도록 하며 자신의 손을 때릴 수 있으므로 상황에서 개별적으 로 지도한다.

③ 역할놀이 영역

- 역할놀이 세트에 포함된 음식 모형의 작은 조각들은 삼킬 수 있으므로 모든 조 각은 3.5cm보다 작은 것이 있는지 점검하여 제거한다.
- 과일모형 대부분이 플라스틱 재질이어서 잘 깨어지고 그로 인해 영유아가 손가 락을 다치는 사례가 발생한다. 매일 점검하여 깨어지거나 파손된 것은 제외한다.
- 가정용품 중 유리그릇이나 프라이팬 등 무거운 철물로 만들어진 것은 안전에 문제가 되므로 제외한다.
- 가정에서 사용하던 역할의상 등을 제시해 줄 때는 영유아의 신체에 맞게 길이를 조정해 준다. 드레스 길이가 영유아의 발에 밟히면 길이를 올려 주고([그림 5-30] 의 ①), 성인의 와이셔츠는 소매를 떼어 내고 제시해 준다([그림 5-30]의 ②).

① 드레스가 발에 밟히지 않게 조절

② 소매를 떼어내고 제시해야 함

[그림 5-30] 역할놀이 의상 안전관리 예

① 드라이기를 놀이공간에
꽂아 두고 사용하면 안 됨

② 전기제품 전력이 흐르면 안 됨

③ 화장품 잔여물이 남아 있는 것을
제시해 주면 안 됨

[그림 5-31] 역할놀이 도구의 안전관리 예

- 가정에서 사용하던 드라이기, 고데기 등 전기제품을 제시해 줄 때, 반드시 전선
  은 잘라내고 날카로운 부분은 제거한 다음 놀이영역에 넣어 주어야 한다. 유아가
  호기심에 전선을 연결하게 되면 화상을 입을 수 있다([그림 5-31]의 ①, ② 참조).
- 글루건 등을 놀이 공간에서 사용하는 것 또한 영유아가 화상을 입을 수 있으므
  로 사용하지 않는다.
- 가정에서 사용하던 화장품이나 화장품 케이스 등을 제공할 때는 잔여물이 남
  아 있는지 확인하여 깨끗이 씻은 다음 놀이에 넣어 준다. 또한 화장품 케이스
  에 유리가 있으면 제거하고 제공해 준다([그림 5-31]의 ③ 참조).

### (3) 감각 · 탐색영역/수 · 조작 · 과학영역

감각 · 탐색영역에는 영아가 좋아하는 놀잇감이 많다. 놀이방법이 개방적인 것들
도 있지만 놀이방법이 정해져 있는 놀잇감들도 있다. 놀잇감을 정해진 방법으로 사
용할 때는 대부분 안전하지만 영아들은 모든 놀잇감을 안전하게만 가지고 놀이하
는 것은 아니다.

이 영역의 영아 놀잇감은 다양한 크기와 모양의 단추, 도형들, 개 · 폐 모양의 분
류카드, 구멍 뚫린 구슬과 끈, 분류통과 플라스틱 패턴블록, 다양한 종류의 병뚜껑,
다양한 색과 모양의 구슬, 조개껍질, 돌, 길이가 다른 막대 등 자연물, 일상용품, 재
활용품 등이 매우 다양하게 제공된다. 이와 더불어 유아반의 놀잇감은 일반도구, 측

정도구, 공간관계 등의 개념 습득을 위한 것들, 여러 종류의 동·식물류, 재배에 필요한 도구, 기계류, 일반 물체 등 자연과 생활 속에 있는 많은 것이 대부분 제공된다 하여도 과언이 아니다.

- 영아반에 제시하는 모든 교구는 3.5㎝보다 커야 한다. 작은 자연물, 곡물 등을 제시해 줄 때 투명하면서 안전한 용기에 담아 밀봉해 주어 관찰하거나 소리를 탐색하면 좋다([그림 5-32]의 ② 참조).

① 후각, 미각을 자극하는 교구는 안전관리 철저     ② 3.5㎝보다 작은 것은 투명 용기 활용

[그림 5-32] 감각·탐색영역 교구 안전관리 예

- 영아의 경우 딸랑이 등을 입에 물었다가 입술이 찢어지기도 하므로 항상 가까이서 지켜보며 놀이에 참여한다.
- 영아의 오감각 발달을 돕기 위해 제공되는 맛 또는 향과 관련되는 실물자료는 뚜껑이 열리지 않도록 고정시킨다([그림 5-32]의 ① 참조).
- 기를 수 있는 식물은 독성 여부를 파악하여 독성이 없는 것을 제공한다.
- 집에서 기르는 동물을 유아교육기관에서 기르고자 한다면 수의사의 검진 받은 결과를 부모들이 확인할 수 있도록 게시해 둔다.
- 재배에 필요한 꽃삽, 물뿌리개, 분무기 등은 사용 후 영유아의 손이 닿지 않는 곳에 보관한다.
- 다양한 종류의 시계부속품, 라디오부속품, 텔레비전부속품, 열쇠와 자물쇠, 너

트와 볼트 등은 깨지거나 날카로운 끝 처리는 없는지 확인 후 제시해 준다.

- 조개껍질 등 실물자료는 깨지거나 날카롭지 않는 것으로 제시한다.
- 관찰이나 실험을 위해 음식물이나 식자재를 제공할 때는 반드시 '실험용' 또는 '관찰용' 등의 표시를 한다([그림 5-33] 참조).

[그림 5-33] 관찰용 식빵 예

- 공기놀이를 하다가 공기 돌 뚜껑이 벗겨지자 친구들과 함께 공기 속에서 나온 철가루를 먹은 사례가 있었다. 단단히 접착한 다음 제공한다.
- 낚시놀이 시 자석을 끈에 매달아 주어 매단 자석을 돌리고 다니면서 다친 사고가 발생한다. 막대에 찍찍이를 붙여 자석을 매달아 주면 안전하게 놀이할 수 있다.

① 끈에 매단 자석은 위험!　② 막대에 매단 자석 안전!

[그림 5-34] 자석의 안전한 사용 예

수·과학영역의 놀잇감은 매우 다양한 도구를 사용하는 영역이므로 안전한 사용 방법에 대해 교사가 모델링을 보이고, 설명을 하고 제한을 함으로써 영유아가 안전하게 놀이할 수 있도록 도와야 한다.

## 3) 놀잇감의 안전한 보관

영유아 놀이 공간에 놀잇감을 어떤 위치에 비치해 두는지도 안전문제와 관련된다. 놀잇감을 담아 두는 바구니를 영유아가 다니는 통로에 두어 걸어가다가 넘어져서 교재가 담긴 바구니에 부딪쳐 턱을 다치기도 하고 정리시간에 정리하다가 넘어지면서 블록을 담은 박스에 부딪쳐 눈 위가 찢어지기도 한다. 바퀴 달린 바구니에 영아가 들어가 있을 때 다른 영아가 밀어 바구니가 넘어지면서 다친 사례도 있다.

- 무거운 교구는 교구장의 아래 칸에 보관하고 부피가 큰 것은 바닥에 두도록 한다([그림 5-35]의 ②, ③ 참조).
- 영유아들이 빈번하게 드나드는 교구장 위에 무거운 교구를 두지 않는다([그림 5-35]의 ① 참조).

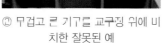

① 무거운 적목은 교구장 위에 두어 잘못된 예

② 무겁고 큰 기구를 교구장 위에 비치한 잘못된 예

③ 크고 무거운 교구는 바닥 또는 아래 칸에 제시한 잘 된 예

[그림 5-35] 놀잇감 안전보관 예

곡물, 자연물, 천으로 만든 교재 · 교구는 어떻게 보관되느냐에 따라 파손 정도, 사용 가능한 기간, 사용하고자 하였을 때의 상태 등이 달라질 수 있다. 영유아가 사용할 때의 위생상태도 매우 중요하지만 위생적인 보관상태 또한 간과할 수 없는 부분이다. 먼지로부터 보호해야 하고 습기로 인해 곰팡이가 슬지 않도록 온도와 습도 유지에 신경을 써야 하며 곡식주머니 등은 해충의 위험에서도 방어해야 한다. 잘 보관되었던 교구는 다시 꺼내었을 때 사용하기에 용이하고 그것을 가지고 놀이하는 영유아가 좀 더 위생적으로 안전한 상태에서 놀이할 수 있도록 할 수 있다. 〈표 5-1〉에서 살펴본다(손순복, 정진화, 박진옥, 2015).

〈표 5-1〉 교재 · 교구의 위생적 관리 및 유의점

| 종류 | 보관방법 | 유의점 |
|---|---|---|
| 레고블록 등 작은 플라스틱 종류 | 보관 전 씻어서 잘 말린 후 비닐이나 종이박스에 넣어 보관한다. | 작은 모양틀 속에 물기가 들어가 이물질을 제거하지 않으면 악취나 곰팡이가 생길 위험이 있다. |
| 인형 등 헝겊으로 된 작은 교구들 | 보관 전 잘 씻어서 말린 후 종이박스에 넣어 보관한다.<br>여름을 지내야 할 경우 방습제를 넣어 둔다. | 잘 말리지 않으면 곰팡이가 슬 수 있다. 인형 등 두께가 있는 자료들은 말리는 것이 매우 중요하다. |
| 매트, 소꿉놀이용 방석 등 | 커버는 세탁하고, 매트 등은 햇볕에 잘 말려서 압축하여 보관한다, | 최근 활용되고 있는 압축 비닐팩을 활용하면 부피가 줄어들고 재사용 시 형태의 변화도 적다. |
| 종이로 된 교재들 | 비닐팩, 혹은 종이봉투에 활동별로 담아 보관한다. 주제별로 큰 상자에 담아 보관해도 좋다. | 시간이 지나면서 상자나 봉투에 먼지가 앉을 수 있으나 교재 자체에는 큰 문제가 없다. |
| 콩주머니, 곡식 표본 등 | 보관 시 해충이 생길 수 있으므로 종이봉투는 피한다. 비닐 등에 보관하며 모양이 상하지 않는다면 압축하고 밀폐한다. | 시간이 지나면서 상하거나 상태가 변화하는 것은 아닌지 잘 판단한다. |
| 과학 기구 등 | 깨끗이 씻어 말린 후 보관상자 혹은 보관용 장에 넣어 보관한다. | 혹 깨어지기 쉬운 것이 잘 보존되도록 충분한 공간을 준다. |
| 벽면구성용 조화나 액자 | 조화는 모양이 망가지지 않게 공간을 충분히 확보하고, 무거워서 짓눌릴 우려가 있는 물건과 함께 넣지 않는다. | 먼지나 변형되어 못쓰게 되는 경우가 많으니 유의한다. |

1. 교실 내 공간 안전관리

　－교실 내의 고정된 시설·설비는 교실 출입문을 시작으로 창문, 천장, 벽면, 바닥 공간에서의 설치물이나 전기설비(전기 콘센트 등), 세면대, 라디에이터, 정수기 등이 안전하게 관리되고 있는지를 점검하고 관리한다.

　－교실 출입문 손잡이, 문틈 손 끼임, 문 턱 등에 균열이 있거나 날카로운 못 등이 돌출되어 있는지 점검하고 보호대를 부착한다.

　－창문의 문이 열리는 높이는 바닥 면에서 120cm보다 높게 한다. 120cm보다 더 낮게 설치되어 있다면 보호대를 설치한다.

　－창문의 커튼이나 블라인드의 끈이 영유아의 목에 감길 정도로 길지 않게 한다.

　－교실 내 천장 설치물과 벽면 설치물은 전등, 게시판, 전선, 전기 콘센트, 비상사태를 대비한 설치물 등은 흔들거리거나 떨어지지 않도록 고정시킨다.

　－선풍기나 녹음기 등 전선의 길이는 영유아가 손으로 끌어당기거나 발이 걸리지 않도록 몰딩처리를 한다.

　－영유아의 손이 닿는 곳에 설치된 콘센트(이동식 콘센트 포함)는 안전덮개를 해야 한다.

　－세면대나 정수기 등에서 뜨거운 물이 나오지 않도록 온도를 조절하거나 잠금장치를 한다.

2. 실내 교실 외 공간 안전관리

　－현관문은 영유아가 보호자 없이 나가지 못하게 해야 하고 외부인이 함부로 드나들지 못하도록 개폐장치를 설치한다.

　－영유아가 드나드는 모든 출입문과 마찬가지로 현관문에 손 끼임 방지장치를 한다.

　－계단 손잡이를 설치해야 하며, 미끄럼 방지를 한다.

　－화장실 바닥은 물기로 인해 미끄러지지 않도록 수시로 닦거나 바닥에 깔판을 깔아 영유아의 미끄럼을 방지한다.

3. 놀잇감의 안전관리

  -안전한 놀잇감의 조건은 재질, 크기, 모양, 소음, 품질 표시 등이 고려되어야 한다.

  -필기구는 독성 여부를 확인하여 무독성 표기된 것을 제공한다.

  -유리테이프 커트기는 자르는 칼날에 영유아의 손이 들어가지 않는 것으로 제공한다.

  -움직이는 놀잇감을 자체 제작해서 제공할 경우, 연령의 적절성, 견고성, 안정성을 철 저히 점검하여 제시한다.

  -쌓기, 신체영역에는 소음 흡수와 부딪힘을 방지하기 위해 카펫을 깔아 준다. 카펫은 밀림 방지 처리가 된 것을 구비한다.

  -공간적목을 비롯하여 나무블록은 나무결이 일어나는지를 수시로 확인한다.

  -영아반 놀잇감의 모든 조각은 3.5㎝보다 작은 것이 있는지 점검하여 제거한다.

  -무거운 교구는 교구장의 아래 칸에 보관하고 부피가 큰 것은 바닥에 둔다.

제6장

# 유아교육기관 실외 안전관리

**교육 내용**

- 실외공간의 안전관리
  - 실외놀이터 안전관리
  - 옥상놀이터 안전관리

- 실외놀이기구의 안전관리
  - 고정식 놀이기구 안전관리
  - 이동식 놀이기구 안전관리

- 동 · 식물에 대한 안전관리
  - 동물에 대한 안전관리
  - 식물에 대한 안전관리

- 비상시설 · 설비의 안전관리

영유아는 실내와 실외 공간을 이동하면서 일과를 보내게 된다. 유아교육기관의 실외공간은 영유아가 억제된 욕구를 맘껏 발산하고 역동적인 활동이 이루어지는 공간이다. 놀이 공간이 안전할 때 영유아들은 안전하게 생활하는 방법을 익힐 수 있으며 이를 통해 안전한 생활규칙을 자연스럽게 배운다. 이 장에서는 실외놀이에서의 안전한 관리에 대해 살펴본다.

# 1. 실외공간의 안전관리

실외의 개방된 공간에서 자유롭게 움직이면서 영유아는 실내에서의 긴장감을 풀고 신체적인 발달과 심리적인 발산을 하며 동시에 주변 자연환경을 탐색하고 느끼는 경험을 한다. 신체조절 능력이 미숙하고 자기 통제가 되지 않는 영유아들이 역동적으로 움직이는 실외공간에서의 안전은 더욱더 철저히 관리되어야 한다. 실외놀이터에서의 안전과 옥상 공간에서의 안전관리에 대해 살펴본다.

## 1) 실외놀이터 안전관리

실외놀이 공간에서는 신체활동, 자연탐구 활동, 구성놀이 활동이 활발하게 일어나는 공간이다. 실외공간은 실내자유놀이 시간과 대소집단활동 시간에 이루어지는 대부분의 활동이 가능하다. 놀이기구 이용하기, 물·모래놀이 등 대근육활동을 비

[그림 6-1] 실외놀이터 공간

롯하여 집단게임, 신체표현, 동·식물 키우기, 미술활동 등 다양한 놀이가 이루어질 수 있다. 이들 활동에 따른 안전문제는 반드시 고려하여 계획한다. 이러한 실외 공간은 햇빛이 잘 드는 곳도 필요하지만 나무 또는 천막 등으로 그늘진 공간을 만들어 잠시 휴식하거나 조용한 놀이를 할 수 있는 공간도 있어야 한다.

실외놀이터 공간의 안전관리는 다음과 같다.

- 실외놀이터와 외부와의 경계를 명확히 하고 외부로 나가는 대문은 반드시 잠금장치를 해 두어 영유아가 보호자 없이 나가는 일이 없도록 한다.
- 울타리 또는 화단에서 뻗어 나온 나뭇가지, 장미, 탱자나무 등 가시가 있는 식물은 영유아의 손이나 눈에 닿지 않도록 묶어 두거나 경계목 등을 설치하여 직접 접근하지 못하게 한다([그림 6-2]의 ② 참조).

① 놀이터 주변 안전 점검 모습          ② 놀이터 나뭇가지, 장미덩굴 관리

[그림 6-2] 실외놀이터 점검과 나무 관리 모습

- 실외놀이터에 나뭇가지, 동물 오물, 돌멩이, 쓰레기, 날카로운 것 등은 매일 점검한다([그림 6-2]의 ① 참조).

- 실외놀이 공간을 점검할 때 바닥이나 모래가 패어 있는지 확인하여 편편하게 한다. [그림 6-3]의 ①처럼 되어 있을 때 미끄럼을 타고 내려온 영유아가 앞으로 넘어지거나 다리가 꼬여 사고로 연결될 수 있다.

① 미끄럼틀 주변의 위험                    ② 놀이공간 녹슨 것의 위험

[그림 6-3] 실외놀이터 바닥 안전관리 예

- 놀이공간의 모든 시설, 설비, 비품 등은 녹슨 곳이 없어야 한다. 정기적인 점검을 통해 보완 또는 녹을 제거한다([그림 6-3]의 ② 참조).
- 실외놀이터 공간에 하수구 뚜껑, 우물 등이 있으면 울타리 나무 등으로 경계를 지어 준다([그림 6-4]의 ① 참조).
- 담장이나 난간 위에 무거운 화분이나 물건을 올려놓지 않도록 한다. 떨어지면 큰 사고가 발생할 수 있다([그림 6-4]의 ② 참조).
- 마당이나 구석 등에 있는 사고 유발 위험이 있는 적재물, 즉 목재더미, 파손된 가구, 삽, 시멘트 포대, 빗자루 등이 놀이 공간에 있지 않도록 한다.

① 우물, 하수구 뚜껑 안전처리 경계목            ② 난간 위에 놓인 화분은 위험!

[그림 6-4] 실외놀이터 웅덩이, 담장 안전관리 예

## 2) 옥상놀이터 안전관리

실외공간이 없는 경우 건물의 옥상에 실외놀이 공간을 마련해 실내에서의 억제된 정서를 표출할 기회를 제공할 수 있다. 그러나 건물 옥상을 영유아가 놀이하는 공간으로 사용하기 위해서는 외부로 통하는 비상탈출구가 설치되어 있어야 한다. 옥상놀이터 놀이는 실외놀이터 놀이보다는 어느 정도 제약을 받긴 하나 실내놀이를 연계한 게임, 신체표현, 공놀이, 훌라후프 놀이 등의 신체활동을 활발하게 할 수 있다. 신체놀이 외에 물놀이, 가게놀이, 벽면을 활용한 긁적이기, 물감놀이 등의 활동도 할 수 있다. 옥상놀이 시 안전관리에 대해 알아본다.

- 옥상 난간은 바닥 면에서 상단까지 120㎝보다 높아야 한다. 만약 영유아가 올라설 수 있는 난간 벽면 턱이 있으면 턱에서부터 120㎝보다 높아야 한다.
- 옥상놀이 공간에 에어컨 실외기가 설치된 경우가 있다. 영유아에게 위험할 수 있으므로 반드시 칸막이를 설치하여 경계를 지어 준다([그림 6-5] 참조).
- 옥상놀이터 난간 가까이에 영유아가 밟고 올라설 수 있는 미끄럼틀, 놀이집, 계단 등의 놀이기구를 두지 않도록 한다. 교사가 지켜보고 있는 순간에도 아이들은 놀이기구를 밀고 난간 가까이에 다가가 있다.
- 옥상놀이터는 실외놀이터보다 움직일 수 있는 공간이 제한적이다. 갈등이나 부딪힘이 발생하지 않도록 교사가 모든 아이들을 잘 볼 수 있는 위치에서 관찰한다.

[그림 6-5] 옥상에 설치된 에어컨 실외기 칸막이 예

[그림 6-6] 놀이기구는 난간과 떨어져 배치

## 2. 실외놀이기구의 안전관리

유아교육기관 실외놀이기구들이 영유아의 연령별 적절성을 고려하지 못하고 설치되어 있는 경우를 아직도 볼 수 있다. 특히, 영유아가 함께 생활하는 큰 기관의 경우 영아의 수준에 맞춘 놀이기구가 설치된 곳은 많지 않다. 실외놀이기구 자체가 자칫하면 바로 안전문제로 연결될 수 있으므로 놀이기구의 잃어버린 볼트, 유리조각, 금이 간 판자 등 대수롭지 않은 것들도 방치되지 않도록 관리해야 한다. 실외놀이기구의 안전관리는 고정식과 이동식으로 나누어 살펴본다.

### 1) 고정식 놀이기구 안전관리

고정시설물은 운동놀이용 시설물과 상상놀이와 구성놀이용 시설물로 구분하여 설치할 수 있다. 운동놀이용 시설물은 단순 기능의 시설물(기어 오름대 등), 움직이는 시설물(그네, 시소 등), 복합 기능의 시설물(오름대, 미끄럼틀 등 두 가지 이상의 기능이 포함되어 있는 놀이시설) 등을 말한다. 상상놀이와 구성놀이용 시설물로는 고정된 모형 시설물(자동차 모형 등), 공간 조성 시설물(놀이집 등), 구성자료(모래밭 등), 계단 오름판 등이 있다.

#### (1) 기어오름대(정글짐)

육면체, 둥근 지붕(dome)이나 원형, 또는 탑 모양 등 형태가 다양하며, 사용되는 재료도 나무판이나 통나무, 철제 파이프, 그물망, 타이어 등 여러 가지가 있다.

- 기어오름대는 영유아의 왕래가 많지 않은 곳에 설치하는 것이 적절하며, 바닥에 안전을 위한 모래가 적절하게 깔려 있도록 한다.
- 기어오름대의 최대 높이는 2.5m 이하로 하며, 영유아가 손으로 잡고 오르는

가로대(rungs)의 직경은 3.5~4.5cm로 하여 잡기 편하게 한다.

- 기어오름대의 단 간격은 35cm를 초과하지 않게 한다.
- 기어오름대의 모서리가 뾰족하거나 날카롭지 않은지 점검한다.
- 비가 온 후에는 기어오름대의 물기를 걸레로 닦아 주어 발이 미끄러지는 것을 막는다.
- 기어오름대에 널빤지, 사다리, 로프 등 이동놀이기구를 첨가해 주면 다양한 기능을 할 수 있다. 이때 첨가한 기구들은 반드시 안전점검을 한다.
- 많은 영유아가 오르내리는 곳이므로 교사는 가까이에서 지켜보며 정글짐에서 놀다가 바닥으로 추락하는 것을 막아야 한다.

## (2) 그네

그네의 줄은 유연하고 질긴 밧줄과 체인을 많이 사용한다. 밧줄은 순간적으로 분해될 수 있는데 이에 대체용으로 체인을 사용하는 경우가 있다. 체인을 사용할 경우는 체인의 거칠고 조인 부분을 PVC코팅으로 씌운 후 사용하되, 조임의 끝을 피해서 덮여야 한다. 이에 대안으로 폴리프로틸렌 줄로 짜인 와이어케이블은 높은 유연함과 지속성을 제공한다.

- 그네 줄의 쇠사슬 고리는 영유아의 손가락이 끼지 않도록 8mm 이하로 만든다. 고리의 구멍이 클 경우 그네 줄에 플라스틱 호스를 끼워 손가락이 끼는 것을 방지한다.
- 그네의 좌석은 나무처럼 단단한 자료는 피하고 부드럽고 탄력 있는 자료(캔버스, 고무판 등)로 만든다.
- 어린 영아를 위해서는 등받이가 있거나 몸을 고정해 주는 안전벨트가 부착된 그네가 적합하다.
- 그네 틀과 그네, 그네와 그네의 간격은 70cm 이상으로 한다. 심하게 흔들다 옆 그네와 부딪칠 수 있다.

[그림 6-7] 영아용, 유아용 그네와 그네 경계 울타리

- 그네가 서로 부딪치는 것을 방지하기 위하여 그네 틀에 2개 이상의 그네를 매달지 않는다.
- 그네를 잡고 흔들거나, 그네 줄을 꼬아 놓지 않는다.
- 영유아가 그네에서 떨어져 다치는 것을 예방하기 위하여 그네 밑에 부드러운 모래를 깔아 둔다.
- 그네의 앞뒤로 3m쯤 떨어진 곳에 낮은 나무 울타리를 만들어 다른 영유아가 그네와 부딪치는 일이 없도록 한다(Esbensen, 1987).
- 그네를 타다 뛰어내리지 않도록 하며 반드시 그네가 멈춘 후 내리도록 한다.

사례 1

### '그네'에서의 안전사고 예

- 보호자가 묶어 놓은 그네 줄이 끊어지면서 1세 영아가 그네와 함께 바닥으로 떨어져 머리를 부딪힘. 이로 인해 뇌의 실핏줄이 터져서 그 후 뇌의 성장발육이 늦어져 6년 이상을 치료 중이나 정상으로 회복할 수 없는 상태임
- 2세 영유아가 그네를 타다가 그네의 앞 안전대가 부러지면서 앞으로 떨어져 치아 2개가 부러지고 얼굴에 심한 타박상을 입음

– 한국소비자보호원 안전보고서 사례 –

### (3) 시소

시소를 설치할 때는 시소가 땅에 닿는 부분에 타이어를 묻어 두거나 모래를 많이 깔아서 영유아의 뇌나 척추에 충격이 가지 않도록 배려한다. 스프링이 부착된 시소는 충격이 거의 없이 유연하게 오르내리는 놀이를 할 수 있으나 스프링에 영유아의 발이 끼이지 않도록 주의한다. 손잡이를 부착하여 영유아가 붙잡고 안전하게 탈 수 있도록 한다. 시소의 기울기는 30°이내로 한다(Frost, 1992).

- 나무나 플라스틱으로 만든 배 시소는 영유아가 혼자 타다 배를 앞뒤로 마구 흔들다가 뒤집어지기도 한다. 교사의 보호하에 타도록 한다.
- 시소를 타는 주변에 영유아가 서 있지 않도록 한다. 지켜보고 있던 영유아의 발이 시소 밑에 끼일 수 있다.
- 시소 재질이 나무일 경우 나무 갈라짐, 나무결의 일어남 등을 잘 살펴서 영유아의 신체 부위가 끼이거나 찔리지 않도록 한다.

### (4) 미끄럼틀

미끄럼틀은 단순하게 미끄러져 내려오는 기능을 하는 미끄럼틀과 모험을 즐기도록 굴곡이 있거나 원통으로 제작된 미끄럼틀이 있다. 이 미끄럼판에 사용되는 플라스틱 중 가장 흔한 것이 밀도가 높은 폴리에틸렌인데 이는 매우 유용한 코팅재료이지만 직사광선에서는 너무 뜨거워져 화상의 원인이 되기도 한다. 따라서 햇볕이 뜨거운 여름 한낮에는 가능한 미끄럼 타는 것을 제한하거나 수시로 물을 뿌려서 열을 식힌 후 이용해야 한다. 또한 스테인리스나 목재, 또는 콘크리트 판을 미끄럼 판으로 사용한다. 콘크리트 판은 내구성은 있으나 영유아가 다칠 위험이 있으며, 스테인리스는 견고하고 매끄러워서 미끄럼 타기에는 적절하지만 넓고 추운 온도 변화에 민감하여 여름에는 뜨겁고 겨울에는 차가운 단점이 있다. 목재는 부드러운 장점은 있으나 내구성이 약한 것이 단점이다.

[그림 6-8] 언덕에 스테인리스 판으로 만든 미끄럼틀

- 미끄럼판이 실외놀이장 통로와 마주치지 않도록 배치하여 미끄러져 내려오는 영유아와 지나가던 영유아가 서로 충돌하는 것을 피하도록 한다.
- 미끄럼틀의 높이는 영유아의 신체조건에 따라 달라지나 보통 2.5m 이하로 설치하며, 경사는 30~40°정도로 한다.
- 미끄럼틀 연단에는 보호벽을 만들어서 영유아가 떨어지는 것을 방지한다. 보호벽의 높이는 1~3세는 60cm, 3~6세는 70~80cm가 안전하다.
- 미끄럼판에는 영유아가 미끄러져 내려오는 도중에 밖으로 굴러 떨어지는 것을 방지하기 위해 8~15cm 높이의 보호벽을 만든다(Esbensen, 1987).
- 여름에는 미끄럼틀 화상 방지를 위해 영유아가 놀이하기 전에 교사가 물을 뿌려 둔다.
- 만일 실외놀이장에 언덕이 있다면 이 언덕을 자연 미끄럼틀로 사용하거나 스테인리스 판이나 나무판을 언덕에 설치하여 미끄럼틀을 만들 수도 있다.
- 미끄럼틀의 결합 부분에 손가락이 끼일 수 있으므로 사전에 점검한다.
- 미끄럼틀을 거꾸로 올라가거나 장난을 치는 영유아가 있으므로 교사가 반드시 지켜보도록 한다.

**'미끄럼틀'에서의 안전사고 예**

- 초등학교 운동장에서 미끄럼을 타던 중 다른 아동에게 떠밀려 활주판 중간에서 옆으로 떨어지면서 미끄럼틀 옆에 있던 평균대 모서리에 얼굴을 부딪혀 눈 주위를 6바늘 꿰매는 상해를 입음
- 조립식 미끄럼틀을 타고 놀던 중 미끄럼틀의 중간 조립 부분의 틈새에 오른쪽 검지가 끼어 손가락 끝이 절단됨

– 한국소비자보호원 안전보고서 사례 –

### (5) 흔들 목마

의자 부분을 여러 가지 동물 형태, 즉 오리, 말, 개 또는 오토바이나 자동차 등 다양하게 제작한 것으로 재료는 나무, 플라스틱이 많이 사용된다. 영유아의 연령이나 신체조건을 고려하여 목마의 높이를 정하며 손잡이와 발 받침대를 만들어서 안전하게 탈 수 있도록 한다. 흔들 목마 밑에는 모래를 깔아 영유아가 떨어져 다치는 것을 예방한다.

### (6) 징검다리

징검다리는 외길, 쌍길, 꼬부라진 길 다양한 형태의 길을 다양한 재료로 만들 수 있다. 징검다리의 간격이나 높이, 길이를 영유아의 발달 정도(키, 걸음 폭, 운동능력, 눈과 발의 협응 등)에 맞추어서 제작하는데, 높이는 30cm 이내로 한다(Moore, Goltsman, & Iacofano, 1992).

- 징검다리의 처음과 마지막은 영유아가 쉽게 오르내릴 수 있도록 낮게 한다.
- 징검다리의 표면이 울퉁불퉁하거나 경사가 지면 영유아가 균형 잡기 어렵다. 표면이 평평해야 한다.
- 징검다리는 영유아가 앉아서 휴식을 취하는 장소로도 활용될 수 있다.

[그림 6-9]는 타이어를 이용하여 건너거나 오르내릴 수 있는 징검다리의 예시이다. 또한 주변에 버려진 나무를 활용한 징검다리도 볼 수 있다. 다리와 상판의 두께로 시작과 끝의 높이를 조절한 징검다리이면서 앉아서 쉴 수 있는 의자로도 활용할 수 있도록 설치하였다.

[그림 6-9] 타이어, 나무 징검다리 예

## (7) 링터널

터널은 기성품을 구입할 수도 있으나 주로 생활 속 폐자재를 활용하여 자체 제작하여 사용하는 경우가 많다. 따라서 안전문제를 철저히 고려하여 문제가 되는 부분은 보완한 후 설치해야 한다. [그림 6-10]의 ①처럼 맨홀 배관용 파이프를 활용한 터널을 설치할 때 관 내부가 유아가 들어가 앉을 수 있는 만큼의 크기가 되도록 하되, 하나의 길이를 길게 하기보다 공간이 된다면 나누어 설치해 어두운 곳에 두려움을 갖는 영유아도 즐겁게 참여할 수 있도록 한다. [그림 6-10]의 ②는 언덕이 있는 곳에 황토 흙으로 터널을 만들고 나무로 계단을 만들어 기어가기, 계단 오르기, 언덕 오르내리기 등 복합놀이기구로도 활용되도록 설치하였다.

① 링터널 입구 안전문제

② 나무계단과 황토 링터널

[그림 6-10] 링터널 안전관리 예

- 영유아가 놀이하기 전에 물 고임, 쓰레기 등을 점검한다.
- 영유아가 밀치거나 다툼이 일어나지 않도록 교사가 가까이에서 지켜보아야 한다.

### (8) 물 · 모래밭

모래놀이는 소근육, 감각, 상상력을 도울 수 있는 실외놀이 영역으로 물을 사용할 수 있는 곳과 인접하거나 같은 공간에 두면 모래놀이 외에 수로놀이, 연못 만들기 등 보다 풍부한 놀이로 확장될 수 있다. 모래놀이 공간은 영유아의 협동놀이보다는 개별적인 놀이가 더 많이 이루어지며 놀잇감에 대한 분쟁과 모래로 인한 안전문제가 자주 발생한다. 따라서 교사는 안전문제 발생을 항상 염두에 두어 사전에 유아와 함께 규칙을 만들고 지키도록 지도한다. 또한 놀이기구를 이용한 놀이공간과 모래놀이 영역 주변에서 영유아들을 등지지 않도록 하며 놀이에 방해되지 않는 위치에서 관찰한다.

- 모래는 정기적으로 걸러 주거나 뒤집어서 동물의 오물이나 쓰레기 등을 걸러 내어 소독한다.
- 모래놀이 전에 물을 뿌려 주어 영유아의 놀이 중 모래가 날리지 않도록 한다.
- 나뭇가지, 동물 오물, 돌멩이, 쓰레기, 날카로운 것 등을 제거해 준다.
- 모래밭 근처에 수도를 연결하여 물놀이와 연계한 놀이를 할 수 있도록 하면 모래의 날림이나 모래를 밖으로 퍼 나르는 횟수가 줄어들기도 한다.
- 놀이터 모래놀이공간은 영유아가 사용하지 않을 때 통풍이 잘되는 그물 등으로 덮어 두어 동물의 오물 등이 들어가지 않도록 한다([그림 6-11] 참조).

[그림 6-11] 동물 오물 등 방지를 위한 그물 천의 커버 예

## 2) 이동식 놀이기구 안전관리

이동식 놀이기구는 운동놀이용 놀이기구와 상상놀이와 구성놀이용 놀이기구를 들 수 있다. 즉, 트램폴린, 평행봉, 안전사다리, 자전거, 높낮이가 다른 건너기, 칸막이, 블록, 흔들말, 놀이집, 매미채, 타이어 등의 기구들을 말한다. 이들 중 몇 가지 안전관리에 대해 알아본다.

(1) 높낮이가 다른 건너기 및 공간 조성 오름대

높낮이가 다른 건너기 등은 통나무들을 활용하여 실외 공간에 고정해 주기도 하고 모래밭 경계를 높낮이를 달리하여 놀이하기도 한다. 높이가 다른 **통나무**, 길이와 폭이 다른 널빤지 등을 제공해 주고 다양하게 구성하여 놀이할 수도 있다([그림 6-12] 참조).

[그림 6-12] 공간 조성 오름대

- 통나무를 이용한 높낮이를 구성할 때 영유아의 연령에 따라 빼거나 첨가한다. 영아일 경우, 처음은 높이 차이가 많이 나지 않게 2~3개 정도로 시작하여 차츰 익숙해지면 개수와 높이를 늘여 준다.
- 널빤지를 구성하여 건너기를 할 때 연령 적합성을 고려하여 구성하되, 널빤지 위에서 장난치면 위험하다는 것을 주지시킨다.
- 널빤지를 활용하여 오름대를 구성할 때 끝부분이 정확히 맞추어졌는지 반드시 확인하고 놀이하도록 한다.

### (2) 놀이집

실외놀이에서의 놀이집은 다양한 상상놀이를 자극한다. 별도로 구입하여 비치할 수도 있겠으나 실내에서 오래되어 폐기해야 하는 놀이집이 실외로 나와 배치되면 실내놀이 이상으로 활발한 놀이가 이루어지는 것을 볼 수 있다. 지붕이 있는 놀이집일 경우 유아들이 지붕 위에 올라가서 장난치다 놀이집 아래로 떨어져 다칠 수 있으므로 철저히 지도한다.

### (3) 자동차와 자전거

자동차나 자전거를 타고 다니며 놀다 부품이 떨어져 나가면서 넘어지기도 하고 떨어져 나온 작은 부품을 코 속으로 넣기도 한다. 복잡하고 화려한 자동차나 자전거 모양보다는 단순하고 견고한 것들을 제공하되, 부품들이 잘 부착되어 있는지 점검한 후 내어 준다.

- 자동차나 자전거를 탈 때 다른 친구가 타는 자전거를 잡으려 한다거나 발로 걸지 않도록 한다.
- 다른 유아가 타고 있는 자동차나 자전거 옆을 지나가지 않도록 한다.
- 자전거를 타다 옷자락이 바퀴에 끼어 다리를 긁히기도 한다. 자동차나 자전거를 탈 때 반드시 외투를 벗거나 외투의 단추나 지퍼를 잠그고 탈 수 있도록 하며 끈이 있는 옷은 입지 않도록 한다.

**사례 3**    **'자전거 타기'에서의 안전사고 예**

- 마당에서 어린이용 자전거를 타던 중 발목이 자전거에 끼어 왼쪽 발목에 골절상을 입음
- 어린이용 두발자전거를 타고 놀다가 호기심에 왼손 엄지손가락을 체인에 넣고 페달을 돌려 손가락이 감겨 들어가 끼이는 사고를 당함

– 한국소비자보호원 안전보고서 사례 –

# 3. 동 · 식물에 대한 안전관리

애완동물이나 식물은 영유아에게 매우 매력적인 가치를 지닌 매체이다. 이 경우, 무엇보다도 중요한 것은 동 · 식물과 영유아 모두 안전해야 한다는 것이다. 그러므로 우선 동 · 식물을 유아교육기관에 들여오거나 키우려고 할 때 지침이 필요하고 독성 여부가 확인되어야 한다.

## 1) 동물에 대한 안전관리

애완동물은 아무리 귀엽고 만지고 싶어도 생명존중이 우선되어야 하며 영유아의 알레르기에 대해 고려해 보아야 한다. 어린이집 보육사업안내(2017)에서는 어린이집에는 원칙적으로 동물(애완동물, 곤충 등)을 두어서는 안 되는 것으로 지침을 정하고 있고, 만약 동물을 둘 경우에는 "사전에 부모에게 고지하여야 하며, 영유아의 알레르기, 질병, 상해 등을 방지하기 위해 정기적으로 수의사를 통해 면역조치 등을 받아야 한다."라고 안내하고 있다.

- 동물을 유아교육기관에 들여올 때는 애완동물, 곤충들이 건강한지 현재 면역된 상태인지 확인해야 한다.
- 동물을 기를 경우 정기적으로 수의사의 검진을 받도록 하고 그 결과를 기관에 보관한다.
- 동물 사육에 관한 지침을 교사들이 기억하고 실행할 수 있도록 지침서를 동물 우리 옆에 항상 붙여 두고 실행한다.
- 거북이나 새 같은 동물은 사람에게 옮길 수 있는 질병의 전달자이므로 어린 영유아에게는 좋은 선택이 될 수 없다(Child Health Alert, 1998; Marotz, Cross & Rush에서 재인용).

- 호기심이 많고 활동적인 영유아들이 혹시 동물을 해칠 수도 있으므로 지속적인 주의를 기울이며 만지는 것을 동물들이 싫어한다는 것을 수시로 주지시킨다.
- 동물을 쓰다듬거나 만지고 나서 교사는 물론 영유아들도 반드시 손을 깨끗하게 씻도록 한다.
- 동물을 두는 위치는 직사광선이나 바람을 막아 줄 수 있는 건조한 곳에 설치한다.
- 동물은 주기적으로 목욕을 시키고 배설물은 영유아의 손이 닿지 않도록 바로 치우고 정기적으로 사육장을 소독한다.
- 영유아 혼자서 동물 가까이에서 직접 먹이를 주는 것은 제한해야 하며, 꼭 필요한 경우라면 성인이 지켜보면서 주도록 한다.
- 동물로 인해 상처 난 부위는 흐르는 물에 5분 정도 씻어낸 후, 상처부위를 부드럽게 두드려 말리고 소독된 붕대로 감싼다.
- 동물에 물렸을 때는 병원이나 보건소에 가서 치료를 받아야 한다. 감염증상이 나타나면 119나 응급의료기관에 연락한다.

유아교육기관과 일상에서 흔히 접할 수 있는 동물과 곤충에 대한 안전한 관리방법을 제시한다(어린이안전넷, 2017).

### (1) 개와 고양이 대한 안전

개와 고양이는 영유아에게 가장 가까운 동물이나 잘못 다루면 위험한 동물이 될 수 있다는 사실을 인식하게 하고 특히 낯선 개 앞에서는 적절하게 행동하여 공격을 당하지 않도록 가르쳐야 한다.

- 자유로이 풀려 있는 낯선 개에게는 절대로 가까이 가지 않는다.
- 먹을 것을 가지고 개 가까이 다가가지 않는다.
- 개가 먹이를 먹을 때 만지지 않으며 개 밥그릇도 건드리지 않는다.

- 어떤 것으로도 개를 약 올리지 않는다.
- 만약 개가 공격적이지 않은 태도로 다가오면 움직이지 않고 가만히 서 있는다.
- 동물은 눈을 쳐다보면 공격의 의사가 있는 것으로 이해하는 특징이 있으므로 낮고 조용하면서도 강한 목소리로 "저리 가."라고 말한다.
- 가능하면 천천히 뒷걸음질 쳐서 개에서 떨어지는 것이 좋으며 가장 가까운 곳의 자동차 안이나 가게, 집 등으로 들어가 도움을 청한다.
- 만약 개 앞에서 넘어지면 몸을 둥글게 구부리고 손으로 목과 머리를 감싼다.
- 개 털 알레르기가 있는 사람이 한 사람이라도 있으면 가정이나 유아교육기관에서 개를 키우는 것은 바람직하지 않다.
- 개를 만지거나 안을 때 개가 가지고 있을지도 모르는 여러 가지 질병이나 기생충에 감염될 우려가 있다. 1주일에 1회 이상 목욕을 시키고 광견병을 비롯한 개를 위한 전염병 예방주사를 꼭 맞히도록 한다.
- 개나 고양이의 배설물도 철저히 관리한다.

## (2) 곤충에 대한 안전

영유아는 곤충을 좋아하나 곤충에 대한 지식을 갖고 있지 않아 잘 만지려 한다. 독성이 없는 곤충도 잘못 만지면 물릴 수 있으며, 독성이 있는 곤충은 만지는 그 자체로 독이 옮겨질 수 있으므로 아무 곤충이나 만져서는 안 된다는 것을 지도해야 한다.

- 사마귀나 거미, 송충이, 지네 등은 손으로 직접 만지지 않는다.
- 벌이 가까이 날아오면 손이나 팔을 저어 쫓지 않는다. 가만히 있거나 몸을 서서히 조금씩 움직여 다른 곳으로 피해 간다.
- 야외에서는 벌이 좋아해서 날아들 수 있는 단 음식은 되도록 먹지 않는다.
- 야외에 나갈 때에는 가능하면 긴 소매의 옷을 입는다.
- 캠프를 가는 경우 실내에서 전기모기향을 사용할 수 있도록 미리 계획한다.
- 여름이나 초가을에 야외활동을 할 때에는 모기가 왕성하게 활동하는 초저녁

무렵을 피하는 것이 좋으며, 모기가 접근할 수 없도록 몸에 약을 바르거나 가까운 곳에 모깃불을 피워 둔다.

• 캠프를 할 때에는 주변에 먹을 것을 두지 않는다.

## 2) 식물에 대한 안전관리

신체활동과 더불어 실외놀이를 대표할 수 있는 활동이 자연을 탐구하는 것이다. 실내의 과학영역 놀이나 집단활동을 통해 자연현상을 이해하고 자연과 환경과의 관계를 탐구하는 경험은 극히 제한된 환경과 자료를 통해 이루어진다. 실외에 작은 공간이라도 텃밭을 만들거나 나무나 꽃을 심어 영유아들이 직접적인 경험을 통해 자연스럽게 식물을 관찰하고 가꾸면서 배려와 돌봄의 가치를 느낄 수 있도록 한다.

### (1) 실외 식물 가꾸기의 안전

텃밭에 거름을 주거나 돌을 고르기도 하고 씨앗 또는 모종을 심고 가꾸며 지지대를 세우고 거둬들이는 과정까지 영유아는 식물은 직접 관리하며 책임감을 가지고 자랑스러워한다. 마당에서 나무, 네잎 클로버, 풀, 벌레 등을 언제든지 관찰하고 탐색할 수 있어 식물은 영유아에게 매우 좋은 매체이나 이러한 과정에도 안전한 관리는 철저하게 이루어져야 한다.

[그림 6-13] 지지대 끝 처리 예

- 식물을 심은 곳은 울타리를 해 주어 영유아가 식물을 함부로 만지거나 먹지 않
  도록 한다. 날것으로 먹을 수 있는 과일이나 야채도 황사나 먼지 등으로 인해
  반드시 씻어 먹어야 한다는 것을 주지시킨다.
- 각종 식물들의 지지대는 날카롭지 않은 것으로 하되, 지지대의 끝 부분에 영유
  아가 찔리지 않도록 백업이나 비닐 등으로 처리해 준다([그림 6-13] 참조).
- 영유아에게 해를 끼칠 수 있는 식물(독성이 있는 식물)은 바로 제거하거나 영유
  아의 손이 닿지 않는 곳에 옮겨 심는다.

## (2) 독성이 있는 식물

유아교육기관의 놀이 공간에 다양한 식물을 기르고 있지만 정작 이러한 것들 중
어떤 종은 영유아에게 해를 끼칠 수 있는 식물이 있다. 유아교육기관 조경으로 많이
조성되어 있는 식물을 중심으로 독성이 있는 식물을 알아본다.

| | |
|---|---|
|  | 수선화, 히야신스, 아이리스, 튤립, 아마릴리스 등의 알뿌리 식물들은 뿌리에 독성(oxalic acid)이 있어 구토, 경련, 발작 등을 일으킬 수 있다. 이 식물들은 자기의 뿌리를 지키기 위하여 독 성분을 가지고 있다고 한다. |
|  | 나팔꽃(Ipomoea Purpurea)은 생활 속에서 친숙한 꽃이긴 하나 씨앗에 독성이 있어 먹으면 배탈, 설사를 일으킬 수 있다. 생명력도 질겨 가꾸지 않아도 잘 자라다 보니 유아교육기관에서도 많이 볼 수 있다. 영유아의 손이 닿지 않는 곳에 심어 만지지 않도록 한다. |
|  | 수국(Hydrangea)이나 백합(Lily of the valley) 등은 잎과 꽃에 독성이 있어 영유아의 손이 닿지 않는 곳에 심어야 한다. |

| | |
|---|---|
|  | 크리스마스꽃으로 유명한 포인세티아(Poinsettia)는 독성이 있긴 하나 독성이 강하지는 않으며 먹으면 경우에 따라 복통, 설사를 일으키기도 한다. |
|  | 공룡시대에도 있었다는 은행나무는 열매와 씨앗에 약간의 독성이 있다. 영유아 공간에서 기를 때 수나무만 심는다면 좋은 조경으로 조성될 수 있다. |
|  | 철쭉은 진달래, 영산홍과 비슷하여 구분하기가 어려운데 관상용으로 많이 쓰인다. 철쭉은 꽃잎에 독성이 있으므로 조심해야 한다. |

## 4. 비상시설 · 설비의 안전관리

유아교육기관에서는 화재 등 비상사태에 대비하여 관계 법령(「소방시설 설치 유지 및 안전관리에 관한 법률」 등)에 따라 비상재해 대비시설과 관련 설비를 설치하여야 하며, 유사시 즉시 작동되어 피해가 없거나 있어도 이를 최소화할 수 있도록 주의 깊게 유지, 관리하여야 한다(보건복지부, 2016).

영유아는 화재 등 비상재해를 예방, 관리할 수 있는 시설 · 설비가 갖추어진 곳에서 생활하여야 하며, 불가피하게 비상사태가 발생하더라도 평소 체계적으로 훈련받은 교직원의 즉각적인 대처에 따라 안전하게 보호받음으로써 피해를 최소화할 수 있어야 한다.

① 안전한 비상통로 예　　　　② 부적절한 비상통로 예　　　　③ 비상계단 예

[그림 6-14] 비상통로 및 비상계단 예

- 비상통로는 1층은 양방향 대피가 가능한 비상구가 있어야 하고 2층 이상은 비상계단 또는 비상 미끄럼틀이 필수적으로 설치되어 있어야 한다.
- 비상계단이나 영유아용 미끄럼대는 비상시 신속하게 대피 가능하도록 유지관리되어야 한다. 비상 미끄럼틀 [그림 6-14]의 ②는 너무 길고 굴곡이 심하여 영유아에게는 부적절하고, 놀이터에서 놀이하는 영유아가 자유롭게 드나들고 있는데 놀이하는 곳이 아님을 지도해야 한다. ①의 경우, 영유아가 대피 시 겁나거나 두려움을 줄이고자 미끄럼대 윗부분을 투명한 재질을 사용하였으며, 놀이 시 영유아의 출입을 막기 위해 잠시 잠금을 할 수 있도록 설치된 것을 볼 수 있다.
- 비상구는 잠그지 않아야 하나, 평소 외부인 출입, 도난 등 안전문제로 잠가 둔다면 잠금장치를 안쪽에 두어 성인이 쉽게 열 수 있도록 한다.
- 실외 공간이 허락된다면 비상계단을 설치하는 것이 바람직하다. 안전하고 신속히 대피할 수 있어 좋다(그림 6-14) ③ 참조).
- 비상구나 비상계단에는 적재물 등이 없도록 하여 비상시 원활히 대피할 수 있도록 관리한다.
- 비상대피로에는 위험한 물건이 없어야 한다.
- 모든 피난구는 유도등이 제대로 작동되어야 한다.

### 1. 실외 공간 안전관리

−실외놀이터 설치는 「어린이놀이시설 안전관리법」에 따라 설치검사를 받는다.

−실내에서 실외공간으로 이동 시 반드시 교사가 먼저 실외로 나가서 출입구 문 잠금, 놀이도구 배치, 모래 물 뿌리기, 놀이기구 안전문제 확인, 유리조각, 폐자재 등이 놀이공간에 있는지 점검한다.

### 2. 실외놀이기구 안전관리

−기어오름대는 영유아의 왕래가 많지 않은 곳이 설치하는 것이 적절하며, 바닥에 안전을 위한 모래가 적절하게 깔려 있도록 한다.

−그네 고리의 구멍이 클 경우 그네 줄에 플라스틱 호스를 끼워서 손가락이 끼는 것을 방지하며, 그네를 타다 뛰어내리지 않도록 하며 반드시 그네가 멈춘 후 내리도록 한다.

−시소 재질이 나무일 경우 나무 갈라짐, 나무결의 일어남 등을 잘 살펴서 영유아의 신체 부위가 끼이거나 찔리지 않도록 한다.

−여름에는 미끄럼틀 화상 방지를 위해 영유아가 놀이하기 전에 물을 뿌려 주며, 미끄럼틀의 결합 부분에 손가락이 끼일 수 있으므로 사전 점검을 한다.

−모래는 정기적으로 걸러 주거나 뒤집어서 동물의 오물이나 쓰레기 등을 걸러 내어 소독해 주며, 모래놀이 전에 물을 뿌려 영유아의 놀이 중 모래가 날리지 않도록 한다.

### 3. 동 · 식물 안전관리

−동물은 정기적으로 수의사의 검진을 받고 그 결과를 기관에 보관하며, 동물 사육에 관한 지침서를 동물 우리 옆에 붙여 두고 실행한다.

−거북이나 새 같은 동물은 사람에게 옮길 수 있는 질병의 전달자가 되므로 영유아 공간에 두지 않는다.

−동물들은 만지면 싫어한다는 것을 영유아에게 수시로 주지시키며, 동물을 쓰다듬거나 만지고 나서 교사는 물론 영유아들도 반드시 손을 깨끗이 씻는다.

-영유아에게 해를 끼칠 수 있는 식물(독성이 있는 식물)은 바로 제거하거나 영유아의 손이 닿지 않는 곳에 옮겨 심는다.

4. 비상시설 · 설비 안전관리
　-비상통로는 1층은 양방향 대피가 가능한 비상구가 있어야 하고 2층 이상은 비상계단 또는 비상 미끄럼틀을 설치한다.
　-비상구는 잠그지 않아야 하나, 잠가 둬야 할 상황이면 잠금장치가 안쪽에 있어 성인이 쉽게 열 수 있도록 한다.
　-비상구나 비상계단에는 적재물 등이 없도록 하여 비상시 원활히 대피할 수 있게 하며, 비상대피로에는 위험한 물건이 없어야 한다.

# 제3부
# 유아교육기관 안전교육

# 유아교육기관 안전교육 내용 I

유아교육기관에서의 안전교육은 「아동복지법」에서 제시하고 있는 성폭력 및 아동학대 예방, 실종 · 유괴의 예방 · 방지, 감염병 및 약물의 오용 · 남용 예방 등 보건위생관리, 재난대비 안전, 교통안전교육으로 나누어 이루어질 수 있다. 이 장에서는 이처럼 다양한 안전교육 내용 중 대인관계에서 발생하는 성폭력 및 아동학대 예방교육과 실종 · 유괴의 예방 · 방지교육, 그리고 감염병 및 약물의 오용 · 남용 예방 등에 대한 안전교육에 대해 알아본다

## 1. 영유아 안전교육 내용

아동의 안전에 대한 교육은 아동복지시설의 장, 「영유아보육법」에 따른 어린이집의 원장, 「유아교육법」에 따른 유치원의 원장 및 「초·중등교육법」에 따른 학교의 장은 법 제31조제1항에 따라 교육계획을 수립하여 교육을 실시할 때 [별표 3]의 교육기준에 따르도록 정하고 있다(아동복지법 시행령, 2017. 7. 26 개정). 그 교육기준 중 유아교육기관에 해당하는 안전교육 내용은 〈표 7-1〉과 같다.

〈표 7-1〉 「아동복지법」 교육기준(제28조제1항 관련-아동복지법 시행령[별표 3])

| 구분 | | 성폭력 및 아동학대 예방교육 | 실종·유괴의 예방·방지교육 | 감염병 및 약물의 오용·남용 예방 등 보건위생관리 교육 | 재난대비 안전교육 | 교통안전교육 |
|---|---|---|---|---|---|---|
| 실시 주기 (총 시간) | | 6개월에 1회 이상 (연간 8시간 이상) | 3개월에 1회 이상 (연간 10시간 이상) | 3개월에 1회 이상 (연간 10시간 이상) | 6개월에 1회 이상 (연간 6시간 이상) | 2개월에 1회 이상 (연간 10시간 이상) |
| 교육 내용 | 초등 학교 취학 전 | 1. 내 몸의 소중함 2. 내 몸의 정확한 명칭 3. 좋은 느낌과 싫은 느낌 4. 성폭력 예방법과 대처법 | 1. 길을 잃을 수 있는 상황 이해하기 2. 미아 및 유괴 발생 시 대처 방법 3. 유괴범에 대한 개념 4. 유인·유괴 행동에 대한 이해 및 유괴 예방법 | 1. 감염병 예방을 위한 개인 위생 실천 습관 2. 예방접종의 이해 3. 몸에 해로운 약물 위험성 알기 4. 생활 주변의 해로운 약물·화학제품 그림으로 구별하기 | 1. 화재의 원인과 예방법 2. 뜨거운 물건 이해하기 3. 옷에 불이 붙었을 때 대처법 4. 화재 시 대처법 | 1. 차도, 보도 및 신호등의 의미 알기 2. 안전한 도로 횡단법 3. 안전한 통학버스 이용법 4. 날씨와 보행안전 |

| | | | | 5. 모르면 먼저 어른에게 물어 보기<br>6. 가정용 화학제품 만지거나 먹지 않기<br>7. 어린이 약도 함부로 많이 먹지 않기 | 5. 자연재난의 개념과 안전한 행동 알기 | 5. 어른과 손잡고 걷기 |
|---|---|---|---|---|---|---|
| 교육<br>내용 | 초등<br>학교<br>취학<br>전 | | | | | |
| 교육<br>방법 | | 1. 전문가 또는 담당자 강의<br>2. 장소·상황별 역할극 실시<br>3. 시청각 교육<br>4. 사례 분석 | 1. 전문가 또는 담당자 강의<br>2. 장소·상황별 역할극 실시<br>3. 시청각 교육<br>4. 사례 분석 | 1. 전문가 또는 담당자 강의<br>2. 시청각 교육<br>3. 사례 분석 | 1. 전문가 또는 담당자 강의<br>2. 시청각 교육<br>3. 실습교육 또는 현장학습<br>4. 사례 분석 | 1. 전문가 또는 담당자 강의<br>2. 시청각 교육<br>3. 실습교육 또는 현장학습<br>4. 일상생활을 통한 반복 지도 및 부모 교육 |

〈표 7-1〉에서 보듯이, 「아동복지법」에 제시된 안전교육내용은 성폭력 및 아동학대 예방교육 6개월에 1회 이상(연간 8시간 이상), 실종·유괴의 예방·방지교육 3개월에 1회 이상(연간 10시간 이상), 감염병 및 약물의 오용·남용 예방 등 보건위생관리 교육 3개월에 1회 이상(연간 10시간 이상), 재난대비 안전교육 6개월에 1회 이상(연간 6시간 이상), 교통안전교육 2개월에 1회 이상(연간 10시간 이상)으로 규정하고 있다. 이에 따라 제3차 어린이집 평가인증(통합지표)에서는 아동복지법에 제시된 기준에서 연간 총 시간에 대해서는 평가하지 않고 실시주기를 중심으로 평가하며, 영아반의 경우 2세반 위주로 평가한다고 제시하고 있다.

이에 기초하여 영유아 안전교육의 세부내용을 알아보고 그 실제 방법에 대해서는 제4부에 제시한다.

# 2. 성폭력 및 아동학대 예방교육

2015년 초 인천지역 어린이집 아동학대 사건이 매스컴에 보도된 이후 아동학대는 사회적 이슈로 급부상했고 영유아를 기관에 보내고 있는 부모의 불안은 극에 달해 있었다. 이는 곧 유아교육기관 교직원에게 긴장과 시련을 안겨주기도 하였다. 아동학대 발생장소를 살펴보면, 전체 가정 내에서 발생한 사례가 85.9%, 그 외 어린이집, 유치원, 학교에서의 발생은 전체의 5.7%에 해당하고 있어(보건복지부, 2016), 유아교육기관에서의 아동학대 발생은 미미하게 보이긴 하지만 영유아의 기관 이용률이 높아지고, 머무는 시간도 점차 길어지고 있는 상황에서 기관에서의 아동학대에 대한 논의가 커지고 있다. 특히 가해자 일부는 아동학대와 훈육 간의 경계가 모호함을 알 수 있다. 성폭력 또한 피해아동의 상당수가 학령기 이전의 영유아로서 이들에 대한 성폭력 피해 예방교육은 절실히 필요하다. 특히 영유아는 타인이 시도하는 성적 접촉의 의미를 모르고 애정 표현으로 해석하여 거부하지 못하는 경우가 많다. 여기서는 아동학대와 성폭력 예방교육에 대해 알아본다.

## 1) 아동학대 예방교육

### (1) 아동학대의 정의 및 유형

#### ① 아동학대의 정의

아동학대는 '보호자를 포함한 성인이 아동의 건강 또는 복지를 해치거나 정상적 발달을 저해할 수 있는 신체적, 정신적, 성적 폭력이나 가혹행위를 하는 것과 아동의 보호자가 아동을 유기하거나 방임하는 것'으로 정의하고 있다「아동복지법」. 훈육을 목적으로 성인의 신체나 도구를 이용하여 영유아에게 신체적 체벌을 가하는 것들, 예를 들어, 때리거나, 꼬집거나, 약하게 깨무는 행위 등도 아동학대에 해당한다.

그렇다면 훈육과 체벌의 차이는 무엇인가?

훈육 사전적 의미는 '의지나 감정을 함양하여 바람직한 인격형성의 주목적을 달성하는 교육'인 반면, 체벌은 일정한 교육을 목적으로 육체적 고통을 수반한 행위, 즉 고통을 줌으로써 영유아의 바람직하지 않은 행위를 억제하려는 것으로 정의한다(교육부·보건복지부, 2016). 체벌의 경우, 영유아 입장에서 보면 자신이 어떠한 행위를 하느냐 안 하느냐의 선택이 그 행위의 가치에 의해 결정되는 것이 아니라 육체적 고통을 받느냐 받지 않느냐의 여부에 의하여 좌우되는 결과가 된다. 체벌의 부작용으로 체벌을 가한 사람과 좋지 않은 인간관계를 만들 우려가 있고 체벌을 하는 성인의 감정이 격해지면서 영유아에게 상처를 입히는 학대로 진행될 수 있다. 영유아기의 학대경험은 영유아 발달에 심각한 손상을 가져올 수 있고, 성인의 체벌을 통해 폭력성을 학습한 영유아는 학교폭력, 성인이 되어 가정폭력의 문제로 이어질 수 있다.

아동복지법에서는 아동의 보호자는 아동에게 신체적 고통이나 폭언 등의 정신적 고통을 가하여서는 아니 됨을 규정하고, 부모를 비롯한 보호자가 아동에게 신체적·정신적으로 고통을 주는 행위를 금지하였다. 아동에게 행해지는 폭력이 관습 또는 전통이라는 이름으로 자연스럽게 행해지고 때로는 '훈육'이라는 위장된 행위로 정당화되어서는 안된다.

② 아동학대 유형

아동학대 유형은 신체학대, 정서학대, 성학대, 방임으로 나뉜다. 신체학대는 아동의 신체에 손상을 주는 행위이며, 정서학대는 아동의 정신건강 및 발달에 해를 끼치는 행위를 말한다. 방임(유기)은 자신의 보호·감독을 받는 아동을 유기하거나 의식주를 포함한 기본적 보호·양육 및 치료를 소홀히 하는 행위이며, 성 학대는 성(性)을 매개로 가해지는 신체적·언어적·심리적 폭력으로서 상대방의 동의 없이 강제로 성적 행위를 하거나 성적 행동을 강요·위압하는 행위를 말한다. 이와 같은 아동학대는 각각의 유형에 따라 신체적, 심리적, 사회적, 성적으로 심각한 후유

증을 가져오는데 여기서는 행동(외현적)으로 나타나는 징후에 대해 〈표 7-2〉에 제
시한다. 아동학대 징후에 대한 세부내용은 '중앙아동보호전문기관 홈페이지(www.
korea1391.org)'에서 확인할 수 있다.

〈표 7-2〉 아동학대 유형별 행동적 징후

| 신체학대 | | 정서학대 | |
|---|---|---|---|
| 성인이 아동에게 신체적 손상을 입히거나 이를 허용하는 모든 행위 | | 성인이 아동에게 하는 언어적 · 정서적 위협, 감금 · 억제 · 기타 가학적인 행위 | |
| 행동적징후 | • 사고로 보기에는 미심쩍은 상처(사용된 도구의 모양이 그대로 나타나는 상처, 담뱃불 자국, 뜨거운 물에 잠겨 생긴 화상, 겨드랑이 팔뚝, 허벅지 안쪽 등 다치기 어려운 부위 상처 등)<br>• 신체적 상처로 자주 병원을 가는 경우<br>• 부모에 대한 두려움, 집으로 돌아가는 것에 대한 거부감<br>• 다른 아동이 다가올 때 공포감을 느끼는 행동<br>• 공격 또는 위축된 극단적 행동 | 행동적징후 | • 과도한 수면 부족 증세<br>• 스트레스로 인한 원형 탈모<br>• 특정 물건을 계속 빨고 있거나 물어뜯음<br>• 폭력성향, 히스테리, 강박, 공포, 극단행동, 과잉행동, 자살시도 등 비정상적 반응 |

| 성학대 | | 방임(유기) | |
|---|---|---|---|
| 성인의 성적 만족을 위해 아동의 신체에 접촉하는 행위나 아동과의 모든 성적 행동 | | 아동의 양육과 보호를 소홀히 하여 정상적인 발달을 저해하는 모든 행위 | |
| 행동적징후 | • 걷거나 앉는데 어려워함<br>• 입천장의 손상, 성병 감염 및 임신<br>• 나이에 맞지 않는 성적 행동<br>• 타인, 동물, 장난감을 대상으로 하는 성적 상호관계<br>• 부모에 대한 두려움, 집으로 돌아가는 것에 대한 거부감 | 행동적징후 | • 기아, 영양실조, 적절하지 못한 영양 상태<br>• 계절에 맞지 않는 옷, 청결하지 못한 외모<br>• 음식 구걸, 도둑질<br>• 지속적 피로 · 불안정 호소, 수업 중 과도한 수면 |

출처: 교육부 · 보건복지부(2016).

## (2) 아동학대 조치

아동학대의 조치는 상흔, 증언 등이 발견되거나 '아동학대 징후리스트'를 활용하여 학대가 의심되면 아동의 안전 및 신병을 확보하고 '아동학대 신고 → 학대의심 교직원과 피해아동 분리 → 증거자료 보존 → 현장조사 협조 → 사후관리'의 단계를 밟아 조치한다. 그 단계는 [그림 7-1]과 같다(보건복지부, 2016).

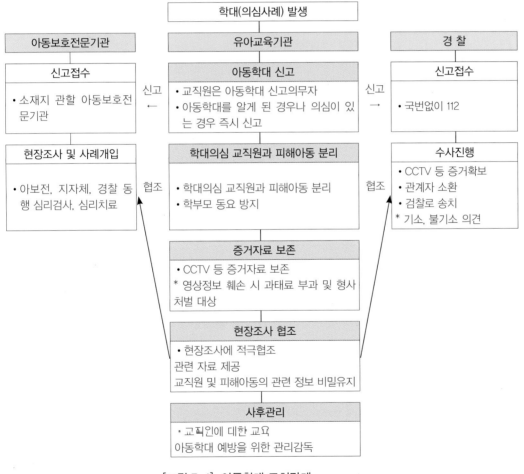

[그림 7-1] 아동학대 조치단계

① 아동학대 신고

• 아동학대 발생 또는 학대의심사례 발견 시 수사기관(전화 112) 또는 아동보호
전문기관에 즉시 신고한다. 긴박한 상황인 경우 아동을 병원에 데려간 이후에
신고한다.

[그림 7-2] 아동학대 신고 단계

• 원장 등 교직원은 아동학대 신고의무자로 그 직무상 아동학대를 알게 된 경우
나 의심이 있는 경우 반드시 신고한다(『아동학대범죄의 처벌 등에 관한 특례법』제
10조 제2항 제12호). 신고의무자가 아동학대를 발견하고도 정당한 사유 없이 신
고하지 않은 경우 500만 원 이하의 과태료가 부과된다(『아동학대범죄의 처벌 등
에 관한 특례법』제63조 제1항 제2호).

아동학대 신고의무자가 직무 중, 학대로 의심되는 아동을 조기발견하기 위해 〈표
7-3〉의 '아동학대 신고의무자용 점검표'를 활용하면 용이하다.

〈표 7-3〉 아동학대 신고의무자용 점검표

| 연번 | 평가항목 | 평가 ∨ | |
|---|---|---|---|
| | | 예 | 아니요 |
| 1 | 사고로 보이기에는 미심쩍은 상흔이나 폭행으로 보이는 멍이나 상처가 발생한다. | 예 | 아니요 |
| 2 | 상처 및 상흔에 대한 아동 및 보호자의 설명이 불명확하다. | 예 | 아니요 |
| 3 | 보호자가 아동이 매를 맞고 자라야 한다는 생각을 갖고 있거나 체벌을 사용한다. | 예 | 아니요 |

| 4 | 아동이 보호자에게 언어적, 정서적 위협을 당한다. | 예 | 아니요 |
|---|---|---|---|
| 5 | 아동이 보호자에게 감금, 억제, 기타 가학적인 행위를 당한다 . | 예 | 아니요 |
| 6 | 기아, 영양실조, 적절하지 못한 영양섭취를 보인다. | 예 | 아니요 |
| 7 | 계절에 맞지 않는 옷, 청결하지 못한 외모를 보인다. | 예 | 아니요 |
| 8 | 불결한 환경이나 위험한 상태로부터 아동을 보호하지 않고 방치한다. | 예 | 아니요 |
| 9 | 성학대로 의심될 성 질환이 있거나 임신 등의 신체적 흔적이 있다. | 예 | 아니요 |
| 10 | 나이에 맞지 않는 성적 행동 및 해박하고 조숙한 성지식을 보인다. | 예 | 아니요 |
| 11 | 자주 결석하거나 결석에 대한 사유가 불명확하다. | 예 | 아니요 |
| 12 | 필요한 의료적 처치를 하지 않거나 예방접종이 필요한 아동에게 예방접종을 실시하지 않는다. | 예 | 아니요 |
| 13 | 보호자에 대한 거부감과 두려움을 표현하거나 집(보호기관)으로 돌아가는 것에 대해 두려워한다. | 예 | 아니요 |
| 14 | 아동이 히스테리, 강박, 공포 등 정신신경성 반응을 보이거나 공격적이거나 위축된 모습 등의 극단적인 행동을 한다. | 예 | 아니요 |
| 15 | '아동학대 점검표' 1-14에 해당되지는 않지만 그 외의 학대로 의심되는 경우(학대 의심 사항 :                    ) | 예 | 아니요 |

1개 문항 이상 '예'라고 체크된 경우, 아동학대를 의심해 볼 수 있는 상황으로 전화 112로 신고함

출처: 교육부 · 보건복지부(2016).

## 아동학대 신고전화 예시

- ○○유치원/어린이집에 재직하고 있는 교사로 아동학대 신고의무자입니다.
- ○○유치원/어린이집에 등원하는 아동에 대해 ~~~~의 이유로 아동학대가 의심되어 신고합니다.
- 아동의 현재 상황은 ~~~~~ 입니다.
  ※ 아동 안전 여부, 응급조치 필요 여부, 아동의 심신 상태, 가정 상황 등
- 아동의 인적 상황은 ~~~~~ 합니다.
  ※ 성명, 성별, 연령, 주소, 전화번호 등
- 학대행위자로 의심되는 사람은 ~~~~~ 입니다.

> ※ 이름, 성별, 나이, 주소 등(학대행위자 정보를 파악하지 못해도 신고 가능)
> • 신고자는 ~~~~입니다.
> ※ 성명, 전화번호, 주소, 아동과의 관계 등
>
> —교육부 · 보건복지부(2016).

• 아동학대 발생에 따른 유치원/어린이집 행정처분(운영정지, 폐쇄 등) 시 학대행위 신고 여부 등이 고려된다. 즉, 교사에 의한 학대행위 발생 시 설치 · 운영자가 그 행위를 방지하기 위하여 상당한 주의와 감독을 게을리 하지 아니한 경우, 행정처분에 면책을 받을 수 있다(「영유아보육법」 제45조 제1항).
• 아동학대 신고 시 다음과 같은 점에 주의한다.

### 아동학대 신고 시 주의사항

• 보호자에게 신고내용을 알리는 등의 행위로 아동학대 증거가 은폐되지 않도록 주의하여야 함
• 가능한 한 증거 사진 등을 확보함
• 아동이 불안에 빠지지 않도록 큰일이 난 것처럼 하지 않고 일상적으로 대함
• 성학대의 경우 증거 확보를 위해 씻기거나 옷을 갈아입히지 않음
• 진술의 오염이 있을 수 있으므로 학대에 대해 계속 캐묻거나 유도 질문을 하지 않음
• 신고 후에 신고자나 피해아동의 정보가 외부에 노출되지 않도록 주의
• 신고 후에 아동보호전문기관 또는 수사기관과 지속적인 협력 유지

—교육부 · 보건복지부(2016).

### ② 학대의심 교직원과 피해아동 분리

• 추가적인 아동학대와 아동의 심리적 불안을 막기 위해 학대의심 교직원과 피

해아동을 우선적으로 분리한다. 교사의 경우, 반배치 변경 및 교직원의 휴가, 일시휴직 등의 방법이 있다.

- 피해아동이 지속적인 보육(교육)을 받을 수 있도록 배려한다. 가정양육 또는 아동 반 변경, 아동의 심리상태 등에 대해 학부모와 우선 협의한다.

- 외상이 의심되는 경우, 학부모와 상의하여 병·의원에 내원하여 우선 상담 및 진료를 통해 확인한다. 아동학대로 인한 신체적 외상 또는 정신적 외상이 확인되면 '어린이집안전공제회, 학교안전공제중앙회' 사고처리절차를 활용하여 아동의료를 지원한다. 사고처리절차에 따라 우선적인 사고 보고를 통해 '공제급여' 범위를 안내받고 부모 등과 정보를 공유한다.

③ 증거자료 보존

- 아동학대 관련 증거자료(CCTV 영상 등) 훼손을 주의한다. 영상정보 훼손 시 과태료 처분(「영유아보육법」 제56조, 60일 보관 의무 위반(1차 위반 50만 원, 2차 100만 원, 3차 150만 원) 및 형사처벌(「영유아보육법」(2년 이하의 징역 또는 2천만 원 이하의 벌금), 「개인정보보호법」(5년 이하의 징역 또는 5천만 원 이하의 벌금) 대상이 될 수 있다.

- 피해(의심)아동의 보호자가 CCTV 열람을 요구할 경우, 영상정보 열람요청서를 제출받은 후 열람 요청을 받은 날부터 10일 이내에 열람 장소와 시간을 정하여 보호자에게 통지한다.
  - 즉시열람을 요청한 경우에는 피해사실이 적시되어 있는 의사소견서를 제출하고 즉시 열람하게 하여야 한다(관계 공무원, 기관 운영위원장, 육아종합지원센터장이 동행하여 즉시 열람을 요청하는 등 협의된 경우에는 열람요청서 제출 및 통시 불필요).
  - 열람을 요청한 보호자와 자녀 또는 보호아동과의 관계를 알 수 있는 가족관계증명서, 주민등록등본 등 서류나 증표를 확인한다(주민등록증, 신분증 등 확인으로도 열람 가능).

　　　－열람의 일시는 보육에 지장이 없도록 보호자 협의하여 결정(가급적 조속히),
　　　　회신 일로부터 최장 7일을 초과하지 않도록 조치한다.
　　　－CCTV열람 요청은 가능한 사유에 한해 정해진 절차에 따라 열람 가능하며
　　　　공개된 장소의 영상자료만 열람할 수 있다. CCTV 열람절차는 [그림 7-3]과
　　　　같다.

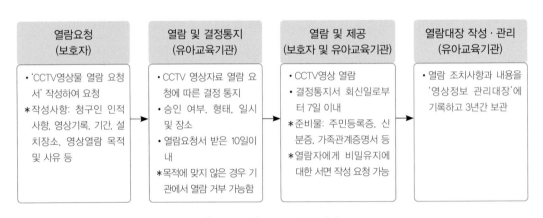

[그림 7-3] CCTV 열람절차

④ 현장조사 협조
• 경찰, 아동보호전문기관, 지자체가 실시하는 현장조사 시 관련자료 제공 등 적
　극 협조한다.
　　－학대발생 여부 확인을 위한 전수조사 및 같은 반 아동 조사 협조
　　－피해아동에게 부정적인 기억 또는 죄책감이 들도록 하는 질문은 가급적 삼가
　　　도록 조사기관에 요청(간접적인 방법으로 답변 유도-인형에 투사하는 방법 등)
　　－현장조사로 교직원 및 아동 등이 동요하지 않도록 조치
• 관련 교직원 및 아동신상정보가 외부에 유출되지 않도록 비밀유지에 최선을
　다한다. 이는 수사결과 아동학대가 아닌 것으로 판정될 경우 관련 교직원이
　받을 직간접적인 피해를 예방하기 위함이다.

⑤ 사후관리

- 교직원의 아동학대 예방교육 적극 참여를 유도한다.
- 교직원들과의 대화 · 소통시간을 마련하고, 교직원의 애로사항, 건의사항 등을 파악하여 학대 발생요인을 사전에 제거하기 위해 노력한다.
- 아동학대로 의심받을 상황이 발생하지 않도록 교직원에 대한 상시 관리체계를 철저히 한다.

---

**아동학대 징후 발견 시 버려야 할 편견**

- '설마 부모가 자녀를 학대하려고?'라는 생각
  - 아동학대행위자의 80% 이상이 부모이며, 방임은 90% 이상이 부모에 의해 발생
- '학대하는 부모는 친부모가 아닐 것이다.'라는 생각
  - 친생 여부와 상관없이 사실 관계를 확인하려는 마음가짐이 필요함
- '사랑의 매'가 존재한다는 생각
  - 아동의 잘못된 행동이 매 맞음으로 고쳐지지 않으며, 어떤 이유로도 아동을 대상으로 한 폭력이 정당화될 수 없음을 기억해야 함
- '아이가 맞을 만한 행동을 했다.'라는 생각
  - 가족 내 적절한 양육과 교육방법이 자리잡도록 돕겠다는 자세가 필요함

-교육부 · 보건복지부(2016)

---

## 2) 성폭력 예방교육

### (1) 성폭력의 개념 및 예방의 필요성

성폭력이란 성(性)을 매개로 가해지는 신체적 · 언어적 · 심미적 폭력으로서 상대방의 동의 없이 강제적으로 성적 행위를 하거나 성적 행동을 강요 · 위협하는 행위(두산세계대백과, 2010)로 정의되며, 성폭행, 성추행, 성희롱을 포함하는 개념을 말한

다. 여기서 성폭행은 강제로 성관계를 맺는 행위로 '강간'과 '강간미수'를 의미하며, 성추행은 폭행이나 협박을 수단으로 성교는 하지 않고 가슴, 엉덩이, 성기부위를 접촉하거나 문지르기, 키스, 음란한 행위, 피해자나 가해자의 성기를 노출시키는 행위 등을 말하는데 법률적으로 '강제추행'이란 용어로 쓰기도 한다. 성희롱은 성적인 언어나 행동 등으로 상대편의 의사와 관계없이 성적 불쾌감, 수치심을 느끼게 하는 행위로 정의한다.

아동 성폭력은 형법과 성폭력범죄 처벌 등에 관한 특례법에서는 13세 미만의 아동을 대상으로 성희롱에서 강간까지 모두 포괄하는 성적인 행위로 아동에게 육체적 손상 및 정신적 · 심리적 압박을 주는 물리적 강제력을 말한다.

아동 성폭력의 예방은 사회전반적인 문제에서 접근해야 한다. 이를 위해서는 영유아기부터 올바른 성에 대한 가치와 태도를 형성시켜줌으로써 추후에 잠재적 피해자 또는 가해자가 되지 않도록 해야 한다. 따라서 영유아의 발달 수준을 고려한 내용과 접근 방법으로 성폭력에 대한 영유아들의 올바른 태도 형성과 실제 상황에서 적절히 대처할 수 있는 기술까지 습득할 수 있도록 해야 한다.

### (2) 아동 성폭력의 특징과 단계

성폭력 범죄자들이 아동에게 접근하는 특징을 보면 돈을 준다던가, 아동들이 선호하는 음식, 선물, 도움을 요청하는 등의 방법으로 유인하며, 가해자가 면식범의 소행 가능성이 높다. 이러한 범죄는 단기간에 끝나지 않고 장기간 지속되는 경우가 많고 은폐의 가능성이 높다는 특징이 있다. 아동이 성폭력의 피해자로 노출되는 단계를 보면 다음과 같다(이현혜, 2011).

- 접촉단계: 가해자가 아동에게 접근
- 성적 상호단계: 아이에게 성적 행위를 하는 단계
- 비밀단계: 성적 행위 후 입단속을 시키는 단계

- 폭로단계: 성학대 행위를 당한 사실이 외부에 노출되는 단계
- 억압단계: 가족이나 관련인이, 사건이 세상에 노출되거나 외부에서 개입하는 것을 회피하는 단계

아동이 성범죄의 피해자가 되면 성장해 가면서 우울증, 수치심, 대인기피증, 자살, 학업중단, 거식증, 폭식증 등의 후유증과 정신적 고통을 겪게 된다. 따라서 아동이 성범죄에 노출되지 않도록 예방하고 성범죄 발생 시 대처방법을 익혀두어야 한다.

### (3) 아동성범죄 예방 및 발생 시 대처 방법

#### ① 아동 성범죄 예방 방법

- 자신과 다른 사람의 몸이 소중하다는 것을 가르친다.
- 좋은 접촉과 나쁜 접촉을 생활 속에서 알도록 가르친다. 나쁜 접촉이 있었을 경우 부모님이나 선생님에게 말해야 한다는 것을 가르친다.
- 좋은 비밀과 나쁜 비밀을 구분할 수 있도록 가르친다.
- 아동 자신이 사는 지역의 안전지도를 그려보며 자세히 알고 있도록 한다.
- 평소 아동이 성에 대해 호기심을 보일 때 회피하지 말고 바르게 대답해준다.
- 몸의 각 부분의 명칭을 정확하게 교육하고 그 기능을 말해준다.
- 아동대상 경계설정교육, 사생활이 존중 받게 하는 교육을 한다.
- 어떤 일이든 부모 등 신뢰하는 어른에게 말할 수 있도록 한다.

이를 위해서는 항상 부모 등 보호자와 일상생활에서 자주 대화할 수 있는 분위기가 되어 있어야 하고 상황에 따라 대처할 수 있는 교육이 되어야 한다. 예를 들어, "누군가가 차를 세우고 길을 물을 때" "내 몸을 만지려고 할 때" "누군가 따라올 때" "엘리베이터 안에서" "나 홀로 집에 있을 때" 등의 상황을 설정하고 놀이하듯이 역할극 놀이를 해 볼 수 있다.

② 성범죄 발생 시 대처 방법

아동이 성범죄를 알릴 경우 다음과 같이 대처한다.

- 너무 놀라거나 당황스러움을 나타내지 말고 안심시킨다.

  놀라움과 당황스러움을 보호자가 과도하게 표현하면 아동은 자신이 피해 사실을 이야기한 것이 뭔가 잘못된 일이라는 느낌을 받을 수 있고, 이후로 자신의 피해 내용을 이야기하지 않거나 힘든 속마음을 드러내지 못할 수 있다.

- 아이 탓이 아니라는 것을 이야기한다.

  야단을 치거나 보호자가 속상해하면 아동은 죄의식을 갖게 될 수 있다. "네 잘못이 아니야."라고 안심시켜 준다.

- 너무 꼬치꼬치 캐묻지 않는다.

  보호자가 뭔가를 알아내기 위해 집요하게 질문을 하면 얼버무리거나 거짓으로 대답할 수도 있다. 충분히 안정시킨 후에 편안하게 이야기할 수 있도록 기다려 준다.

- 가능한 증거를 보존한다.

  상처나 상흔을 만지거나 씻지 말고 사진을 찍어두거나 입은 옷차림 그대로 빠른 시간 내(48시간 이내)에 병원에 간다.

- 경찰이나 전문기관에 신고하고 도움을 받는다.

  (경찰서 112, 원스톱지원센터 556-8117, 여성긴급전화 1366)

## 3. 실종 · 유괴의 예방 · 방지교육

영유아를 대상으로 하는 유괴는 폭력을 행사하여 억지로 끌고 가기보다는 친밀감을 가장한 속임수를 쓰거나 아이들이 좋아할 만한 것들을 미끼로 하여 유인한다. 영유아의 발달특성상 판단능력이나 방어기술 등이 부족하기 때문에 수상하고 낯선 사람일지라도 부드러운 말로서 좋아하는 것을 제공하면 그 의도를 쉽게 알아차리지 못하고 낯선 사람의 요구에 순조롭게 응하고 쉽게 따라 나서게 된다.

이와 같은 실종이나 유괴는 한 가정에서는 물론 사회적으로도 큰 문제가 되고 있으며 유괴대상 연령도 점점 낮아지고 있어 좀 더 어린 시기에 유괴 예방교육과 실종에 대한 교육의 필요성이 요구된다.

## 1) 유괴 예방 · 방지교육

### (1) 유괴 예방 · 방지교육의 필요성

유괴란, 사전적 의미로는 사람을 종래의 생활환경에서 이탈시켜 자기 또는 제3자의 실력적 지배하에 두어 그 자유를 침해하는 것을 뜻한다. 캔 우든(Ken Wooden, 2007)은 유괴는 불법적, 강제적으로 누군가를 데리고 가는 것으로 일반적으로 무엇인가를 요구하기 위하여 감금하거나 강제로 재빠르게 낚아채는 것, 본인의 의지와는 상관없이 붙잡혀 있는 것으로 정의하였다. 이경선(2002)은 아동 유괴에 대해 아동이 가해자의 요구에 순조롭게 따랐든 아니든 유괴는 아동에게 가해지는 폭력행위이며, 거리와는 상관없이 아동이 현재 위치한 장소에서 아동이나 보호자의 의도와 무관하게 옮겨지는 것으로 정의하였다.

따라서 영유아를 대상으로 하는 유괴는 친권이나 양육권을 가진 부모 이외의 인물이 거리나 시간과는 무관하게 특정한 목적을 성취하기 위해 현재 위치한 장소에서 영유아를 이동시키는 행위라고 정의할 수 있다.

### (2) 영유아 유괴에 대한 오해와 진실

영유아기는 세상 모든 것에 호기심을 갖고 그 호기심을 충족시키기 위해 만지고 움직이고 느끼며 행복감을 느끼는 시기이다. 가장 행복해야 할 이 시기에 동네 골목길에서 놀던 아이가 사라지고 귀가길 집 앞에서 갑자기 사라진다.

EBS다큐프라임(2012. 9. 10.) '아이들은 왜 낯선 사람을 따라가는가?'에서 서울, 경기지역 7~12세 아동 150명을 대상으로 아이들이 생각하는 낯선 사람 얼굴을 직접 그리도록 하고 한국과 똑같은 방법으로 미국의 같은 연령 아동들에게도 낯선 사람을 그림으로 그리고 그에 대한 생각을 들었다. 그 결과는 매우 달랐다.

낯선 사람에 대해, 한국의 아동들은 옷이 허름하고 칼을 갖고 있고 냄새가 나고 공포감 등을 흡수하여 표현한 반면, 미국의 아동들에게 낯선 사람은 '누구나'였다.

영유아에게 모르는 사람에게 말을 걸지 말고 가까이 가지 말라고 교육을 하지만 영유아는 머리로는 다 아는 내용이라고 생각한다. 그러나 실제 상황이 발생했을 경우, 머리로 알고 있는 내용을 행동으로 옮기는 능력은 발달의 특성상 어렵다. 연습해 본 적이 없는 영유아에게는 처음 접해보는 상황이기 때문에 따라간다. 한 사례에서 보면 "어떤 남자가 집에 전화를 걸어 9세 여아에게 '나는 엄마 동료인데 엄마가 승진을 해서 선물을 사려 하는데 도와 달라.'라고 했고 아이는 따라갔다가 살해당했다. 이 아이는 유괴에 대한 모든 안전규칙을 알고 있는 매우 똑똑한 아이였다. 그러나 현실은 여자아이가 배운 것과 정반대였다"(EBS, 2012). 그 남자는 이 아이의 고정관념에 있는 나쁜 사람의 모습과 들어맞지 않았다. 이 아이는 그 남자가 바로 '낯선 사람'이라는 것을 알았는데 그 남자는 잘생겼고 무섭지도 않고 재미있었다. 그 사람이 좋았고 엄마를 도와줄 수 있다 하니 그를 도와줄 수밖에 없었던 것이다.

그렇다면 어떻게 가르쳐야 할 것인가? 영유아 유괴를 방지하기 위해서는 본격적인 교육을 하기에 앞서 기본적인 개념을 가르치고 인종과 머리 색깔에 관계없이 '사람'에 대해 가르쳐야 하며, 자극과 연습을 통한 실천교육이 강조되어야 한다. 따라서 영유아 유괴 예방을 위해 반드시 가르치고 인식시켜야 할 점은 다음과 같다.

- 낯선 사람은 어떻게 생겼느냐가 아니라 누구든지 다가와서 도움을 요청할 수 있다는 것을 가르친다.
- 낯선 사람이 다가와 도움을 요청하면, 그 사람이 나쁜 사람이어서가 아니라 도와주기 전에 엄마 아빠 또는 선생님에게 물어보라고 가르친다.
- 어른은 아이에게 도움을 요청하지 않는다는 것을 인식시킨다. '어려서 도와줄 수 없으니 도와줄 사람을 불러줄게요.'라고 가르친다.

## 한국과 미국의 7~12세 아동의 낯선 사람에 대한 생각

한국의 7세 아동들은 낯선 사람은 얼굴에 점이 있거나 코가 이상하게 생기고, 눈동자가 옆으로 돌아가 있거나 변장을 했으며 뿔이 있고 칼도 있고 얼굴이 사납게 생긴 모습으로 묘사했다. 초등학생들은 낯선 사람은 씻지 않고 선글라스, 모자, 마스크를 쓰고 험악한 얼굴을 하고 있으며, 자기 모습을 숨기려고 모자를 쓰고 있고, 경찰에게 쫓기다 보니 얼굴에 상처가 있을 것이라고 하였다. 이들이 말하는 낯선 사람은 만화나 영화 속 인물과 닮아 있다. 또한 한국의 아동들에게 낯선 사람을 조심하라고 했을 때, 아동들은 위협적인 사람, 해칠 수 있는 사람, 공격적인 사람으로 인식하고 있었다.

반면, 미국 아동들은 낯선 사람이란 그냥 평범할 것이라고 말한다. 키가 작거나 크거나 혹은 여자이거나 남자이거나 또는 애완동물 같은 것을 가지고 있을 것 같다고 말한다. 보통사람처럼 보이려고 야구 모자를 쓰거나 친절하고 멋질 수도 있으며 더럽거나 나쁜 사람만은 아닐 것이라고 보았다. 또한 매일 보는 사람일 수도 있을 것이라고 인식하고 있었다.

 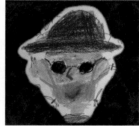

〈한국 아동의 낯선 사람 얼굴 그림〉

〈미국 아동의 낯선 사람 그림〉

출처: EBS 다큐프라임(2012. 9. 10). 아이들은 왜 낯선 사람을 따라가는가?

- 직접 도와주지 않는다고 해서 나쁜 아이가 아니므로 나쁜 사람을 따라가는 대신 도움을 줄 다른 방법을 찾도록 한다.
- 어른은 어른에게 도움을 요청해야 함을 가르쳐야 한다.

### (3) 다양한 유인 수법과 대처방법

#### ① 영유아 유괴의 수법들

유괴는 영유아를 안전하게 보호해야 할 공공의 책임을 가진 성인에 의해 저질러짐으로써 세상과 사람에 의지하고 신뢰를 배워야하는 영유아들은 큰 타격을 입게 된다. 유괴예방 프로그램을 개발하고 교육해 오고 있는 미국어린이안전관리 전문가(Child Lure Prevention)인 캔 우든(Ken Wooden)은 1981년부터 2500명을 인터뷰한 결과, 범죄자들이 아이들을 유인하는 데 몇 가지 정형화된 패턴을 사용한다는 것을 발견하였고 유괴범의 유인행동을 다음과 같이 정리하였다(EBS, 2012).

- 애정표현(Affection Lure): 아이들에게 가장된 애정이나 관심을 표현하며 이용하는 유인행동으로 아이들의 순간 판단을 흐리게 하여 유인하는 행동이다.
- 도움을 요청(Assistance Lure): 팔, 다리에 깁스를 하거나 노쇠한 모습으로 위장하여 아이들에게 도움을 요청한다. 주로 "길 좀 가르쳐 주겠니?" "데려다 줄게" 또는 어디 좀 알려 달라며 "차에 탈래?" "이 물건을 차로 옮기는 데 도와줄래?" 등의 방법으로 도움을 요청하고 아이들이 자연스럽게 차에 오르게 유인한다.
- 애완동물을 이용(Pet Lure): 주로 아이들이 좋아하는 강아지로 접근하여 "강아지 귀엽지? 귀여운 강아지 좀 돌봐 줄래?" 등으로 접근하여 유인한다.
- 선물을 이용(Bribery Lure): 아이들이 현혹되기 쉬운 물건이나 돈을 이용하여 "○○ 사 줄게. 같이 가자." 등으로 유인한다.
- 친숙한 이름을 이용(Name Recognition Lure): 잘 알고 있는 사람처럼 말하며 접근하는 방법으로 "엄마 아빠 아는 사람인데 같이 가자." 등으로 유인한다.

- 놀이친구를 가장(Friendship Lure): 놀이하는 것처럼 하면서 수갑, 밧줄 같은 도구를 사용하여 몸을 묶어 유인하거나 뭔가 쪽지를 주며 "글자 모르는데 가르쳐 줄 수 있니?" 등으로 유인한다.

이 외에도 위급상황을 가장(Emergency Lure), 장난감과 게임을 이용(Fun & Games Lure), 온라인 이용(Online Lure), 약물을 이용하여 유인하기도 한다.

② 유괴 예방·방지 대처방법

레이먼드 밀텐버거 등(Raymond G. Miltenberger, 2006)은 '실제와 같은 유괴상황을 만들어 사전에 어떠한 정보도 주지 않고 아이들이 어떻게 반응하는지'에 대한 다음과 같은 실험을 실시하였다. 그 결과 유괴에 대한 교육방법에 따라 교육효과가 매우 다른 차이를 나타냈다.

1그룹: 아무것도 가르치지 않은 그룹 ⇒ 대부분 따라갔다.
2그룹: 경찰에게 30분간 예방교육 강의를 들은 그룹 ⇒ 대부분 따라갔다.
3그룹: 예방교육 비디오를 시청한 그룹 ⇒ 절반 정도 따라갔다.
4그룹: 비디오 시청과 함께 실제 유인상황을 연습한 그룹 ⇒ 대부분 따라가지 않고 선생님께 알렸다.

이 결과에서 보면, 유괴에 대해 실제 연습을 많이 한 그룹이 실제 상황이 닥쳤을 때 제대로 대처할 수 있었다. 즉, 아이들에게 필요한 것은 낯선 사람에 대한 지식이 아니라 그들을 알아보는 판단력을 길러 주는 것이다. 따라서 영유아를 대상으로 하는 유괴 관련 교육은 역할놀이를 하며 연습하고, 자극을 강화하여 반복하는 것이며, 집단으로 모아두고 하는 교육은 시간낭비일 뿐이므로 지양해야 한다.

영유아 유괴예방을 위한 교육 내용 및 방법은 다음과 같다(국민안전처, 2017).

- 엄마, 아빠 전화번호를 반사적으로 나올 때까지 외우도록 한다.

  −자신의 이름과 나이, 주소를 기억하도록 한다.

- 집에 혼자 있을 때

  −모르는 사람이 전화를 걸면 "집에 혼자 있다."고 말하지 않는다.

  −반드시 가족에게만 문을 열어 준다. 부모 친구, 이웃사람이 와도 열어 주지 않는다.

  −택배 아저씨가 문을 열어 달라고 할 때, "지금 어른이 안 계세요. 경비실에 맡겨주세요" 하거나 경비 아저씨 등에게 전화를 걸어 도움을 요청하도록 한다.

- 낯선 사람이 아이에게 다가와서 길을 물어볼 때

  −그 자리에서 알려만 주고 따라가지 않는다. 또는 "어른에게 물어보세요." "저기 슈퍼에 가서 물어보세요."라고 말한다.

- 차에 타고 있는 사람이 "이리 와 보라."고 부를 때

  −그 사람이 팔을 뻗어도 닿지 않을 만큼 떨어져서 이야기하도록 한다.

- 낯선 사람이 차에 태워 가려고 다음과 같이 말할 때

  −"엄마께서 병원에 입원하셨어. 데려다 줄게."
  −"아빠가 바쁘셔서 아저씨가 널 데리러 왔단다."
  −"엄마가 아줌마한테 학원에서 데려다 주라고 전화하셨어."

  −"안 돼요! 싫어요!"라며 빨리 그 사람에게서 멀어져야 한다.

  −엄마, 아빠는 모르는 사람에게 아이들을 데려와 달라고 절대로 부탁하지 않는다는 것을 주지시킨다.

- 엘리베이터에서 낯선 사람과 혼자 타고 갈 때

  −잠시 내려서 다른 사람과 함께 타고 간다.

  −낯선 사람과 단 둘이 엘리베이터를 타지 않는다.

- 기타
  - 낯선 사람이 이름을 부르며 잘 아는 척 행동을 할 때 대꾸하지 않고 신속히 피한다.
  - 낯선 사람이 만지거나 강제로 같이 가자고 할 때 '도와주세요!' '살려주세요!'라고 도움을 요청한다.
  - 위급하면 큰 소리로 "살려주세요! 경찰아저씨 불러 주세요!"라고 외친다.
  - 친구가 모르는 사람에게 끌려갈 때에는 빨리 어른들에게 알려 준다.
  - 모르는 사람이 주는 돈, 과자, 음료수 등은 받지도 먹지도 않는다.
  - 어린이집, 유치원은 부모 또는 선생님하고 같이 간다. 혼자 가지 않는다.
  - 집 밖에 나갈 때에는 부모님께 꼭 누구와 어디에서 무엇을 할지 말한다. 놀이터에서 혼자 놀지 않는다.

## 2) 실종 예방 · 방지교육

영유아 실종 또는 미아 발생은 가정에서뿐만 아니라 유아교육기관 내에서나 현장학습 등에서 잠깐 동안의 관리 소홀로도 발생할 수 있으므로 영유아 실종예방교육은 미연에 방지하는 것이 중요하다. 미아방지를 위한 단계별 구호와 부모 측면, 영유아 측면에서의 안전교육방법을 제시한다(국민안전처, 2017).

### (1) 부모 측면과 영유아 측면에서의 실종 예방교육

| 부모 측면 실종 예방교육 | 영유아 측면 실종 예방교육 |
|---|---|
| • 자녀를 집에 혼자 두지 않기<br>• 항상 자녀와 함께 다니기<br>• 길잃음아동 예방용품 활용하기<br>• 자녀에 관한 정보 기억하기<br>• 자녀의 하루 일과와 친한 친구들을 알아 두기<br>• 정기적으로 자녀 사진 찍어두기 | • 영유아에게 이름과 나이, 주소, 전화번호 등을 기억하도록 가르치기<br>• 위급상황 시 대처방법을 알려 주고 충분히 연습시키기<br>• 밖에 나갈 때는 누구와 어디에 가는지 꼭 말하도록 가르치기<br>• 낯선 사람을 따라가지 않도록 주의시키기 |

## (2) 미아예방 3단계

미아예방을 위한 행동요령은 [그림 7-4]와 같다.

| 1단계: 멈춘다 | 2단계: 생각한다 | 3단계: 도움을 요청한다 |
|---|---|---|
| 아이가 일단 길을 잃거나 부모와 헤어지면 제자리에 서서 부모를 기다리게 하며 부모 역시 자녀가 사라지면 왔던 길을 되짚어 감 | • 혼자 부모님을 기다리며 서 있기란 쉬운 일이 아니지만 자신의 이름과 연락처 등을 생각하고 기다리게 함<br>• 자신의 신상명세를 기억하도록 노력하는 단계(10번씩 외우며 기다리도록 하고 부모는 빠른 시간 내에 자녀를 찾아가야 함) | • 주위에 있는 사람(아이와 함께 있는)에게 도움을 요청하도록 함<br>• 가까운 곳에 공중전화를 찾아 '긴급통화 112'를 눌러 경찰에게 도움을 요청하게 함<br>• 신분이 확인될 수 있는 건물 안 가게에 들어가 도움을 청하도록 교육하는 것이 좋음 |

[그림 7-4] 미아예방 3단계

출처: 국민안전처(2017).

# 4. 감염병 및 약물의 오용·남용 예방 등 보건위생관리 교육

국내에서 항생제 처방비율이 가장 높은 연령대가 소아이고, 실제 투약을 담당하고 있는 사람이 보호자일진대(고해영, 2009), 약물이 오용되고 남용되는 문제는 매우 심각한 안전문제가 된다. 여기서는 영유아기 약물 오남용과 관련하여 약물의 오용과 남용, 감염병 관리 교육 내용에 대해 알아본다.

## 1) 약물의 오용·남용 예방 안전교육

약이란 어떤 질환을 치료하기 위해서 사용되는 특정한 물질로서 올바르게 사용한다면 약에서 기대할 수 있는 최고의 효과를 누리면서 최소의 약물 유해반응을 기대할 수 있지만, 잘못 사용한다면 독이 될 수도 있다. 예를 들어, 항생제의 경우 일주일분을 처방받았는데 증상이 좋아졌을 때 도중에 안 먹으면 증상이 악화되어 다시 항생제를 사용하게 될 때 내성이 생겨 예전에 효과가 있었던 항생제가 효과가 없는 경우가 생긴다(식품의약품안전처, 2017). 질환에 맞게 정해진 용량 · 용법으로 필요한 기간만큼 약을 사용하는 것은 매우 중요하다.

약물을 원래의 용도가 아닌 다른 목적을 위해 부적절하게 사용하는 것이 오용이며 적당하지 않는 용도와 양의 약물을 사용하는 것이 남용이다. 약물 오남용은 '의학적인 목적이 아닌 다른 용도로 과다하거나 부적절하게, 또는 습관적으로 사용하는 행위로, 치료를 목적으로 하지 않고 감정, 행동에 변화를 일으키기 위해 약물을 부적절하게 사용하는 행위'를 의미한다(김영실, 윤진주, 김정주, 2011). 일반 약품들의 오용과 남용, 접착제나 본드류, 놀잇감 및 교구 등에 포함된 유해성 물질, 일상에서 해를 끼치는 동물이나 식물을 제거하기 위하여 사용하는 농약, 파리약, 모기약 등의 화학물질 및 물건에 윤기 나게 바르는 구두약, 술, 담배 등이 포함된다.

약물에 의한 사고는 주변에서 쉽게 일어나고 있고 특히, 6세 이하 영유아에게 흔히 발생하고 있다. 예방을 위해서는 무엇보다 주변 환경을 안전하게 마련해 주는 것이 필요하다.

## 2) 약물안전사고의 현황

### (1) 어린이 약물 오남용 사고 현황

가정이나 기관에서 사용하는 의약품이나 화학제품은 일상생활에서 밀접하게 사용되고 있으나 자칫 관리를 소홀히할 경우 어린이 중독사고 등 심각한 위험을 초래할 수 있다. 우리나라에서는 의약품에 대한 안전용기 제도 도입을 시작으로 화장품 및 가정용 화학제품 등에 '어린이보호포장제도'를 실시 중이고, 최근에는 일회용라이터까지 그 범위가 확대되었다(식품의약품안전처, 2017).

> **어린이보호포장제도**
>
> 성인이 개봉하기는 어렵지 않지만 만 5세 미만의 어린이가 일정 시간 내에 내용물을 꺼내기 어렵게 설계·고안된 포장(용기 포함)을 말함(「품질경영 및 공산품안전관리법」 제2조제11호)

어린이보호포장제도가 시행되면서 어린이중독위해 사례가 최근 3년간 감소되긴 했으나, 소비자위해감시시스템(CISS)에 따르면, 국내 어린이보호포장 적용에서 제외된 다양한 품목에서 위해성이 심각한 어린이 중독사고가 발생하고 있다.(식품의약품안전처, 2017) 최근 3년간 CISS에 접수된 어린이 약물 오남용 사고 현황은 〈표 7-4〉와 같다.

〈표 7-4〉 어린이 약물 오남용 사고 현황

| 구분 | 2012년 | 2013년 | 2014년 | 합계 |
|------|--------|--------|--------|------|
| 중독 건수 (증감률) | 388 (-) | 352 (↓9.3) | 264 (↓25.0) | 1,004 |

출처: 식품의약품안전처(2017).

## (2) 연령 및 성별 현황

연령별로는 인지능력이 떨어지는 6세 이하의 취학 전 영유아의 약물 오남용사고가 전체 어린이 중독사고의 80% 이상을 차지하였다. 특히 걸음마기(1~3세)에 발생하는 중독사고가 전체 어린이 중독사고의 절반 이상을 차지하고 있어 안전에 가장 취약한 것으로 나타났다. 성별로는 활동성이 강한 남아의 중독사고(55.5%)가 여아의 중독사고(44.5%)보다 더 높은 것으로 나타났다.

〈표 7-5〉 연령 및 성별 현황

| 구분 | | 남아 | 여아 | 합계 |
|---|---|---|---|---|
| 취학 전 | 1세 미만(영아기) | 60(52.6) | 54(47.4) | 114(100.0) |
| | 1~3세(걸음마기) | 318(52.9) | 283(47.1) | 601(100.0) |
| | 4~6세(유아기) | 75(64.7) | 41(35.3) | 116(100.0) |
| | 소계 | 453(54.5) | 378(45.5) | 831(100.0) |
| 취학 | 7~14세(취학기) | 104(60.1) | 69(39.9) | 173(100.0) |
| 합계 | | 557(55.5) | 447(44.5) | 1004(100.0) |

출처: 식품의약품안전처(2017).

## (3) 발생장소별 현황

사고 발생장소별로는 '가정'이(75.7%)로 가장 높은 비율을 차지하고 있어 보호자의 각별한 주의가 필요함을 알 수 있다.

〈표 7-6〉 사고 발생장소별 현황

| 구분 | 건수 | 비율(%) |
|---|---|---|
| 가정 | 760 | (75.7) |
| 상업시설 | 53 | (5.3) |
| 여가 및 문화놀이시설 | 24 | (2.4) |
| 교육시설 | 23 | (2.3) |
| 교통시설 | 8 | (0.8) |
| 스포츠/레저시설 | 3 | (0.3) |
| 의료서비스시설 | 3 | (0.3) |
| 기타 | 130 | (12.9) |
| 합계 | 1,004 | (100.0) |

출처: 식품의약품안전처(2017).

## (4) 위해품목별 현황

위해품목별 현황을 살펴보면〈표 7-7 참조〉, 의약품이 24.4%로 가장 높은 비율을 차지하였다. 특히 의약품에는 보호자가 매일 복용하는 만성질환 관련 의약품(혈압약, 당뇨약 등)이 포함되어 있고, 감기약, 해열제, 피임약, 안약 등도 다수 발견되어 가정 내에서 의약품 보관·관리를 철저히 해야 함을 알 수 있다. 이밖에 살충제 6.7%, 표백제 6.4%, 세탁세제 3.3% 등이 중독사고 상위품목으로 나타났고, 기타 매니큐어용품, 소독살균제, 체온계, 방습제, 손세정제, 탈취제, 식기세척용품, 담배, 방향제, 접착제, 화장품 등에 의한 중독사고도 나타났다.

〈표 7-7〉 위해품목별 현황

| 발생품목 | 건수 | 비율 | 발생품목 | 건수 | 비율(%) |
|---|---|---|---|---|---|
| 의약품 | 258 | (25.7) | 손 세정제 | 14 | (1.4) |
| 살충제 | 68 | (6.7) | 탈취제 | 14 | (1.4) |
| 표백제 | 64 | (6.4) | 식기 세척용품 | 11 | (1.1) |
| 비누, 세탁소용제 | 33 | (3.3) | 담배 | 11 | (1.1) |
| 기타 어패류, 어패류 가공식품 | 28 | (2.8) | 방향제 | 10 | (1.0) |
| 매니큐어 용품 | 22 | (2.2) | 접착제 | 10 | (1.0) |
| 소독살균제 | 18 | (1.8) | 세정제 | 9 | (0.9) |
| 체온계 | 16 | (1.6) | 화장품 | 8 | (0.8) |
| 방습제 | 14 | (1.4) | 기타 | 396 | (39.4) |
| 합계 | | | | 1,004 | (100.0) |

출처: (식품의약품안전처, 2017).

## 3) 의약품의 안전교육

영유아의 의약품 관련 안전사고는 대부분 성인의 부주의로 발생한다. 약을 먹여서 빠른 치료의 결과를 기대하다 보니 약의 부작용을 인지하지 못하는 경우가 많다.

즉, 왜 시간을 지켜 적정량을 먹여야 하고, 용량을 지켜야 하는지, 먹고 남은 약은 어떻게 보관해야 하는지 등에 대해 별다른 신경을 쓰지 않는다. 약의 올바른 사용법, 전문의약품과 일반의약품의 복용 시 안전한 사용법에 대해 알아본다(식품의약품 안전처, 2017).

### (1) 전문의약품 오 · 남용 교육

전문의약품이란 의사의 처방이 필요한 약물을 말하며 다음과 같은 내용을 확인 후 복용하도록 한다.

- 처방받은 약물은 무엇이며 어느 증상에 사용하는지
- 지금 아이가 다른 약을 사용하고 있는데 이 약이 문제를 일으키지는 않는지
- 이 약을 얼마나 자주, 오랫동안 먹어야 하는지
- 만약 아이에게 약 주는 것을 잊은 경우에는 어떻게 해야 하는지
- 약의 효과가 얼마나 빨리 나타나는지
- 부작용은 무엇인지, 아이에게 이러한 부작용이 나타나면 어떻게 해야 하는지
- 아이의 증상이 좋아지면 약을 주지 말아야 하는지

이 중 잘 모르거나 궁금한 사항이 있는 경우, 담당 의사 또는 약사에게 직접 물어 본다.

### (2) 일반의약품 오 · 남용 교육

일반의약품은 약국에서 의사 처방 없이도 구입할 수 있는 약물을 말한다. 일반의약품이라 할지라도 사용설명서에 맞게 사용해야 하며 의약품을 아이에게 복용하기 전에 다음의 정보를 확인해야 한다.

- 어느 정도의 양을 먹이는지

- 어떠한 증상에 먹이는지
- 얼마나 자주 먹이는지
- 이 약이 영유아에게 안전한지
- 알코올(alcohol) 성분이 들어 있는지

일부 기침약과 감기약에는 알코올이 함유되어 있을 수도 있으므로, 아이에게 이 약을 먹여도 되는지 약사에게 문의해야 한다.

### (3) 약품의 올바른 사용법

유아교육기관에서의 약 복용은 부모가 투약의뢰서에 동의한 내용에 한해 투약하되, 투약 후 투약 여부, 투약자를 부모에게 안내한다(투약의뢰서 필수기재사항: 투약하는 약의 종류, 용량, 횟수 및 시간, 의뢰자 확인).

〈표 7-8〉 투약의뢰서 예시

| 일자 | 아동명 | 약 종류 | 투약시간/용량/횟수 | 냉장 보관 유·무 | 의뢰자 | 서명 |
|---|---|---|---|---|---|---|
|  |  |  |  |  |  |  |
|  |  |  |  |  |  |  |
|  |  |  |  |  |  |  |

- 약물을 사용하기 전에 반드시 아이의 이름과 약물을 확인한다. 다른 사람의 약을 잘못 복용하는 것은 위험해질 수 있다.
- 약물은 처방받은 용법과 용량을 확인하고 그에 맞게 사용한다. 특별한 의사 지시가 없을 경우, 약 봉투에 적힌 용법대로 정확하게 복용한다.

- 알약을 먹기 힘들어 하거나 싫어할 경우, 약을 쪼개거나 갈아서 먹이지 않도록 한다. 특정 약의 경우, 쪼개거나 갈면, 약의 성질이 변할 수 있으므로 반드시 의사 또는 약사에게 문의한다.
- 가루약을 먹기 힘들어 할 경우, 임의로 물 이외에 우유나 주스 등 다른 단 맛을 내는 액체와 섞어서 먹이지 않는다. 특정 가루약은 다른 액과 섞을 경우 약의 성질이 변할 수 있고 약의 흡수나 배변에 영향을 미칠 수 있다.

---

### 용법이란!

- *용법은 약을 투여하는 방법을 말함. 투여경로, 투여시간, 투여 횟수 등
- 공복(식전): 음식물에 의해 영향을 받는 경우, 또는 공복에 복용함으로써 약물의 흡수도를 좋게 하여 효과를 높이기 위한 목적으로 복용

- 식후 30분: 식사에 의해 큰 영향이 없는 약물의 복용법. 약물은 일정한 혈중농도를 유지해야만 약효를 나타냄. 식사는 일정한 시간에 하게 되므로 약물을 잊지 않고 복용토록 유도하여 일정한 혈중 농도를 유지하기 위함

- 식사 직후: 음식물이 있을 경우 흡수가 잘되거나 효과가 높아지는 경우, 또는 약물이 위장장애를 유발하는 경우

−식품의약품안전처(2017).

우유나 유제품으로 약을 복용 시 약의 성분이 체내에 흡수되지 않고 배출되어 약효가 떨어지게 할 수 있고 배변활동을 촉진시키는 완화제가 장에서 작용해야 하는데 위에 산성도가 높아져 부작용을 일으킬 수도 있다. 주스의 경우도 산성 성질로 인해 원하지 않는 효과가 나타날 수 있다. 우유나 유제품, 주스 등은 약 복용 후 2시간 이후에 마시는 것이 좋으며, 먹는 약은 물과 함께 복용하는 것이 가장 좋다(식품의약품안전처, 2017).

[그림 7-5] 약은 물과 함께 먹기

- 용량은 1회 또는 1일에 투여하는 약물의 양을 말한다. 환자의 성별, 나이, 체중, 키, 신체의 기능 등에 따라 같은 질환, 같은 약물일지라도 용량이 다를 수 있다. 영유아에게 처방된 용량을 정확히 지켜서 복용하도록 한다.
- 일반의약품의 경우, 현재 영유아의 나이에 대한 용량이 없을 때 어림짐작으로 용량을 줄여 복용하지 않도록 한다. 용량이 있는 경우라도 의심이 생기면 주저하지 말고 의사 또는 약사와 상의한다.
- 복용할 시간을 놓친 경우, 생각나는 즉시 약을 복용한다. 이때 이미 다음 번 복용시간이 다 되었으면 다음 번 용량만을 복용하도록 한다.
- 1일 1회 복용할 용량은 복용량만큼만 일회용 약병을 이용하여 가져오도록 안내한다.

### 약품 용량 및 관리 소홀 사고 예

〈사례 1〉 잘못 기재된 약물 복용 용량 사례
4세반 유아의 아버지가 투약의뢰서에 1회 4㎖ 복용해야 하는 용량을 40㎖로 잘못 기록을 하고 큰 약병에 담긴 3일분의 약을 그대로 두고 갔다. 점심 식후 교사는 유아에게 약봉지에 쓰인 내용은 보지 않고 유아의 아버지가 쓴 내용대로 약을 먹였다. 귀가 시 이를 확인한 유아의 아버지는 큰 민원을 일으켰다.

〈사례 2〉 보관방법과 관리 소홀로 발생한 약물 오남용 사례
2세 여아가 어머니가 저녁식사 준비를 하는 옆에서 놀다 냉장고에 보관해 둔 아버지의 간 기능 약을 마시고 장기간 병원에 입원을 해야 했다. 평소 아버지가 약을 복용할 때 옆에서 약을 달라고 조르면 어머니가 1회용 약병에 설탕을 탄 물이나 주스를 담아 준 적이 있었다고 한다.

**의약품 십계명**

- 의사 또는 약사에게 가능한 많이 질문한다.
- 약은 꼭 필요한 경우에만 사용한다.
- 약을 사용할 경우에는, '약 사용 지시서'를 꼼꼼히 읽어 본다.
- 정해진 용량을 엄격하게 준수한다.
- 정해진 용법을 엄격하게 준수한다.
- 약의 보관법을 항상 숙지한다.
- 유통기한을 확인한 후, 유통기한이 지난 약은 즉시 버린다.
- 약 사용 후, 이상 징후가 나타났을 경우에는 신속하게 의사 또는 약사와 상의한다.
- 증세가 호전되었다 할지라도, 임의로 약 사용을 중단해서는 안 된다.
- 처방받은 약 이외의 약물을 추가로 사용하게 될 경우에는 의사 또는 약사와 상의한다.

출처: 식품의약품안전처(2017).

- 영유아는 성인의 행동을 그대로 따라 하므로 양육자는 영유아가 보는 앞에서 가급적 약을 복용하지 않는다.
- 약은 영유아의 손이 닿지 않는 곳에 안전하게 보관한다.
- 유효기간이 지났거나 잘못된 보관으로 색이나 형태가 변한 약은 복용하지 않는다.
- 먹이고 남은 약은 직사광선을 피하고 될 수 있는 한 습기가 적고 시원한 곳에 보관하여 주 성분이 변하거나 외관의 변화가 일어나는 것을 방지한다. 보관 시 약 봉투나 병, 상자에 그대로 보관해야 다른 약과 섞이는 것을 방지할 수 있다.

## 4) 생활 속에서의 화학물질 안전교육

소비자위해감시시스템(CISS)에 수집된 어린이 중
독사고 위해사례 중, 의약품 외에 어린이 중독사고
는 어린이들이 비교적 쉽게 노출될 수 있는 살충제,
표백제, 손세정제, 세정제, 접착제, 방습제, 구강청
결제, 화장품 등과 같은 화학제품을 의도하지 않은
상태에서 먹거나 흡입 또는 다른 경로를 통해 노출
됨으로써 발생하는 중독증상이 다수 나타났다. 이는

[그림 7-6] 음식물은
약병에 담지 않기

많은 부분 교사 또는 양육자가 인식하지 못하는 상황에서 위해제품의 보관이나 관
리 소홀에 기인함을 알 수 있다. 화학물질의 오남용을 예방하기 위한 지침은 다음
과 같다.

- 유해한 성분을 함유한 물질은 영유아의 손이 닿지 않는 높은 곳 또는 안전하게
  잠금장치가 된 창고 같은 장소에 보관한다.
- 식기세척기 세제와 주방용 세제는 싱크대 안 높은 곳에 영유아의 손이 닿을 수
  없는 장소에 보관한다.
- 식품용기로 사용했던 병이나 용기 속에 세제를 담아놓지 않는다. 영유아가 음식
  물로 알고 섭취할 수 있고 다른 용기에 바꾸어 넣는 것은 품질 유지 면에서도 바
  람직하지 않다.
- 케첩이나 설탕 등 먹는 음식물도 약병에 담아 사용하지 않도록 한다.
- 소꿉놀이 시 초코 볼, 미숫가루 등 음식물을 약 대용으로 사용하지 않는다. 영
  유아가 약을 먹고 싶고 맛있다고 아무 때나 먹는 것으로 인식할 수 있다.

- 모기, 벌레 등 영유아의 몸에 뿌리는 해충약의 경우 지시사항을 먼저 읽고 상처나 과민한 피부, 눈, 입, 얼굴 등에 직접 뿌리지 않도록 한다.
- 구강청결제는 의약외품으로 분류되어 어린이보호포장 대상에서 제외되어 있어 영유아도 쉽게 뚜껑을 열수 있고 쉽게 접할 수 있는 위치에 놓여 있어 영유아가 마시는 사례가 발생한다. 영유아의 손이 닿지 않는 곳에 보관한다.

---

### 구강청결제 오남용 사례

- 2012년 8월 서울에서 만 3세 남아가 구강청결제를 마시고 중독 작용으로 병원 치료받음
- 2013년 12월 서울에서 만 4세 남아가 구강청결제를 삼킨 후 복통이 발생하여 병원 치료받음

알코올이 함유된 구강청결제를 다량 삼킬 경우 알코올 급성중독처럼 중추신경계 중독될 수 있으며, 유칼립톨 오일, 티몰 등 페놀 화합물이 섞인 구강청결제를 다량 흡입한 경우에는 구토나 복통, 두통, 어지러움, 졸음 등 페놀 화합물의 중독 부작용이 발생할 수 있음(김도균, 서울대학교병원 응급의학과)

—식품의약품안전처(2017).

1. 아동학대 예방 안전교육
- 아동학대는 '보호자를 포함한 성인이 아동의 건강 또는 복지를 해치거나 정상적 발달을 저해할 수 있는 신체적, 정신적, 성적 폭력이나 가혹행위를 하는 것과 아동의 보호자가 아동을 유기하거나 방임하는 것'으로 정의한다.
- 아동학대의 유형은 신체학대(신체에 손상을 주는 행위), 정서학대(정신건강 및 발달에 해를 끼치는 정서적 학대행위), 성학대(상대방의 동의 없이 강제로 성적 행위를 하거나 성적 행동을 강요·위압하는 행위), 방임(의식주를 포함한 기본적 보호·양육 및 치료를 소홀히 하는 행위)을 말한다.
- 아동학대 조치단계는 아동의 안전 및 신병을 확보하고 아동학대 신고 → 학대의심 교직원과 피해아동 분리 → 증거자료 보존 → 현장조사 협조 → 사후관리단계로 진행된다.

2. 실종·유괴의 예방·방지교육
- 낯선 사람은 어떻게 생겼느냐가 아니라 누구든지 다가와서 도움을 요청할 수 있다는 것을 가르쳐야 한다.
- 낯선 사람이 다가와 도움을 요청할 때 그 사람이 나쁜 사람이라는 사실이 아니라 그들을 도와주기 전에 엄마 아빠 또는 학교 선생님에게 가서 물어보라고 가르쳐야 한다.
- 어른은 아이에게 도움을 요청하지 않는다는 것을 인지시키고 '어려서 도와줄 수 없으니 다른 사람에게 도움을 요청하라고' 가르쳐야 한다.
- 직접 도와주지 않는다고 해서 나쁜 아이가 아니므로 나쁜 사람을 따라가는 대신 도움을 줄 수 있는 다른 방법을 찾도록 한다.
- 어른은 어른에게 도움을 요청해야 함을 가르쳐야 한다.

# 유아교육기관 안전교육 내용 Ⅱ

**교육 내용**

• **재난대비 안전교육**
　–화재 안전교육
　–기상재해 안전교육
　–지진대비 안전교육

• **교통안전교육**
　–보행 시 안전교육
　–차량 이용 시 안전교육

이 장에서는 유아교육기관에서 다루어야 할 안전교육 중 화재, 기상재해, 지진 등 재난대비 안전교육과 교통안전교육에 대해 알아본다.

# 1. 재난대비 안전교육

인간의 생존과 재산의 보존이 불가능할 정도로 생활 질서를 위협받는 상태를 초래하는 사고 또는 현상을 재난(災難)이라고 하며, 이로 인한 피해를 재해(災害)라고 한다. 재난은 발생 원인에 따라 천재지변과 인재로 구분한다. 천재지변은 지진, 낙뢰, 태풍, 홍수, 폭설, 황사, 폭염 등으로 날씨나 지질 등 자연현상에 의해 발생하여 자연재해라고 한다. 자연재해는 인위적으로 완전히 근절시킬 수 없는 불가항력적인 재해이다. 그러나 어느 정도의 외력을 방어한 시설물의 구축, 재해 발생의 사전 예측에 따른 예방조치, 재해 발생 시의 신속한 복구대책 수립 등으로 재해를 막거나 최소화할 수는 있다.

인재는 인간의 부주의로 발생하는 사고성 재해와 고의로 자행되는 여러 가지 재난을 말한다. 인재 또한 사전에 감지하기 어렵고 감지되더라도 이미 사고가 발생하고 난 후이기 때문에 그 결과는 치명적이다.

재해는 여러 가지 원인이 복합적으로 작용하여 발생하기 때문에 그 발생원을 정확하게 예측하기 어렵고 발생 후의 피해가 매우 커서 재해가 발생한 후에 대처할 수 있는 능력을 갖추는 것이 중요하다. 따라서 영유아기 재난대비 안전교육은 재난에 대해 알고, 재난 발생 시 대처할 수 있는 방법에 초점을 두는 내용으로 다뤄져야 한다.

## 1) 화재 안전교육

화재 안전교육은 영유아가 생활 속에서 화재를 예방하고 화재 시 위험에서 안전하게 대처하고 자신을 보호할 수 있도록 화재 안전지식과 태도를 습관화하도록 교육되어야 한다. 여기서는 화재 안전교육의 필요성, 화재 시 도움을 주는 도구, 화재 안전교육으로 나누어 알아본다.

### (1) 화재 안전교육의 필요성

화재 발생의 원인은 다양하다. 사람의 부주의나 실수 또는 관리 소홀로 발생하는 '실화'가 있고, 사람이 고의로 불을 질러 건조물이나 기타 물건을 태우는 불법 행위 또는 그 자체의 화재인 '방화'가 있다. 많이 발생하는 실화로는 전기의 합선·누전·과부하·과열·정전기·용접 등으로 인한 화재, 이동식 석유난로, 보일러, 가스 및 전기난로 등 난방기기 취급 부주의로 인한 화재, 가연성 가스의 취급 부주의로 인한 화재, 담뱃불, 양촛불 등 화기취급 부주의로 인한 화재 등으로 생활 속 곳곳에 화재의 불씨가 잠재되어 있다.

이러한 화재의 발생도 문제이지만 추후의 대처방안에 따라 피해의 정도가 달라질 수 있다. 유아교육기관에서는 화재 안전사고와 예방에 대한 적절한 교육을 흉내내기가 아닌, 실제 상황처럼 반복적이고 지속적인 훈련과정을 통해 영유아에게 체화될 수 있도록 이루어져야 한다. 이렇게 함으로써 화재 발생 시 평소의 훈련대로 대피할 수 있고 화재 예방을 위한 철저한 안전의식을 갖게 될 것이다.

### (2) 화재 시 도움을 주는 기구

#### ① 소화기

화재 시 초기 진화를 위해서 소화기 구비는 필수이다. 소화기는 유류, 전기, 가스 화재 등 물로 끌 수 없는 화재의 필수품으로 일반소화기와 투척소화기가 있다. 일반소화기에는 분말·하론·이산화탄소 소화기가 있다.

분말소화기    하론소화기    이산화탄소소화기    투척소화기

[그림 8-1] 소화기 종류

이들 소화기의 기능은 〈표 8-1〉와 같다.

〈표 8-1〉 소화기의 기능

| 일반 소화기 | 분말소화기 | • 냉각효과가 있어 쉽게 불이 꺼진다. |
|---|---|---|
| | 이산화탄소 소화기 | • 모든 화재에 사용할 수 있다.<br>• 물을 뿌리면 안 되는 화재에 사용하면 효과적이다. |
| | 하론 소화기 | • 사용 후 흔적이 없고 방출할 때 물체에 손상이 없다. |
| 투척식 소화기 | | • 포말을 형성하여 진화한다.<br>• 유류성 화재 진압에 용이하게 사용될 수 있다.<br>• 투척 전 별도의 사전 작업이 요구되지 않으므로 사용이 편리하다. |

출처: 어린이안전공제회(2015).

② 자동화재 탐지시설

자동화재 탐지시설에는 화재를 자동으로 탐지하는 장치와 진화하는 장치가 있다. 자동화재 탐지장치는 화재에 의해 발생되는 열·연기·화염을 이용하여 자동으로 화재를 감지하고 벨 또는 사이렌 등의 음향장치로 화재를 조기에 경보하여 초기 진화와 피난을 가능케 하는 설비로 〈표 8-2〉과 같은 종류가 있다.

〈표 8-2〉 자동화재 탐지장치

| | 화재 감지기 | • 천장에 설치해 두고 화재를 자동으로 감지하여 경보를 하는 기구 |
|---|---|---|
| | 화재 발신기 | • 화재를 발견하면 재빨리 버튼을 눌러 다른 사람에게 불이 났음을 알리는 기구<br>• 2층 이상 건물일 때 각 층 또는 교실 내에 설치. 지구 경종이라고도 하며 각 층에 설치 |

|  | 화재 수신기 | • 각 층 또는 건물 내 화재 발생을 발신하면 본 수신기에 소리와 함께 표시가 됨<br>• 건물 내 사람이 대부분 상주하는 원장실에 주 경종을 설치하고 각 층에 지구경종을 설치 |
| --- | --- | --- |

　자동화재 진화장치는 화재 발생 시 자동으로 소화약제나 물이 확산되어 초기 화재 진화를 할 수 있는 설비로 〈표 8-3〉과 같은 종류가 있다.

〈표 8-3〉 자동화재 진화 장치

|  | 자동<br>확산소화기 | • 보일러실, 주방 등의 밀폐된 장소에 고정시켜 설치하는 소화기구<br>• 화염이나 열에 따라 자동으로 소화약제가 확산되어 소화하는 기구로 무인자동 소화가 필요한 곳에 적절 |
| --- | --- | --- |
|  | 스프링클러 | • 천장에 설치하여 불이 나면 자동으로 물을 뿌려 주어서 초기 진화를 돕는 기구 |

### ③ 비상대피 시설

　건물 내부에 있는 많은 사람이 화재 경보소리를 듣고 비상구를 이용하여 대피할 수 있도록 피난구를 안내해 주는 설치물들이다(〈표 8-4〉 참조).

〈표 8-4〉 비상대피등

|  | 피난 유도등 | • 피난 입구 위치를 알려 주는 표지<br>• 연기가 많아도 출입문이 잘 보이도록 바닥으로부터 1.5m 이상 위치에 설치 |
| --- | --- | --- |

| | | |
|---|---|---|
| | 통로 유도등 | • 구부러진 복도나 통로에서 낮게 엎드렸을 때에 통로가 잘 보이도록 바닥으로부터 1m 이하에 설치 |
| | 비상 조명등 | • 화재 시 정전이 되었을 때 작동하는 비상조명등<br>• 정전과 연기로 인해 비상출구를 찾지 못할 때 길을 비추어 주는 기구 |
| | 휴대용 조명등 | • 교실 입구에 비치해 두고 화재 대피 시 성인이 휴대하여 연기로 인해 길이 보이지 않을 때 길을 비추어 주는 휴대용 조명등 |

### (3) 화재 발생 시 행동수칙

불이 나면 누구든지 평상시보다 판단력이 떨어져 우왕좌왕하다 연기에 질식하거나 높은 데서 뛰어내려 인명 피해가 발생하기도 한다. 화재 시 언제든지 대처할 수 있는 신고-대피-대피훈련 요령을 알아보고 그 실제에 대해서는 제10장에서 다루도록 한다.

### ① 화재 신고방법

유아교육기관과 가정에서는 화재가 발생할 경우를 대비하여 소방서에 신고하는 방법을 유아에게 알려 주어야 한다. 119 신고요령은 다음과 같다(국민안전처, 2017).

• 침착하게 전화 119번을 누르고 화재의 내용을 간단 · 명료하게 설명한다(우리 집 주방에 불이 났어요. 2층 집이에요).
• 주소를 알려 준다(○○구 ○○동 ○○○번지에요/○○초등학교 뒤 쪽이에요). 긴급 상황에서는 잘 알고 있는 내용도 기억나지 않으므로 습관적으로 나올 때까지 외우게 한다.

- 소방서에서 알았다고 할 때까지 전화를 끊지 않는다.
- 공중전화는 빨간색 긴급통화 버튼을 누르면 돈을 넣지 않아도 긴급신고(119, 112 등) 통화를 할 수 있다. 휴대전화의 경우, 사용 제한된 전화나 개통이 안 된 전화도 긴급신고가 가능하다.
- 절대! 장난전화는 하지 않는다. 119는 화재신고, 인명구조, 응급환자이송 등을 요청하는 번호라는 것을 인식시킨다.

**119 신고를 습득할 때까지!**

① 수화기를 들고 119를 누름(공중전화를 이용할 때는 '긴급통화' 버튼+119를 누름)
② "집에 불이 났어요."라고 말함
③ 신고하는 사람 이름과 전화번호, 주소를 말함(주소를 모르면 주변의 큰 건물 알려 줌)
④ 전화를 받은 사람이 알겠다고 할 때까지 전화를 끊지 않음
＊비상연락처를 전화기 옆에 붙여 둠[예: 부모 휴대폰번호, 경찰서(112), 소방서(119) 등]

② 화재 대피방법

화재가 나면, 주위 사람들에게 불이 났음을 크게 소리쳐 알리고, 주변 상황을 정확히 판단해야 한다. 대피경로, 실내에 갇혔을 때, 연기가 많을 때, 몸에 불이 붙었을 때, 대피 후 대처 등으로 나누어 알아본다.

〈대피경로에 대해〉
- 불을 발견하면 '불이야!'하고 큰소리로 외쳐서 다른 사람에게 알린다.
- 화재경보 비상벨을 누른다.
- 엘리베이터는 절대 이용하지 말고 계단을 이용한다.

- 아래층으로 대피가 불가능한 때에는 옥상으로 대피 후 구조요청을 한다.
- 불길 속을 통과할 때에는 물에 적신 담요나 수건 등으로 몸과 얼굴을 감싼다.

'불이야!' 소리치기

화재발신기 힘껏 누르기

[그림 8-2] 화재 대피

〈실내에 갇혀 있을 때〉

- 건물에 갇혔을 때 침착하게 자신의 위치를 알리고 구조요청을 하여야 하며 창밖으로 뛰어 내리지 말아야 한다.
- 모포, 수건을 물에 적셔 얼굴을 가리고 몸을 보호한다.
- 연기가 방안에 들어오지 못하도록 문틈을 옷이나 이불로 막는다(물을 적시면 더욱 좋음).

[그림 8-3] 뜨거운 손잡이 잡지 않기

- 갑자기 문을 열지 말고 방문을 열기 전에 문손잡이를 만져 본다.
- 손잡이가 뜨거우면 문밖에 불길이 있으므로 문을 열지 말고 반대 방향 비상구를 이용한다.
- 손잡이를 만져 보았을 때 뜨겁지 않으면 문을 조심스럽게 열고 밖으로 나간다.
- 다른 출구가 없으면 구조대원이 구해 줄 때까지 기다린다.

〈연기가 많을 때 주의사항〉

- 화재 시 연기는 위에서 내려오고, 깨끗한 공기는 바닥 면으로부터 30~60cm사이에 있기 때문에 연기 층 아래에는 맑은 공기층이 있다. 연기가 보이면 유도등을 따라 낮은 자세로 한 손은 벽면을 짚고 대피하여 같은 장소를 맴돌지 않도록 한다.
- 연기가 많은 곳에서는 팔과 무릎으로 기어서 이동하되, 배를 바닥에 대고 가지 않도록 한다.
- 연기, 열기 속을 움직일 때는 행동을 최소한으로 하여 숨을 적게 쉬도록 노력하여 산소 소모를 줄이도록 한다.
- 연기가 많지 않을 경우에는 한 손으로는 코와 입을 젖은 수건(옷가지 등) 등으로 막아 연기가 폐에 들어가지 않도록 하며, 즉시 밖으로 뛰어나간다.

〈옷에 불이 붙었을 때〉

옷에 불이 붙었을 때는 두 손으로 얼굴을 가리고, 멈추고, 엎드려서, 바닥에 뒹군다.

[그림 8-4] 옷에 불이 붙었을 때의 행동요령

〈대피 후 행동〉

- 밖으로 나오면 건물에서 떨어져 잘 발견될 수 있는 곳이면서 바람이 불어오는 쪽에서 구조를 기다린다.
- 밖으로 나온 뒤에는 절대 안으로 들어가지 않는다.

---

**화재 대피 시 교사의 준비는!**

- 화재 발생 지점을 확인한다.
- 출입문 또는 비상구 어디든 가장 안전하고 신속하게 대피할 수 있는 곳에 유아를 서게 한다.
- 영유아는 화재 등 사고가 발생할 경우 공포에 질려 옷장, 침대 밑에 피신하는 경우가 많으므로 안전한 대피를 위해 유아의 위치를 반드시 확인한다.
- 화재가 나면 자동 정전되는 경우가 많으므로 교사는 휴대용 조명등과 출석부를 들고 영유아를 밖으로 이동시킨다.
- 어린 영아의 경우 성인의 양팔에 안거나 업고 밖으로 이동한다.
- 영유아는 소화기를 사용하지 않는다.
- 화재 시 안전한 장소로 대피하는 것이 가장 우선되어야 한다.

---

〈기타〉

- 건물에는 화재 시 피난로 유도표지와 비상등이 비치되어 있으므로 평소 등·하원 시, 실외놀이, 신체활동실, 식당 등으로 이동할 때 얘기해 주어 익숙해지도록 한다.
- 식용유에 불이 난 경우 물을 붓지 않는다. 기름의 온도가 높기 때문에 물을 붓게 되면 물이 폭발적으로 끓어 넘쳐 위험하다.

## 2) 기상재해 안전교육

기상재해는 기상요인에 의해 발생하는 재해로 태풍, 호우, 폭염, 미세먼지 등으로 나누어 안전 대비 방법을 알아본다.

### (1) 태풍

태풍은 많은 비를 동반하여 커다랗게 회전하면서 부는 강한 바람을 말한다. 건조한 육지로 상륙하면서 점차 약해지긴 하나, 이때부터 호우와 폭풍이 몰아치면서 많은 피해를 준다. 대비와 대피방법은 다음과 같다(국민안전처, 2017).

① 태풍 전
- TV나 인터넷, 라디오 등을 통해 기상 속보를 수시로 확인한다.
- 창문을 닫고, 바깥에 있는 물품을 집안으로 들여 놓는다.
- 관련 행정기관 및 원아 비상연락망을 점검하고 연락체계를 유지한다.
- 가급적 외출을 자제하되, 외출 시 물에 잠긴 도로는 가급적 피하고 조그만 개울이라도 건너지 말며 안전한 도로를 이용한다.
- 천둥 · 번개가 칠 경우 실내나 낮은 곳으로 대피한다.
- 애완동물은 공공위생을 위하여 공공 대피소에는 들어갈 수 없으므로 애완동물에 대한 대책을 미리 마련해 둔다.

② 태풍 후
- 머무른 곳이 안전한 곳이라면 태풍이 완전히 소멸되어 안전해질 때까지 그곳에 머물러야 한다.
- 담당 공무원의 지원 요청이 있기 전까지 재해 발생 현장에서 떨어져 있으면서 라디오와 TV를 계속 청취한다.
- 차량은 필요한 경우에만 운전하고 가스, 하수관, 상수관의 손상은 신고한다.

## (2) 호우

단시간에 집중적으로 많은 양의 비가 내리는 현상을 '호우'라 하며, 매우 습한 많은 수증기가 장마전선에 유입할 때 발생한다. 지형의 영향으로 국지적 특성을 띠는데 최근에는 기상이변 때문에 국지성 집중호우가 많이 발생하고 있어 이로 인해 산사태나 침수 피해 등 여러 피해가 증가하고 있다(국민안전처, 2017).

- 건물의 출입문이나 창문은 닫아 두고 물에 떠내려 갈 수 있는 물건은 안전한 장소로 옮긴다.
- 주변의 하수구와 배수구를 점검하고 파손된 상하수도나 축대 · 도로가 있으면 시 · 군 · 구청이나 읍 · 면 · 동사무소에 연락한다.
- 정전에 대비하여 손전등, 양초, 라이터 등을 준비하되, 집 안팎의 전기 수리는 하지 않는다.
- 언제든지 대피할 수 있도록 가정용 비상용품을 준비해 둔다.
- 대피할 때는 수도와 가스밸브를 잠그고, 전기 차단기를 내려둔다.
- 건물에 물이 들어오면 옥상과 같이 될 수 있는 대로 높은 곳으로 대피한다.
- 물에 잠긴 집안은 가스가 차 있을 수 있으니 환기한 후 들어가고 전기, 가스, 수도관 시설은 손대지 말고 전문업체에 수리를 의뢰한다.
- 물은 반드시 끓여 먹는다.

## (3) 폭염

매우 심한 더위를 폭염이라 하며, 낮 최고 기온이 32~33° 이상인 경우가 2일 이상 지속될 때 폭염주의보라 하고, 낮 최고 기온이 35° 이상인 경우가 2일 이상 지속될 때 폭염 경보가 발효된다. 폭염에 대비하여 유아교육기관에서는 가까운 병원의 연락처를 확인하고 영유아에게 열사병 등의 증상이 있는지 확인한다.

- 실외활동을 중단하고 실내활동으로 대체한다.
- 창문 등에 커튼을 쳐서 교실을 시원하게 유지하고 편한 복장으로 활동하도록 한다.
- 활동을 무리하게 계획하지 않는다.
- 활동 중간에 휴식시간을 갖거나 피곤해하는 영유아는 쉴 수 있도록 한다.
- 영유아의 건강상태를 수시로 확인하여 적절히 조치한다.
- 낮잠시간을 충분히 갖되, 교사들도 잠깐 쉴 수 있도록 한다.
- 물을 규칙적으로 자주 마시도록 한다.

## (4) 고농도 미세먼지

고농도 미세먼지(이하 미세먼지)는 대기 중에 떠다니거나 흩날려 내려오는 $10\mu m$ 이하의 입자상 물질을 의미하며, 입자가 미세하여 코 점막을 통해 걸러지지 않고 흡입시 폐포(뇌)까지 직접 침투, 천식·폐질환 유병률 및 조기사망률을 증가시키는 위해성이 있다(보건복지부, 2015).

「대기환경보전법」(시행령 제2조)에는 미세먼지(PM-10, PM-2.5) 농도에 따라 경보(주의보, 경보)를 발령하고 시·도지사는 법령상 경보단계별 조치사항을 이행하도록 규정하고 있다. 미세먼지 PM-10과 PM-2.5 중 더 높은 예보등급을 미세먼지 예보등급으로 1일 4회(오전 5시, 11시/오후 5시, 11시) 전국 18개 권역으로 발표하고 있다.

### ① 미세먼지 단계

| 구분 | 고농도 예보 | 주의보 발령 | 경보 발령 | 경보·주의보 발령 해제 | 사후 보고 |
|---|---|---|---|---|---|
| 유치원·어린이집 | 예보 상시 확인 행동요령 교육 대응방안 검토 | 발령상황 수시 확인 실외수업 금지(자체) 등 대응조치 실시 | 발령상황 수시 확인, 실외수업 금지(자체) 등 대응조치실시 | 해제상황 수시 확인, 실내외 환기·청소 등 실시 | 조치결과 보고 (7일 이내, 지자체) |

② 미세먼지 단계별 유아교육기관 조치사항

미세먼지 단계별 대응요령은 〈표 8-5〉와 같다.

〈표 8-5〉 고농도 미세먼지 단계별 대응요령

| 단계 | 대응요령 |
|---|---|
| 나쁨 이상 예보 | • 보호자 비상연락체계 확인<br>• 미세먼지 농도를 확인하여 기관별 어린이 보호대책 수립<br>• 영유아 · 보호자를 대상으로 실외활동 자제, 마스크 착용, 손씻기, 수분 섭취 등 안내(천식 등 환자는 의사와 상의 후 이용) |
| 주의보 · 경보 | • 실외활동(야회활동, 현장학습 등)을 실내활동으로 대체<br>• 창문을 닫아 외부의 미세먼지 유입을 차단하고, 가능한 경우 공기청정기 작동<br>• 실내청소 시 청소기 대신 물걸레를 사용<br>• 고농도 미세먼지 농도를 고려하여 수업 단축, 필요시 등 · 하원 시간 조정, 휴원 등 조치 실시<br>• 보호자 등을 대상으로 건강 유의사항 안내<br>　　-등 · 하원 시 식약처에서 인증받은 보건용 마스크 착용(천식 등 환자는 의사와 상의 후 이용)<br>　　-귀가 후 손발, 얼굴 등을 깨끗이 씻기<br>　　-물 등을 충분히 섭취 |
| 주의보 · 경보 해제 | • 기관별 실내외 방역 및 청소<br>• 미세먼지 농도가 낮은 시간에 창문을 열어 실내 환기<br>• 환자 발생 여부를 파악하여 휴식 등 적정 조치 |

출처: 보건복지부(2015).

## 3) 지진대비 안전교육

지진, 화산 활동으로 인한 재해를 지질재해라고 하는데, 여기서는 지진에 대한 안전대비를 중심으로 정리한다.

지진은 지각의 판 운동이나 화산활동에 의해 돌발적으로 일어나는 지각의 요동으로 땅이 흔들리는 현상을 말한다. 우리나라의 지진활동은 예측이 거의 불가능하고 도시의 광역화, 인구의 조밀화, 산업규모의 확대 등으로 지진에 의한 피해는 대형화되어 갈 것으로 예상된다. 여기서는 가정, 야외, 공공건물, 엘리베이터 등에서 대응할 수 있는 지진 및 지진해일 발생 시 행동요령을 보건복지부(2016)에서 제공하는 '지진 발생 시 국민행동요령'에서 요약, 제시한다.

### (1) 집안에 있을 때 지진대비

① 자신과 가족의 안전이 최우선이다. "테이블 밑에 들어가서 몸을 보호한다!"
   - 크게 흔들리는 시간은 길어야 1~2분 정도이므로 우선 튼튼한 테이블 등의 밑에 들어가 테이블의 다리를 꽉 잡고 몸을 피한다.
   - 테이블 등이 없을 때는 방석 등으로 머리를 보호한다.
   - 가구 등이 넘어지거나 떨어져 상처를 입는 일이 없도록 주의한다.

---

**지진 발생 시 유아교육기관에서의 행동요령**

1. 문이 닫히지 않도록 의자 등을 문에 받쳐 둔다.
2. 주방 가스 등을 꺼 둔다.
3. 교실 책상 밑에 들어가 다리를 붙들고 몸을 숙인다.
4. 대피장소가 없을 경우에는 방석 등으로 머리를 보호한다.
※ 창문이나 출입문, 전등 등 깨지거나 떨어지기 쉬운 물건 주위에서 떨어져 있는다.

---

② 불이 났을 경우 침착하고 빠르게 불을 꺼야 한다.
   - 대지진 발생 시는 소방차가 출동을 못하는 경우가 있어 개개인이 화재 피해를 줄이기 위해 노력한다.

**지진 발생 시 불을 끌 기회는 3번!**

- 첫 번째 기회: 크게 흔들리기 전, 흔들림이 작을 때!!!
  작은 흔들림을 느낀 순간 즉시 "**지진이다. 불을 꺼라!**"고 소리치고 사용 중인 가스레인지나 난로 등의 불을 끈다.
- 두 번째 기회: 큰 흔들림이 멈췄을 때!!!
  크게 흔들릴 때는 요리 중인 그릇 등이 떨어질 수 있어 대단히 위험하므로 큰 흔들림이 멈춘 후, 또 "**불을 꺼라!**"라고 소리쳐서 불을 끈다.
- 세 번째 기회: 발화된 직후!!!
  만일 불이 나도 1~2분 이내에는 충분히 소화할 수 있다. 바로 소화할 수 있도록 소화기나 소화용 큰 그릇을 불이 날 수 있는 근처에 항상 비치해 둔다.

③ 서둘러서 밖으로 뛰어 나가지 않는다! "집 밖은 위험이 가득, 먼저 안전을 확인!"
  - 큰 진동이 멈춘 후 여진 발생 등을 대비하여 밖으로 대피한다. 진동 중에 서둘러 밖으로 뛰어나가면 유리창이나 간판 등이 떨어져 매우 위험하므로 진동이 완전히 멈춘 후 공터나 공원 등 넓은 공간으로 대피한다.

④ 문을 열어서 출구를 확보! "비상시의 대피방법을 미리 생각해 둔다!"
  - 철근콘크리트 구조 아파트의 경우 문이 비뚤어져 갇힐 수 있다.

(2) 집 밖에 있을 때 지진대비
  - "머리를 보호하고 위험물로부터 몸을 피한다."
  - 땅이 크게 흔들려 서 있기 어려우면 무엇이든 잡거나 기대고 싶어 하는 심리가 작용하여 대문 기둥이나 담 등을 잡게 되는데, 이것들은 언뜻 보기에는 튼튼해 보이지만 사실은 매우 위험하다.

- 자동판매기 등 고정되지 않은 물건 등은 넘어질 우려가 있으므로 가까이 가지 않는다.
- 가방이나 손 등으로 머리를 보호하는 것이 가장 중요하다.
- 지진으로 흔들리고 있는 상황에서 빌딩가에 있을 때는 건물에서 멀리 떨어지거나 상황에 따라서 건물 안으로 들어가는 것이 오히려 안전할 수도 있다.
- 번화가나 빌딩가에서 가장 위험한 것은 유리창, 간판 등 낙하물이다!!

(3) 백화점이나 극장, 지하상가 등에 있을 때 지진대비
- "안내자의 지시에 따라서 행동한다! 큰 혼란을 일으키지 말고 휩쓸리지도 말자."
- 많은 사람이 모이는 곳에서는 큰 혼란이 발생될 우려가 있으니, 이러한 장소에서는 안내자의 지시에 따라서 행동하도록 한다.
- 화재가 발생하면 바로 연기가 꽉 차게 된다. 자세를 낮추면서 대피한다.

(4) 엘리베이터를 타고 있을 때 지진대비
- "안전을 확인해서 가장 가까운 층에서 신속하게 대피를! 갇혔을 경우에도 침착하게."
- 지진이나 화재 발생 시에는 엘리베이터를 사용하지 않는다.
- 엘리베이터를 타고 있을 때는 모든 버튼을 눌러, 신속하게 내린 후 대피한다.
- 만일 갇혔을 경우에는 인터폰으로 구조를 요청한다.

(5) 지하철을 타고 있을 때 지진대비
- "충격으로 몸이 넘어지지 않도록 고정되어 있는 물건을 꽉 잡자!"
- 큰 충격이 발생되므로 화물 선반이나 손잡이 등을 꽉 잡아서 넘어지지 않도록 한다.

• 섣부른 행동은 큰 혼란을 일으키므로 차내 방송 등에 따라서 침착하게 행동한다.

• 전철의 운행이 정지되었다고 해서 서둘러 밖으로 나가면 큰 부상의 위험이 있을 수 있다.

• 지하철역에서는 정전 시 곧바로 비상등이 켜지므로 서둘러서 출구로 뛰어나가는 것은 위험한 행동이다. 구내방송에 따라서 침착하게 행동한다.

[그림 8-5] 교통기관 이용 시
지진대비 모습

### (6) 자동차를 운전하고 있을 때 지진대비

• "도로의 오른쪽에 세우고 통제구역에서는 운전금지!"

• 지진이 발생하면 자동차의 타이어가 펑크 난 듯한 상태가 되어 핸들이 불안정해지며 제대로 운전을 못하게 된다. 충분히 주의를 하면서 교차로를 피해 길 오른쪽에 정차시킨다.

• 대피할 필요가 있을 때는 화재 발생 시에 차 안에 물이 들어오지 않도록 하기 위해서 창문은 닫고, 자동차 키를 꽂아 둔 채로, 문을 잠그지 말고 안전한 곳으로 신속히 피신한다.

### (7) 산이나 바다에 있을 때 지진대비

• "산사태, 절개지의 무너짐, 지진해일에 주의를!"

• 산 근처나 급한 경사지에서는 산사태나 절개지 붕괴 위험이 있으므로 안전한 곳으로 대피한다.

• 해안에서는 지진해일이 발생할 우려가 있으므로 지진을 느끼거나 지진해일 특보가 발령되면 지역의 안내방송이나 라디오 등의 정보에 따라 신속히 안전한 곳으로 대피한다.

## 2. 교통안전교육

교통수단이 다양해지고 복잡해지면서 여러 종류의 탈것들은 영유아에게 심각한 손상을 입히거나 사망에 이르게도 한다. 현재 우리나라에서 3~5세 연령의 사망원인 1위는 사고이며 사고 중에서도 교통사고가 우위를 차지한다. 교통사고를 예방하기 위해서는 이 연령부터 교통안전에 대한 올바른 습관을 들이고 바른 태도를 갖게 하는 것이 필요하다. 영유아의 교통사고는 보행 중 사고, 차량 이용 중에 발생하는 사고, 자전거와의 충돌, 길거리에서 발생하는 사고 등 여러 가지가 있다. 따라서 교통사고를 미연에 예방하고 위급 상황에 효과적으로 대처할 수 있는 능력을 기를 수 있도록 교통안전에 대한 올바른 지식과 실천적인 태도를 영유아기부터 바르게 확립해 주어야 한다.

교통안전교육의 내용은 올바른 교통안전지식, 교통관련법규 준수정신 등을 포함하여 보행 시 안전교육, 차량 이용 시 안전교육으로 구분하여 도로교통공단(2017)에서 제시한 내용을 중심으로 살펴본다.

### 1) 보행 시 안전교육

영유아는 발달특성상 상황판단 능력이 미숙하고 한 곳에만 집중하는 경향이 있어 변화된 상황에 즉각적으로 대처하지 못한다. 이러한 특성으로 인해 영유아는 항상 안전사고에 노출될 수 있다. 영유아의 보행 시 안전에 대해 영유아와 운전자의 관점의 차이를 보면 〈표 8-6〉과 같다.

〈표 8-6〉 보행 시 영유아 관점과 운전자 관점

| 영유아 관점 | 운전자 관점 |
|---|---|
| • 무단횡단이 잘못된 행동이라는 것을 모른다.<br>• 눈에 보이는 자동차만이 유일한 위험이라 생각한다.<br>• 자동차 안에 사람이 앉아 있기 때문에 자동차 형체가 사람이라고 착각한다.<br>• 자동차의 커다란 전조등이 사람의 커다란 두 눈이라 느끼기 때문에 눈을 통해 자신을 잘 보고 안전을 지켜 줄 거라 믿는다.<br>• 도로 반대편 보도에 반가운 친구나 가족이 있을 때 그쪽을 가고자 순간적으로 도로를 무단 횡단한다. | • 운전자는 정차 중인 버스 앞으로 앞지르기를 시도할 때 버스 앞에 존재하는 위험을 예측하지 못한다.<br>• 운전자는 교통상황을 주관적으로 해석하려 하기 때문에 마주 오는 차량이 도로에 존재하는 위험이 전부라 생각한다.<br>• 운전자는 바쁜 업무 중이나 심리적으로 불안정한 상태이면 위험을 고려하지 않고 운전을 한다.<br>• 대다수 운전자는 2초 이상 기다리는 것을 참지 못해 일시 정지하지 않고 바로 앞지르기를 감행한다. |

출처: 도로교통공단(2017).

### (1) 도로 및 인도 통행방법

#### ① 보도, 차도가 구분되지 않은 도로 통행방법

• 보도가 없는 이면도로는 오토바이나 자전거, 자동차 등이 함께 공유하는 공간이므로 다른 차량들의 움직임을 잘 살피며 보행한다.

• 이면도로에서는 주변건물이나 노점상으로 인해 시야 확보가 안 될 수 있으므로 길을 건널 때 반드시 좌우를 확인해야 한다.

• 특히 주 · 정차된 차량이 있는 경우 횡단하기 전 멈추어 확인하는 것을 습관화한다.

• 정차 중인 차량이 갑자기 차를 전진하거나 후진할 수 있으므로 시동이 켜 있는지를 꼭 확인한다.

[그림 8-6] 골목길에서 주위를 살피는 아이

② 보도, 차도가 구분된 도로 통행방법

- 보도가 설치되어 있는 경우, 반드시 보도로 통행하고 가급적 보도 안쪽으로 통행한다.
- 보도가 끊어지는 곳에서는 일단 멈춘 후 진행하는 차가 있는지 확인하고 건너간다.
- 교차로 곡각지점에 영유아가 서 있지 않도록 한다.
- 여럿이 함께 걸을 때는 한 줄로 걷는다.

**보도(步道, sidewalk) = 인도(人道)**

- 차도와 구분하여 보행자뿐만 아니라 유아용 및 신체 장애자용 차가 다닐 수 있는 길
- 보행자의 통행을 위하여 연석선(緣石線)이나 안전표지 등으로 차도와 구분
- 보도 경계석: 보도와 차도를 구분하기 위하여 차도와 연접하여 설치하는 것
- *영유아에게 보도를 차도와 구분하는 보도 경계석이 있음을 알려 주고 항상 보도로 다니는 것이 안전하다는 것을 알려 주어야 함

## (2) 비 또는 눈이 올 때 올바른 보행방법

비가 오거나 눈이 오는 날에는 영유아가 평소보다 교통상황에 대한 주의력이 떨어지므로 돌발적 행동을 많이 하게 된다. 비나 눈을 피하기 위해 갑자기 도로로 뛰어든다거나 보행신호를 무시하고 횡단하기도 하고 우산을 쓰고 보행할 때는 다가오는 차를 인지하지 못하게 된다. 또한 빗소리 때문에 차가 접근해 오는 것을 알지 못할 뿐 아니라 차의 경음기 소리를 듣지 못할 수도 있고, 내리는 눈을 보며 기분 좋아 장난칠 때는 교통상황 변화를 인식하지 못하게 된다. 빗길이나 눈길에서는 운전자 역시 시계가 불량하고 가시거리가 짧으며 마른 노면상태에서 운전할 때보다 차의 정지거리 또한 훨씬 길어져 사고로 이어지는 경우가 많다(도로교통공단, 2017).

① 비가 올 때 보행방법
• 우산을 숙이거나 내려쓰면 시야가 가려져 자동차 등이 잘 보이지 않으므로 주변을 잘 볼 수 있도록 올려 쓴다.

바른 모습                     바르지 않은 모습

[그림 8-7] 안전한 우산 쓰기

• 밝은 색의 옷과 신발을 착용하여 운전자가 잘 확인할 수 있게 한다. 너무 헐렁한 바지나 긴 치마는 입지 않도록 하며 바지 밑단을 모아서 장화 속에 다 들어가도록 입힌다.
• 특히 비가 오는 날은 차의 제동거리가 길어지므로 더욱 무단 보행하지 않는다.
• 보행신호가 켜졌더라도 차가 멈춘 것을 확인하고 건넌다.
• 비가 오는 날은 횡단보도에 대기 중 횡단보도 가까이 서 있을 경우, 자동차가 우산을 충격할 수 있으므로 뒤로 1~2보 떨어져 기다린다.

② 눈이 올 때 보행방법
• 눈이 올 때는 길이 미끄러우므로 차에서 멀리 떨어져 걷는다.
• 눈이 올 때는 날이 어두워지므로 노란색이나 하늘색 같은 밝은 색 옷을 입어 운전자의 눈에 잘 띄도록 한다.
• 손을 주머니에 넣지 말고 장갑을 끼도록 하고 옷을 충분히 따뜻하게 입어 움츠린 채 걷지 않는다.

- 털모자, 털목도리는 넘어질 경우 완충역할을 할 수 있어 좋지만, 두꺼운 귀마개는 차량 경적소리가 들리지 않을 수 있어 위험할 수 있다.
- 신발은 구두보다는 홈이 파인 운동화를 신는 것이 안전하며, 뛰지 말고 차를 보면서 천천히 걸어간다.

### (3) 횡단보도 건널 때 보행방법

영유아는 보행신호가 녹색이 켜지면 바로 횡단보도로 뛰어드는 행동특성이 있으며, 반면에 운전자는 보행신호가 켜지려는 순간에 서두르게 되고, 통과하고자 하는 심리가 강할수록 가속하게 되어 갑자기 뛰어나오는 보행자를 보고 브레이크를 밟더라도 차의 정지거리가 길어지며 보행자를 충격하기도 한다(도로교통공단, 2017).

[그림 8-8] 신호와 동시에 출발하는 유아

[그림 8-9]의 '차도 건너기 원칙'을 습관이 될 때까지 익힌다.

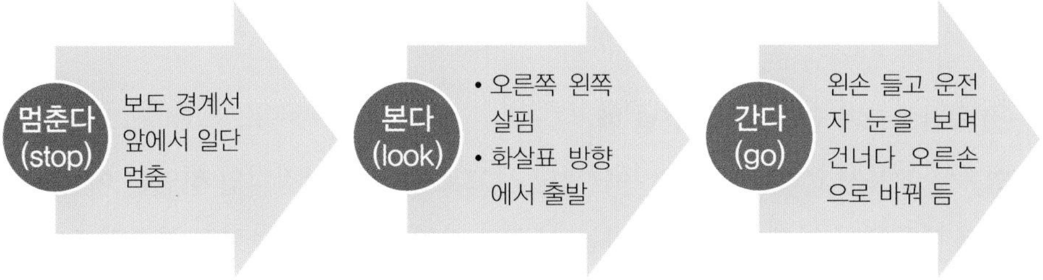

| 멈춘다 (stop) | 보도 경계선 앞에서 일단 멈춤 | 본다 (look) | • 오른쪽 왼쪽 살핌<br>• 화살표 방향에서 출발 | 간다 (go) | 왼손 들고 운전자 눈을 보며 건너다 오른손으로 바꿔 듦 |

[그림 8-9] 차도 건너기 원칙

① 신호등이 있는 횡단보도 건널 때

- 반드시 녹색신호에 건너가도록 한다.
- 횡단보도를 벗어나 건너지 않도록 하고 반 드시 횡단보도 우측으로 건넌다.
- 녹색신호가 켜지자마자 뛰어 들어가지 않 고 차가 멈추었는지 확인한다.
- 녹색신호가 깜빡일 때 무리하게 뛰어 건너 지 않는다.
- 횡단보도를 건너다 돌아온 방향으로 갑자기 몸을 돌려 뛰지 않는다.

[그림 8-10] 횡단보도 왼손 들고 오른쪽 보행

② 신호등 없는 횡단보도 건널 때

일반적으로 영유아들은 눈으로 확인된 위험만이 도로에 존재하는 모든 위험이라 느끼며, 횡단보도에 먼저 진입하면 통행우선권이 자동차보다 자신에게 있는 것으 로 믿는다.

- 영유아는 어른과 함께 건너도록 한다.
- 영유아는 횡단보도를 건널 때 절대로 뛰거나 다른 행동을 하지 않는다.
- 횡단보도를 건너는 자전거나 오토바이를 주의한다.

③ 횡단보도가 없는 길을 건널 때

영유아 교통사고의 대부분은 무단횡단 사고로 사고의 결정적인 원인은 어른들의 잘못된 행동에서 비롯된다. 영유아는 어른에 비해 위험대처 능력은 부족하지만 어른을 그대로 따라하는 모방능력만큼은 월등히 뛰어나다. 따라서 어른들이 무심코 하는 무단횡단이 영유아의 교통사고를 부추긴다는 사실을 기본적으로 인식하고 교통안전지도를 해야 한다(도로교통공단, 2017).

- 횡단시설이 없는 곳을 건널 때에는 자동차의 움직임을 잘 살필 수 있는 장소에 일단 멈춰서 주변을 살펴보고 차가 오지 않을 때 확실하게 위험을 확인하고 최단거리로 건넌다. 만일 다가오는 차가 보이면 그 차를 보낸 후에 건너야 하며 자동차의 앞이나 뒤로 건너지 않도록 한다.
- 유아기는 자동차가 멀리서 보일 때 빨리 뛰면 건널 수 있다고 판단하여 차도로 급히 뛰어드는 행동특성을 보이는 경우가 있다. 차가 멀리 보인다고 해서 바로 뛰어 건너지 않도록 지도해야 한다.

[그림 8-11] 무단횡단하는 유아

**무단횡단 사고 예**

▶사례 1
- 유아가 어린이집 통학차량에서 하차 후 급하게 달려오던 이륜차에 치여 골절됨

▶사례 2
- 하원 시 통학차량에서 하차하여 부모가 유아를 인계받아 함께 횡단보도를 건너는 도중 우회전하는 소형차에 치여 유아 발목 윗부분이 골절됨

−보건복지부 · 중앙육아종합지원센터(2016).

차량을 지도하는 교직원은 영유아가 차량의 앞, 뒤 횡단을 해야 할 경우 안전하게 횡단을 하였는지 확인 후 차량을 출발할 수 있도록 지도하며, 유아가 하차한 후 앞, 뒤 횡단을 혼자 하지 않도록 철저히 지도한다.

### (4) 교통안전표지

#### ① 신호등 신호의 의미

신호등은 색깔과 녹색 화살 표시 등의 점멸로 통행 차량이나 사람에게 정지 · 진행 등을 지시한다. 보행자 신호등에 대한 표시는 [그림 8-12]와 같다.

〈신호등〉　　〈진행〉　　〈정지〉　　〈보행자 신호의 남은 시간 체크〉

[그림 8-12] 신호등 신호의 뜻

#### ② 교통안전 표지의 의미

교통안전 표지는 안전하고 원활한 교통 소통에 필요한 규제 · 지시 · 주의 등의 정보를 그림이나 문자로 표시한 것으로 '하지 마세요'의 규제 표지, '이렇게 하세요'의 지시 표지, '주의하세요'라는 의미의 주의 표지로 나뉜다. 이들 표지판이 나타내는 의미를 정리하면 [그림 8-13]과 같다.

규제 표지판　　지시 표지판　　주의 표지판

[그림 8-13] 교통표지판 색상의 의미

〈규제 표지〉

교통표시판에서 굵은 빨간색 테두리에 대각선, 흰 바탕색은 규제 표지판이다. 도로 사용자에게 '위험하니까 다니지 마세요.'라고 알리는 뜻이 있다.

〈지시 표지〉

교통표시판에서 파란색 바탕은 지시 표지판이다. 도로교통의 안전을 위하여 필요한 지시를 하는 경우에 도로 사용자가 이에 따르도록 알리는 표지이다. 즉, '어떠어떠하게 다니세요.'라는 의미를 갖는다.

〈주의 표지〉

교통표시판에서 굵은 빨강색 테두리에 노란색 바탕은 주의 표지판이다. 도로상태가 위험하거나 도로 또는 그 부근에 위험물이 있는 경우에 필요한 안전조치를 할 수 있도록 도로 사용자에게 '위험하니까 조심하세요.'라고 알리는 의미이다.

도로에서 익숙하게 접할 수 있는 몇 가지 표지판의 의미를 정리하면 〈표 8-7〉과 같다.

〈표 8-7〉 규제·지시·주의 교통안전표지판 예

| 규제 표지 | | 지시 표지 | |
|---|---|---|---|
| | 자전거 통행금지<br>– 자전거가 다니면 안 돼요! | | 자전거 전용도로<br>–자전거만 다닐 수 있어요! |
| | 보행자 보행금지<br>통행금지구간 '다니지 마세요'! | | 보행자전용도로<br>– 보행하는 사람만 다니세요! |
| | 보행자 횡단금지<br>– 길을 건너면 안 돼요! | | 횡단보도<br>– 횡단보도로 건너세요! |

| 주의 표지 | | | |
|---|---|---|---|
|  | 도로공사 중<br>- 도로공사 중입니다! |  | 철길 건널목<br>- 철길 건널목이 있어요! |

이러한 표지판에 대한 교육은 산책이나 지역사회 활동, 실외놀이나 신체활동 시 이동하면서 자연스럽게 생활 속에서 학습이 이루어지도록 그림이나 사진자료 또는 놀잇감, 실물을 보며 항시 익히도록 한다.

## 2) 차량 이용 시 안전교육

도로에서 교통사고의 30%가 등 · 하원 길에 발생한다. 영유아가 차량에 탈 때, 어른이 안고 앞좌석에 탔다가 사고가 나면 아이는 '에어백'처럼 어른과 차체 사이에 끼여 큰 사고가 날 수 있으므로 앞좌석에는 절대 태우지 않아야 하고 뒷좌석이 가장 안전하다고 알려줘야 한다. 영유아가 차에 탈 때는 반드시 어린이용 안전의자에 앉혀야 하며 반드시 성인이 함께 탑승하고, 차에 태우고 내리는 방법을 숙지하여 지도해야 한다. 통원차량뿐 아니라 주정차 된 차량의 후면에서 놀지 않도록 하며, 차량기사는 음주, 휴대전화나 이어폰 사용 등 운전판단 능력에 영향을 미치는 행위는 하지 않아야 한다. 이와 같이 영유아가 차량을 이용할 때는 교통기관의 안전한 이용에 대한 주의사항을 이해하고 안전하게 이용하는 방법을 익히도록 해야 한다. 여기서는 차량 이용 시 안전벨트 및 카시트 사용법과 안전수칙에 대해 알아본다.

### (1) 영유아용 안전띠와 카시트 사용법(보건복지부 · 중앙육아종합지원센터, 2016)

차량에 설치된 안전띠는 어른의 체격에 맞추어 설계했기 때문에 사고가 나면 유아의 목이 졸리거나 깊은 상처를 입는 등 유아에게는 '흉기'로 작용할 수 있다. 안전

의자는 영아용(생후 1세까지), 유아용(1~4세), 아동용(4~10세)의 세 종류가 있다. 반드시 영유아 몸무게에 적합하고 안전 테스트에 합격한 안전의자를 장착해야 한다.

① 유아용 안전띠

- 안전벨트는 우리 몸을 자동차 좌석에 단단히 붙잡아 두는 기능을 하므로 자동차가 충격을 받았을 때 우리 몸이 밖으로 튀어 나가거나 차 안에서 심하게 부딪치는 것을 막아 준다. 그러나 영유아가 성인용 안전띠를 매는 경우 안전띠가 목을 압박하여 질식사할 수 있다.
- 안전띠는 영유아의 목을 가로지르지 않게 한다.
- 유아가 승용차에 탈 때에는 뒷좌석에 앉힌 후 의자에 등을 밀착시켜 바르게 앉게 한 다음에 몸에 맞도록 벨트를 맨다.
- 영아용 보호장구는 안전인증(KC)을 받고 영아에게 적합한 안전인증검사기준(W1, W2)을 충족하는 제품을 사용하고 있으며 안전인증 마크와 인증번호가 반드시 부착되어 있어야 한다(보건복지부 · 한국보육진흥원, 2017).

② 카시트의 올바른 사용법

카시트는 연약하고 성장이 진행 중인 영유아의 신체를 교통사고 시 발생하는 충격으로부터 보호하기 위하여 고안된 장치이다. 카시트의 등받이가 영유아의 머리 부분보다 높아야 하고 어깨띠가 영유아의 어깨와 같거나 높은 지점에서 나와야 한다.

[그림 8-14] 영아용 안전벨트

- 영유아의 등과 엉덩이가 카시트에 밀착되도록 바른 자세로 앉힌다.
- 영유아를 조인 카시트의 어깨끈이 헐렁하면 안전하지 않으므로 몸과 끈 사이에 손바닥 하

제8장 유아교육기관 안전교육 내용 Ⅱ

나 들어갈 만큼의 여유만 두고 끈을 몸에 맞게 조인다.

- 영유아에게 두꺼운 외투를 입힌 채 카시트에 앉히면, 안전띠가 제대로 조여 주지 못해 충돌 시 영유아가 빠져나갈 위험이 있으므로 외투는 벗기고 착용 시킨다.
- 영유아가 보호장구 안전띠의 버클을 풀어놓는 경우가 있으므로 출발 전 항상 확인한다.
- 차가 움직이는 동안은 절대로 카시트를 풀어 주지 않는다.
- 움직이는 차 속에서 카시트 위의 영유아에게 막대 사탕이나 빙과류를 주지 않는다.
- 영유아용 카시트는 되도록 뒷자리에 장착하고 카시트 착용을 습관화하도록 지도한다.

## (2) 차량 탑승 시 안전수칙

### ① 통학버스

유아교육기관에서는 가능한 차량을 운행하지 않는 것이 바람직하나, 부득이하게 차량을 운행할 경우(예: 등하원이나 견학 등)가 있다. 이때 영유아가 매일 안전점검이 이루어지는 어린이통학버스를 이용할 수 있도록 관리하고, 요건을 갖춘 운전자 및 책임 있는 성인에게 안전하게 보호받을 수 있도록 하여야 한다.

- 탑승자가 지켜야 할 안전수칙: 운전자 및 교사의 차량 운행 관련 준수사항, 영유아 안전준수사항 등이 부착되어 있어야 한다.
- 보호장구: 차량 내부에 영유아용 개별 안전띠가 있는 차량을 이용하되, 36개월 미만 영아는 영아용 보호장구를 착용해야 한다.
- 차량용 소화기, 구급상자 등이 구비되어 있고 차량안전일지를 반드시 기록해야 한다(보건복지부・한국보육진흥원, 2017).

- 차량 운행 시 운전자 외에 책임 있는 성인(원장, 교사 등)이 동승해야 한다.
- 승차할 때
  - 버스가 도착하기 전까지 도로에서 좀 떨어진 곳에서 한 줄로 서서 기다리기
  - 버스가 완전히 정차한 후, 교사가 타도 좋다는 신호를 보낼 때까지 기다리기
  - 입구의 안전 손잡이를 잡고 한 계단씩 올라가기
  - 먼저 탄 순서대로 좌석에 앉아서 안전띠 매기
- 하차할 때
  - 버스가 정차된 것이 확인되면 안전띠 풀기
  - 안전띠를 푼 후, 앞에서부터 차례대로 내리기(천천히 걸어나오기)
  - 출구의 안전 손잡이를 잡고 한 계단씩 내려가기
  - 버스에서 내린 후에는 곧바로 보도 위로 올라가기
  - 영유아가 안전한 곳으로 이동한 것을 확인하기
  - 교사는 모든 영유아가 차에서 내렸는지 차 내부 확인하고 하차하기

② 승용차
- 어린 영유아를 성인의 무릎이나 안고 타지 않는다.
- 13세 이하 어린이는 반드시 자동차 뒷좌석에 타도록 한다.
- 성인용 안전띠를 영유아에게 매게 하지 않는다.
- 영유아가 보호 장구 착용을 싫어해도 습관화 시킨다.
- 차량이 장기간 햇빛에 노출되어 있었다면 영유아를 앉게 하지 않는다.

③ 대중교통(지하철과 기차, 버스)
- 승하차 할 때
  - 성인의 손을 잡고 승차 표시가 되어 있는 위치의 안전선 안에서 기다리기
  - 지하철과 승강장 사이에 발이 빠지지 않도록 잘 살핀 후 안전하게 타고 내리기

-승강장에서는 밀고 당기는 등의 장난을 하지 않기

-내릴 때, 성인은 반드시 영유아의 손을 잡고 영유아가 먼저 승강장에 발을 디디도록 하기

-기차나 지하철이 완전히 멈춘 후, 내릴 사람이 모두 내린 후에 차례대로 타기

-내린 후 지하철에서 멀리 떨어지게 이동하기

• 객차 안에서

-문 가까이에 서 있거나 기대지 않기

-문이 열렸을 때 뛰어 나갔다 다시 들어오는 장난하지 않기

-문이 닫힐 때 손, 옷, 가방 등이 끼지 않도록 하기

-객차와 객차 사이 연결 통로에 서 있거나 돌아다니지 않기

1. 화재 대피 5계명

하나, 화재 대피용 방연 마스크, 연기 감지기, 소화기를 비치한다.

둘, 화재 경보가 울리면 숨지 말고 무조건 밖으로 탈출한다(대피장소 미리 약속).

셋, 장난감을 가지러 절대 되돌아가지 않는다.

넷, 절대로 불이 난 곳에서 전화를 하지 않는다.

다섯, 절대로 엘리베이터를 타지 않는다.


2. 폭염 시 대처요령

- 실외활동을 중단하고 실내활동으로 대체한다.
- 창문 등에 커튼을 쳐서 교실을 시원하게 유지하고 편한 복장으로 활동하도록 한다.
- 활동을 무리하게 계획하지 않는다.
- 활동 중간에 휴식시간을 갖거나 피곤해하는 영유아는 쉴 수 있도록 한다.
- 영유아의 건강상태를 수시로 확인하여 적절히 조치한다.
- 낮잠시간을 충분히 갖되, 교사들도 잠깐 쉴 수 있도록 한다.


3. 미세먼지 대처요령

- 실외활동(야외활동, 현장학습 등)을 실내활동으로 대체한다.
- 창문을 닫아 외부의 미세먼지 유입을 차단하고, 가능한 경우 공기청정기를 작동한다.
- 실내청소 시 청소기 대신 물걸레를 사용한다.
- 보호자 등을 대상으로 건강 유의사항을 안내한다(등 · 하원 시 보건용 마스크 착용, 귀가 후 손발, 얼굴 등 씻기, 물 등 충분히 섭취).

4. 지진 발생 시 행동요령

• 문이 닫히지 않도록 의자 등을 문에 받쳐둔다.

• 주방 가스 등을 꺼둔다.

• 교실 책상 밑에 들어가 다리를 붙들고 몸을 숙인다.

• 대피 장소가 없을 경우에는 방석 등으로 머리를 보호한다.

• 창문이나 출입문, 전등 등 깨지거나 떨어지기 쉬운 물건 주위에서 떨어져 있어야 한다.

# 제4부

# 안전교육의 실제

### 제9장

# 영유아 대상 안전교육의 실제

교육 내용

- **영유아 안전교육의 교수 · 학습방법**
  - 안전교육의 지도원리
  - 안전교육의 접근법
  - 안전교육 활동유형(형태)

- **영유아 안전교육 활동의 실제**
  - 재난대피훈련의 실제
  - 영아 안전교육 활동의 실제
  - 유아 안전교육 활동의 실제

영유아를 대상으로 하는 안전교육은 영유아를 사고의 위험에서 보호하는 것이 아니라 영유아 스스로 안전사고의 위험을 감지하고 그에 대처해 나갈 수 있도록 행동으로 체득하게 하는 것이어야 한다. 이를 위해 이 장에서는 안전교육에서 영아 안전교육의 방법과 유아 안전교육의 방법을 나누어 제시하고 영유아 안전교육의 실제에 대해 현장에서 다루어진 내용을 중심으로 활동을 제시한다.

# 1. 영유아 안전교육의 교수 · 학습방법

2014년 세월호 여객선 사고로 인해 학교안전사고가 국가적인 문제로 대두되면서 학교안전교육의 내용을 법률에 규정하였다(법제처, 2016). 그러나 유아교육기관에서의 안전지침을 수립하고 대책을 세우는 사람은 원장과 교사들이다. 따라서 영유아 교사는 환경 속에 존재하는 사고 위험의 근원을 파악하고 안전한 환경을 만드는 책임과 의무를 다해야 한다. 더불어 영유아의 발달특성을 인지하고 안전사고의 위험성이 보이는 행동에 노출되기 이전에 이에 적절한 안전교육을 제공함으로써 영유아기의 안전뿐만 아니라 일생을 살아가면서 필요한 안전에 대한 태도를 영유아가 기를 수 있도록 도와야 한다. 이를 위해 영유아에게 적절한 안전교육의 원리를 교사는 알아야 하고 이에 따른 다양한 안전교육의 접근방법을 알고 적용할 수 있어야 한다.

## 1) 안전교육의 지도원리

### (1) 경험의 원리

영유아는 자신의 감각과 직관적인 경험을 통해 지식과 정보를 받아들인다. 그러므로 어떤 사건이나 문제에 직면해서도 서로 다른 많은 의미와 행동이 결과로 나타날 수 있다. 유아가 컵에 담긴 우유를 들고 가다 실수로 바닥에 쏟았을 때, 휴지나 걸레를 가져와 닦으려 하는 유아가 있는가 하면, 엎지른 것에 대해 야단을 맞은 경험을 가진 유아는 울먹일 것이며, 그냥 바라보고 서 있거나 엎질렀다고 교사에게 말하는 유아도 있을 것이다. 이러한 반응들은 영유아들의 개별적인 경험에 의한 결과이며 경험이 행동의 원동력이 된 것이다. 따라서 영유아를 위한 안전교육은 안전사고의 발생 가능성이 있는 상황 또는 상황을 설정하여 영유아에게 직접적으로 의미 있는 경험을 제공했을 때 효과적이다.

예를 들어, 횡단보도를 건널 때 화살표가 있는 곳에 서서 왼손을 들고 건너야 한 다고 말로 설명한다면, 들은 말을 생각(사고)으로 이해해서 행동으로 옮기기에는 전 조작기 유아들의 발달특성상 어렵다. 직접 도로로 나가 횡단보도를 건너면서 교사 의 모델링과 함께 행동으로 해 보도록 해야 한다.

### (2) 반복성의 원리

영유아가 안전에 필요한 기본 지식을 알고, 그 아는 것을 실제 상황이 주어졌을 때 행동하기 위해서는 지속적인 학습을 통해 안전한 생활이 습관화될 때까지 반복 되어야 한다. 익숙히 잘 알고 있는 것들도 긴급 상황이나 재난 등의 상황에 부닥치 면 평소 가진 능력의 50% 정도밖에 사용할 수 없다고 한다. 안전교육은 일회적으로 해 보고 끝내는 것이 아니라 다양한 매체와 방법으로 반복적인 교육을 계획하고 교 사의 모델링으로 이루어져야 한다.

예를 들어, 화재대피 훈련을 매월 계획해서 실시하거나 부모 전화와 주소를 생각 하지 않아도 말할 수 있을 만큼 외우게 하는 것 등이다.

### (3) 구체성의 원리

영유아는 언어, 기호 등의 상징을 통한 학습보다는 구체적인 사물을 직접 제시하 거나 경험하는 것이 효과적이다. 안전교육을 위한 활동과 자료는 추상적인 언어적 설명이나 상징 같은 것보다는 사진이나 실물과 같은 구체성이 강한 사물과 몸으로 직접 체험하는 현상을 제공하는 것이 바람직하다.

예를 들어, 놀이터에서 미끄럼을 탈 때, '바르게 타자.'보다는 '미끄럼을 엎드려 타 면 다치니까 바르게 앉아서 타자.'하고 말하는 것이다.

### (4) 정확성의 원리

영유아의 학습은 모든 사물과 사건에 대한 부정확한 학습에서 보다 정확한 학습 으로, 충동적 학습에서 자기 통제적 학습으로 이루어진다(Kostelnik, Soderman, &

Whiren, 1993: 위영희 외, 2013 재인용). 영유아가 '해야 할 것'과 '하지 말아야 할 것' '좋은 것과 나쁜 것' 간에 혼란을 가져오지 않도록 명확하고 일관적인 내용으로 가르쳐야 한다(김영실 외, 2013). 영유아가 자신의 행동을 어느 정도 통제할 수 있는 연령이 3세라 한다면, 2세아는 환경에 따라 가능할 수도 있다고 한다. 따라서 유아의 경우는 안전한 행동에 대해 분명하고 명확하게 지도해야한다면, 2세 이하 영아는 상황이 주어졌을 때 교사가 모델링 보이기나 언어적 자극 등으로 일관되게 지도해야 한다.

### (5) 개별화의 원리

영유아의 개인차는 발달수준, 사전경험, 문제해결 방법, 흥미, 학습동기와 능력, 학습속도 등 다양한 측면에서 발견할 수 있다(Gardner, 1993: 손순복 외, 2015 재인용). 영유아는 연령에 따라 공통된 발달 수준을 갖는 동시에 자신을 둘러싸고 있는 주변 환경을 이해하고 표현하는 데 개인적인 특성이 매우 강하므로 안전교육 또한 개별화에 기초한 교수 · 학습으로 이루어지는 것이 바람직하다.

### (6) 흥미의 원리

영유아가 스스로 흥미를 갖고 참여하고 싶은 마음을 가질 수 있는 교구와 활동, 교수방법으로 동기를 유발해야 한다. 학습자는 교사가 하자고 하는 활동은 '공부'라고 생각하고 자신이 선택한 것은 '놀이'라 여기며 즐거운 것이라 생각한다. 영유아의 발달수준에 맞으면서 영유아가 중심이 되는 접근방법으로 교육해야 한다.

예를 들어, 교통기관 표지판을 제시해 두고 표지의 의미를 알아가기 위한 교육을 하고자 할 때, "얘들아! 이것은 어떻게 하라는 표시이니?"라고 한다면 길게 관심을 끌지 못할 것이다. 그러나 "여기 여러 가지 모양과 색깔로 된 표지판이 있네. 같은 색깔끼리 모아볼까? 빨간 색깔만 모았더니 모두 어떻게 하라고 되어 있니?"라고 한다면 놀이를 즐기면서 스스로 답을 찾아낼 것이다.

## (7) 다양성의 원리

활동, 방법, 교재 · 교구, 환경을 다양하게 마련하여 같은 활동을 해야 하는 경우에도 활동자료와 방법을 다양하게 변화시켜 활동하는 것을 말한다. 놀이활동과 일상활동, 실내활동과 실외활동, 개별활동과 집단활동, 교사선택활동과 영유아선택활동 등에서 실물자료, 시청각자료, 상상그림, 인형, 현장견학 등의 다양한 매체를 활용하여 안전교육이 이루어지도록 한다.

예를 들어, 안전 관련 동화책을 읽고 역할놀이를 해 보거나 안전체험관으로 현장견학을 다녀와서 본 것을 재현해 보는 활동을 한다.

## (8) 실제적 행동원리

머리로 익히고 인형으로 놀이하고 토의해 보는 것에서 끝나는 것이 아니라 행동으로 실제 해 보고 숙달되도록 하는 안전교육이 이루어짐으로써 영유아가 안전한 생활을 할 수 있도록 한다. 다음의 사례를 보자.

### 소방대피훈련 실제 결과의 예시

4세 여아가 2세 때부터 어린이집을 다니면서 매월 한 번씩 소방대피훈련 때마다 양말 바닥이 새까맣게 더럽혀져 귀가하자 못마땅하게 여긴 여아의 엄마는 자주 불만을 표시하였다. '소방대피훈련 할 때 양말 좀 벗으면 안 되냐. 아이들 힘들게 이렇게 추운 날씨에 왜 바깥으로 나가느냐' 등……. 어느 날 이 엄마는 여자아이와 2세인 남동생을 집에 두고, 가스레인지에 찌개를 올려 둔 채 외출을 하게 되었고, 연기가 나는 것을 본 옆집 아주머니가 엄마에게 전화를 했으며, 달려온 엄마의 눈에 두 아이는 보이지 않고 집 안에는 연기로 가득차 있었다. 상황이 종료되고 엄마가 아이에게 물었더니 "엄마 내가 동생 손잡고 불이 없는 곳으로 대피했어, 어린이집에서 해 봤어."라고 하였다.

## 2) 안전교육의 접근법

영유아 안전교육의 특성은 실습 위주의 교육이어야 함에도 대부분 강의식 교육에 의존하고 있다.

> 영아 발달특성에 맞지는 않지만 유희실 등 넓은 공간에 모여 집단 활동으로 해요……. 날짜를 정해서 다 같이요……. 0세도 같이 하는데.. 그냥 돌아다녀요. 주로 만 1세랑 만 2세만 앉아 있죠. 0세반도 안전교육한 것을 써야 하니까 그냥 같이 하는 거예요. 나중에 평가 오면 확인하기 쉬워야 하거든요. (6월 15일 권교사 면담 중)

영유아교사양성기관의 자격취득을 위한 교과목을 살펴보면, 유치원 2급 정교사 자격증 취득을 위한 기본 이수과목 중에 유아안전교육 관련 과목은 2015년부터 포함되었고, 보육교사2급 자격취득을 위한 기본 이수과목에는 포함되어 있었으나 아동안전관리 과목이 필수교과목으로 지정된 것은 2015년부터이다(보건복지부, 2015). 이러다 보니 현장을 나온 교사들은 안전교육을 교사가 아닌 전문기관에 의뢰하거나 집단형태의 이야기 나누기, 노래 부르기, 동영상 보기 등의 교수법에 집중되어 이루어지는 경향을 보이고 있다.

영유아 연령의 폭이 넓은 어린이집 교사의 경우는 안전교육에 대한 접근을 더욱 혼란스러워한다. 즉, 영유아를 위한 안전교육은 어린이집 평가인증기준에 초점을 맞추어 교통안전 몇 회, 약물 오남용 몇 회 등으로 기록에 의미를 둔 교육이 되기도 하고, 안전교육 계획을 담임교사가 아닌 전체 안전을 담당하는 교사가 계획하는 경우도 있어 보육과정과는 연계성을 갖지 못하고 분리되어 진행되기도 한다(이선영, 노상경, 곽승주, 2016).

영유아를 대상으로 하는 안전교육은 영유아 안전교육의 원리에 따라 통합적 접근에 의한, 상황에 기초한, 가정과 연계한, 전문기관 협력에 의한 안전교육으로 접근할 수 있다.

## (1) 통합적 접근에 의한 안전교육

유아교육기관에서의 교육(보육)프로그램의 운영은 주제를 중심으로 한 통합적 접근을 지향하고 있다. 교육(보육)과정의 요소(개념)를 성취하기 위해 각각의 교과로 나누어 학습하는 것이 아니라 주제와 연계된 활동을 하고 놀면서 교육의 목적을 달성한다. 안전교육 또한 이러한 전체적인 맥락하에 진행하는 통합적 접근이 더 효과적이다.

예를 들면, 주제 '교통기관'의 4주차 '즐거운 교통생활' 소주제를 진행하면서 실외놀이 활동으로 '버스를 타고 가요'를 계획할 수 있을 것이다. 버스를 타기 위해 줄을 서서 순서를 지키고, 자신이 누구 뒤에 또는 누구 앞에 서 있는지, 몇 번째 줄에 있는지 세어 볼 수 있으며, 밀치면 다친다는 것을 경험하게 될 것이다. 이를 통해 영유아는 질서와 규칙을 경험하고 수세기를 익히며 안전을 실천하는 주제 중심의 통합적 접근을 통한 학습이 이루어진다. 각 주제에 따라 중점적으로 다루어질 수 있는 안전교육의 내용을 살펴보면 〈표 9-1〉과 같다.

〈표 9-1〉 주제별 안전교육 내용 예-유아반 안전교육 계획

| 월 | 주제 | 안전 내용 | 활동명 |
|---|---|---|---|
| 3 | 유치원/어린이집과 친구 | 교통안전 | • 보행안전-횡단보도 안전하게 건너기 |
| | | 감염병 및 약물오남용 등 안전 | • 감염병 예방-손을 깨끗이 씻어요 |
| | | 놀이안전 | • 놀이기구 바르게 이용하기 |
| | | 재단대피훈련 | • 소방대피훈련(주방에서 화재) |
| 4 | 봄 | 재난대비안전 | • 봄철 황사(미세먼지) 대비 준비와 대처법 |
| | | 실종·유괴의 예방·방지 안전 | • 여러 장소-집 밖, 혼자 집에 있을 때 |
| | | 동·식물 안전 | • 곤충·꽃가루·황사로부터 안전 |
| | | 재난대피훈련 | • 소방대피훈련(생일잔치 준비 화재) |
| 5 | 나와 가족 | 교통안전 | • 자동차 승차 안전규칙(타고 내리기, 안전벨트 등) |
| | | 놀이안전 | • 놀잇감 무거운 것은 아래 칸에 정리해요 |
| | | 성폭력 및 아동학대 예방 안전 | • 다른 사람으로부터 나의 몸을 보호하는 방법 |
| | | 재난대피훈련 | • 소방대피훈련(보일러실에서 화재) |

| | | | |
|---|---|---|---|
| 6 | 우리 동네 | 감염병 및 약물오남용 등 안전 | • 친구 약은 먹으면 안 돼요 |
| | | 놀이안전 | • 운동할 때의 안전-운동놀이 시 규칙 준수 |
| | | 재난대피훈련 | • **불시대피훈련-2층 교사실 화재** |
| 7 | 건강과 안전 | 교통안전 | • 교통표지판 알기 |
| | | 재난대비안전 | • 폭염-너무 뜨거운 날 바깥에서 |
| | | 실종 · 유괴의 예방 · 방지 안전 | • 보호자와 함께 다녀야 해요 |
| | | 재난대피훈련 | • **소방대피훈련(수유실 화재)** |
| 8 | 여름 | 성폭력 및 아동학대 예방 안전 | • 나는 소중해요 |
| | | 화재안전 | • 옷에 불이 붙었어요! |
| | | 놀이안전 | • 안전하게 물놀이해요 |
| | | 재난대피훈련 | • **지진대피-건물 안에서 흔들흔들** |
| 9 | 동 · 식물과 자연 | 교통안전 | • 차도, 인도, 신호등 이용 바르게 하기 |
| | | 감염병 및 약물오남용 등 안전 | • 엄마, 아빠, 선생님 주는 약만 먹어요* |
| | | 동 · 식물 안전 | • 독성이 있는 식물은 만지면 안 돼요 |
| | | 재난대피훈련 | • **소방대피훈련(낮잠시간의 화재)** |
| 10 | 가을 | 놀이안전 | • 놀잇감 사용법을 알고 지켜요 |
| | | 실종 · 유괴의 예방 · 방지 안전 | • 아는 사람도 따라가지 않아요 |
| | | 재난대피훈련 | • **불시소방대피훈련(1층 복도 화재)** |
| 11 | 교통기관 | 교통안전 | • 겨울철 안전한 보행 |
| | | 재난대피훈련 | • **소방대피훈련(식사 중의 화재)** |
| 12 | 겨울 | 재난대비안전 | • 눈이 얼었어요. 미끄러워요 |
| | | 감염병 및 약물오남용 등 안전 | • 만지면 안 되는 것, 먹으면 안 되는 것 |
| | | 재난대피훈련 | • **소방대피훈련(2층에서 화재)** |
| 1 | 우리나라 다른 나라 | 실종 · 유괴의 예방 · 방지 안전 | • 모르는 사람이 먹는 것을 준다면 어떡해야지? |
| | | 교통안전 | • 남의 차는 타지 않아요 |
| | | 재난대피훈련 | • **지진대피-산책길에 지진대피** |
| 2 | 환경과 생활 | 성폭력 및 아동학대 예방 안전 | • 어떻게 해야 할까요? |
| | | 시설 · 설비안전 | • 콘센트를 조심해요 |
| | | 재난대피훈련 | • **지진대피-교통기관 이용 시 지진대피** |

이러한 안전교육의 많은 내용이 주제와 통합한 교육(보육)과정 운영을 통해서만 이루어지는 것은 아니다. 자칫 주제와 통합을 위해 그저 이리저리 내용을 얽혀 넣으려고 하다 보면 깊이 없고 어떤 교육적 의도도 없는, 단순히 해 보았다는 사실만을 남겨 두게 될 수도 있다. 따라서 안전에 대한 내용은 하루 일과 중 놀이나 일상활동, 현장학습 등 상황이 나타났을 때 언제든지 다루어져야 한다.

### (2) 상황에 기초한 안전교육

대부분의 유아교육기관에서는 안전교육을 비교적 열심히 실천하고 있지만 전문기관이나 전문가를 초대하거나 방문하여 실시하는 경우가 많다. 즉, 안전체험관에서 운영하는 재난안전교육을 하거나 화재 안전교육은 소방서에서 실시하는 교육에 많이 의존하여 실시하는 등 대부분의 안전교육은 일회적으로 실시되어 유아들이 화재와 관련된 지식구성과 지식을 확장하기에는 크게 부족하였다(이재연, 윤선화, 2000). 특히, 걸음마기 영아의 경우 관심과 호기심의 대상이 확대되고 팔과 손의 협응력이 발달되면서 자신의 몸이나 도구를 이용하여 사물을 탐색하기 시작한다. 이에 따라 영아의 행동 및 활동의 범위가 넓어져 안전사고의 위험성이 높아지고 (Morrison, 1998), 영아의 부주의나 과실에 의한 사고가 많은 비중을 차지하고 있으나(중앙보육정보센터, 2008), 영아를 대상으로 하는 안전교육을 어떻게 해야 하는지는 너무나 막막해한다. 교사의 면담 내용을 살펴보자.

> 연령별로 안전교육을 어떻게 해야 할지 모르겠어요. 지금 하고 있는 내용은 2세반은 그나마 따라갈 수 있겠는데……. 0세반이나 1세반은 어렵거든요. 뭘 가르쳐야 하는 건지……. 0~1세 보육과정에서는 안전하게 지내기랑 위험하다는 말에 반응을 보이고(1~2수준), 위험하다고 알려 주면 주의한다(3~4수준) 그 정도던데……. 미리 경험해 보지도 않은 아이들에게 어려운 개념을 하려니 맞는지도 모르겠고, 애들한테 도움이 되는지도 모르겠어요. 영아들이 이해를 못하니까 놀이로 생각하고 선생님이 무슨 말을 해도 아, 선생님이 얘기하나보다 우리는 그냥 논다 이런 식이니까……. 소방대피

훈련을 한다든가 "불이야 불났어. 빨리 밖에 나가자." 그래도 그냥 논다고 안 간다고 버티고 이럴 때 어려워요. 그럴 때는 그냥 무조건 밖으로 나가야 한다고 안고 나가죠. 과연 내 자신이 훈련하자고 하는 건지, 아이들한테 하는 거가 맞는지 헷갈려요(2016. 06. 20., 안 교사와의 면담 중). (이선영 외, 2016)

위 내용은 영아를 데리고 안전을 말로 가르치고 뭔가를 하려고 하는 자체가 어렵다는 것을 보여 준다.

오감각을 움직여서 정보와 지식을 알아가는 영아는 전조작기의 유아와는 분명 발달의 차이가 있으므로 영아 대상의 안전교육과 유아 대상 안전교육은 접근하는 방법이 달라야 한다. 즉, 영유아의 발달수준을 잘 알고 있는 영유아 교사들이 교육(보육)과정을 실천하면서, 영유아의 움직임과 언어적·비언어적인 표현을 지켜보며 위험할 수 있는 상황을 행동과 언어를 함께 사용하여 알리거나 스토리텔링하기, 문제해결의 기회 제공하기, 현장학습을 다녀와서 사후활동으로 시뮬레이션(시연)하기, 역할놀이하기 등의 상황에 기초한 안전교육 방법으로 접근하는 것이 바람직하다.

유아교육기관 하루일과 중 빈번하게 발생할 수 있는 시간대별 안전 내용과 접근방법을 살펴보면 〈표 9-2〉와 같다.

〈표 9-2〉 하루일과 시간대별 안전 내용의 예

| 일과 구분 | 안전 내용 | 안전교육 접근법 |
|---|---|---|
| 등·하원시간 | • 보행자 안전<br>• 자동차 안전<br>• 유괴·미아방지 안전<br>• 환경에 대한 안전<br>• 운동 안전<br>• 시설·설비 안전 | • 가정연계 안전교육<br>• 상황에 기초한 안전교육 |

| 실외활동 | • 환경에 대한 안전<br>• 운동 안전<br>• 놀이시설 안전<br>• 위생 안전<br>• 동 · 식물 · 곤충에 대한 안전<br>• 위험한 물건에 대한 안전 | • 상황에 기초한 안전교육<br>• 통합적 접근에 의한 안전교육<br>• 전문기관 협력 안전교육 |
|---|---|---|
| 전이시간 | • 시설 안전<br>• 위험한 물건에 대한 안전<br>• 위험한 장소에 대한 안전 | • 상황에 기초한 안전교육<br>• 통합적 접근에 의한 안전교육 |
| 점심 및 간식시간 | • 위험한 물건에 대한 안전<br>• 화상에 대한 안전<br>• 위생에 대한 안전<br>• 환경에 대한 안전 | • 상황에 기초한 안전교육<br>• 가정연계 안전교육 |
| 요리활동 | • 환경에 대한 안전<br>• 시설에 대한 안전<br>• 위험한 물건에 대한 안전<br>• 화재에 대한 안전<br>• 동 · 식물에 대한 안전 | • 상황에 기초한 안전교육<br>• 통합적 접근에 의한 안전교육<br>• 가정연계 안전교육 |
| 소풍 및 현장학습 | • 동 · 식물 · 곤충에 대한 안전<br>• 교통안전<br>• 위생안전<br>• 환경에 대한 안전<br>• 위험한 장소에 대한 안전<br>• 유괴 · 미아 · 성폭력에 대한 안전 | • 상황에 기초한 안전교육<br>• 통합적 접근에 의한 안전교육<br>• 전문기관 협력 안전교육<br>• 가정연계 안전교육 |

## (3) 가정연계 안전교육

　영유아기의 안전교육은 성인의 행동모방과 우연히 발생하는 학습경험을 통해 습득된다(Lynn, Marie, & Jeanettia, 2001). 부모가 길을 건널 때 횡단보도가 아닌 곳으로 무단횡단을 해 본 영유아는 이후 아무렇지도 않게 무단횡단을 하게 될 것이다. '무단횡단을 하는 것은 위험하지만 내 부모가 너무 바쁜 나머지 길을 잘못 건너는 거야.'라고 옳고 그른 것에 대한 판단은 하기 어려우나 본 것, 해 본 것을 행동으로 옮기는 것은 해 내는 연령이다. 특히, 영아기는 성인의 보호와 돌봄을 통해 안전한 생활이 보장되는 시기이므로 부모, 조부모 등 가족의 체계적 접근에 따른 안전교육이 중요하다. 영아기 안전사고의 많은 사례가 가정에서 일어나고 있는 점을 고려하여 실효성 있는 영유아 안전교육을 위해서는 가정과 연계한 교육이 실시되어야 한다. 가정연계 안전교육 활동의 예를 보면 〈표 9-3〉과 같다.

〈표 9-3〉 가정연계활동의 예

| 구분 | 활동명 | 가정연계 활동방법 |
|---|---|---|
| 부모와 등·하원 시 | • 비 오는 날 우산은 '이렇게' 써요<br>• 횡단보도로 건너야 해요<br>• 엄마, 아빠와 손을 잡고 걸어요<br>• 혼자 가지 않아요<br>• 엄마 친구가 함께 가자고 해요<br>• 바깥으로 먼저 나가지 않아요<br>• 강아지를 만나도 만지지 않아요 | • 매일 등원과 귀가를 함께 하며 상황이 발생하거나 상황을 극화하여 스토리텔링하기<br>• 유아의 경우 설정 또는 주어진 상황에서 문제해결해 보기 |
| 소풍 및 현장학습 가기 전·후 | • 버스 기다릴 때는 도로에서 떨어져 있어요<br>• 승차 시 손잡이를 잡고 타요<br>• 자리에 앉아 안전벨트를 매요<br>• 우리가 가는 곳에서 어떻게 해야 할까요?<br>• 동·식물·곤충을 만나면?<br>• 선생님이 보이는 곳에서만 놀아요<br>• 모르는 사람이 얘기를 해요 | • 학습할 장소를 인터넷 검색하며 무엇이 있는지 어떤 체험을 할 것인지 이야기 나누기<br>• 오가는 길에 일어날 수 있는 상황에 대해 자연스럽게 추측해 보고 행동요령 해 보기 |

　영유아는 위기상황에서 자신이 믿고 좋아하는 사람의 행동과 평소 익숙하게 들은 이야기대로 행동하고 선택한다. 따라서 영유아기 안전교육은 생활 속에서 안전을 실천할 때 영유아의 안전한 생활습관이 더 효과적으로 형성될 수 있을 것이다.

## (4) 전문기관 협력에 의한 안전교육

안전교육에서 일상의 환경이나 상황에서 위험을 예방하고 대처하기에는 시설이나 환경적인 요건, 전문적 기술 등이 부족하여 실제적인 훈련이 되지 못하는 경우가 있다. 지진의 감도를 몸으로 느껴보는 것이나 화재 시 연기 속을 대피하는 긴박한 느낌이나 보이지 않는 통로에서 길을 찾아 밖으로 나가야 하는 두려움과 생생함을 체험하는 것은 유아교육기관에서는 접근하기가 어렵다. 이러한 안전교육은 안전과 관련한 전문기관과 전문가의 협력으로 이루어질 수 있다. 예를 들어, 지역아동센터 전문가 초청 '아동성학대 예방'교육, 3119 구조대(에스원 삼성) 전문가 초청 화재 시 연기 속 대피훈련, 소화기 사용법, 옷에 붙은 불 끄기 교육, 어린이안전체험관 방문 교통안전교육, 시민안전체험관 방문 화재 대비, 풍수해, 지진 등 재난대피 안전교육을 실시할 수 있다. 전문기관과 연계한 안전교육 사례를 보면 [그림 9-1]과 같다.

3119 초청 '소화기 사용법' 교육

3119구조대 방문 '골절처치' 교사교육

3119 초청 '옷에 불이 붙었을 때 불 끄기'

어린이안전체험관 방문 '유아교통교육'

시민안전체험관 방문 '재난안전교육'

[그림 9-1] 전문기관 협력 안전교육 예

전문기관과의 협력을 통한 안전교육은 화재안전, 교통안전, 성교육, 심폐소생술, 재난대피 등의 내용을 다룰 수 있으며, 유아교육기관에서 사전에 신청을 하고 현장을 찾아가서 진행될 수도 있고, 전문가가 직접 유아교육기관으로 찾아와서 이루어지는 교육도 가능하다. 각 지역사회에 소재한 기관의 홈페이지에서 확인해 볼 수 있다.

### 3) 안전교육 활동유형(형태)

안전을 위한 활동은 영아의 경우, 그 연령이 갖는 특성상(의존성, 발달적 미완성) 안전한 환경이 유아보다 더 배려되어야 한다. 성인 입장에서 보면 전혀 위험요소가 없는 환경이 영아에게는 치명적인 안전사고를 일으키는 요인이 되는 경우가 있다(김현자, 신지현, 2008). 또한 영아가 불편한 정서 및 스트레스 상황에 놓이거나 하루 중 피곤하거나 기후조건과 관련해서도 안전사고가 발생하기도 한다(서울특별시, 2004). 따라서 유아교육기관에서 생활하는 영아 대상의 안전교육은 설명이나 지시 등에 의한 활동이기보다 건강한 생활태도와 습관 형성을 돕는 방법으로 실시하는 것이 보다 더 영구적인 효과를 갖게 할 것이다. 활동은 영유아의 이러한 특성이 고려되어 적절한 활동유형으로 제시되어야 한다. 활동유형은 크게 일상활동, 자유선택활동, 대·소집단활동으로 구분된다. 유아교육기관에서 이루어지는 활동들을 이에 따라 구분하면 〈표 9-4〉와 같다.

〈표 9-4〉 안전교육 활동유형(형태)

| 구분 | | 활동유형 |
|---|---|---|
| 일상생활활동 | | 등·하원, 간식 및 점심, 배변활동, 낮잠 및 휴식, 정리정돈 |
| 자유선택활동 | 영아 | 역할·쌓기놀이영역, 언어영역, 감각·탐색영역, 신체영역, 미술영역, 음률영역 |
| | 유아 | 역할놀이영역, 쌓기놀이영역, 언어영역, 수·조작놀이영역, 과학영역, 미술(조형)영역, 음률영역 |

| 대 · 소집단활동 | 유아 | 이야기 나누기, 동화 · 동시 · 동극, 음악, 신체표현, 미술, 게임, 요리 |
|---|---|---|
| 실외놀이 활동, 현장견학 | | |
| 가정 및 지역사회 연계활동 | | |

각 활동유형에서 안전교육을 위한 교사전략은 설명하기, 모델 보이기, 토의 및 문제 해결하기, 동영상 보기, 역할놀이, 시뮬레이션 등의 실제적인 방법으로 활동한다.

특히 영아의 경우, 위 활동유형에서 일상생활활동, 자유선택활동, 실외놀이 활동, 가정 및 지역사회 연계활동으로 이루어지는 것이 적합하다. 안전교육의 활동유형에 따른 활동방법을 알아보면 다음과 같다.

### (1) 이야기 나누기

유아 대상 안전교육 시 대집단 또는 소집단 형태로 모여 상호 토의를 통한 문제해결을 하고 질문해 보는 활동으로 그림, 실물, 표본, 동영상 등의 자료를 제시하여 활동하는 유형이다. 유아의 생활 주변에서 직접 경험하기 어렵거나 다루어지지 않는 사실을 전달해야 할 때 유용할 수 있으나 유아에게 스스로 사고하여 문제를 해결하는 기회를 제공하지는 못한다는 단점이 있다.

[그림 9-2] 교통안전 '이야기 나누기' 예

### (2) 문학활동

영유아가 안전 관련 내용이 담긴 동화를 듣고 동화 내용에 나오는 인물의 역할을 맡아 동극을 하며 안전을 이해하고 행동으로 실행해 볼 수 있는 유형이다. 또한 안전 관련 동시를 듣거나 동시를 직접 지어 봄으로써 안전에 관한 의식을 향상시킬 수 있다.

영아의 경우, 동화를 듣고 동화 속 캐릭터들이 어떻게 안전을 대처하는지 교사가 동화의 내용을 되짚어 주며 회상해 보거나 동화 속 등장인물을 따라 영아가 동작으로 표현해 보는 활동으로 해 볼 수 있다.

[그림 9-3] 그림동화와 손인형 성학대 예방교육

### (3) 역할놀이

가상의 상황에서 상황 속 인물을 경험해 봄으로써 역할 속 인물을 이해하는 데 도움을 주는 극화된 놀이활동이다. 영유아의 관찰력, 의사결정, 문제해결 능력, 의사소통 기술 등을 기르는 데 효과적인 방법으로, 역할놀이를 통하여 대인관계에 필요한 느낌, 태도, 기능 등을 학습하기에 적합하며 특히 낯선 사람에 대한 안전태도나 성학대 예방을 위한 안전 기술을 습득하는 데 유용하다. 특히 영유아기는 역할놀이가 가장 활발하게 이루어지는 시기이므로 안전교육의 교수방법으로 역할놀이를 적용하는 것은 의미 있는 일이다. 교사가 영유아의 친숙한 놀이에 안전과 관련된 내용을 접목시켜 유아교육기관과 가정 및 사회에서 발생할 수 있는 위험요인을 강조하여 놀이로 확장시킬 수 있다.

[그림 9-4] 약물오남용 역할놀이 예

## (4) 현장견학 및 체험활동

안전교육을 위해 안전환경이 만들어져 있는 현장으로 옮겨서 안전의 목표를 효율적으로 달성하려는 방법으로, 실제 사건이나 상황을 관찰하고 직접적인 경험을 해 봄으로써 구체적인 방법과 추상적 사고활동을 위한 기초를 마련해 줄 수 있다. 실제 상황에서 경험해 볼 수 없는 교통안전, 소방안전, 재난대피안전교육은 각 지역의 어린이 교통공원, 소방서, 시민안전체험관, 어린이안전체험관 등을 방문하여 구체적인 상황을 직접 시뮬레이션 해 봄으로써 지진, 풍수해, 연기 피난, 소화기 사용법 등 다양한 경험이 이루어지도록 할 수 있다. 유아교육기관에서는 이러한 체험활동 후 교실에서 환경을 구성하고 상황을 만들어 활동해 봄으로써 실제 현장에서 갑작스레 발생한 돌발사태에 유연하게 대처할 수 있다.

[그림 9-5] 풍수해 체험 시뮬레이션 예

**'역할놀이, 시뮬레이션, 시연' 용어 정의**

역할놀이, 시뮬레이션, 시연의 용어는 유사한 개념으로 혼용하여 사용되는데 그 뜻을 정리해 보면 다음과 같다(한국어사전).

- 역할놀이(role play): 가상의 문제 상황에서 상황 속 인물의 역할을 대신 수행해 보는 것
- 시뮬레이션(simulation): 실제 사건이나 과정을 시험적으로 재현하는 기법
- 시연(demonstration): 연극, 무용, 음악 등을 대중에게 공개하기에 앞서 시험적으로 상연하는 것.

'시연하기'는 행동을 교사가 직접적으로 보여 준다면 역할놀이는 가상의 상황을 설정하여 등장인물의 역할을 유아가 수행. 시뮬레이션은 실제 상황에서는 경험해 볼 수 없는 상황을 실제와 가장 유사한 상황과 환경을 제공하고 직접 경험할 수 있게 함으로써 실제 그러한 상황에 처했을 때 대처할 수 있는 능력을 익힐 수 있도록 돕는 방법

### (5) 일상생활 및 가정연계활동

영유아의 안전에 대한 책임과 의무가 과거에는 부모, 가족에게 있었다면, 지금은 유아교육기관 교사들의 최우선적 의무가 되고 있다. 따라서 부모 및 가족과 교사는 영유아의 연령에 근거한 안전교육이 될 수 있도록 일상생활에서 영유아의 행동을 관찰하고 이에 적절한 지도와 성인의 바람직한 모델을 보여 주어야 한다.

가정연계활동은 유아교육기관에서 실시하는 소화기 사용법이나 대피훈련, 재난 관련 활동, 일상에서 소소히 예측될 수 있는 위험한 환경과 대인관계 안전 등과 관련하여 가정에서 가족이 함께 활동해 보고 그러한 과정을 기관에 가져와서 소개하거나 전시할 수 있다. 가정연계 안전활동의 예를 들면, 매월 실시하는 소방대피훈련을 가정과 연계하여 '부모와 함께 우리집 대피로 알아보기'를 할 수 있다([그림 9-6] 참조). 또한 부모와 함께 등·하원 시, 횡단보도를 건너기 위해 기다리면서 "차가 왼쪽에서 오니까 좀 더 먼 거리에 있는 오른쪽 화살표를 따라 건너자." 또는 "운전하는

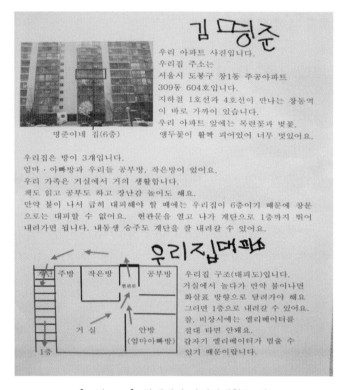

우리 아파트 사진입니다.
우리집 주소는
서울시 도봉구 창1동 주공아파트
309동 604호입니다.
지하철 1호선과 4호선이 만나는 창동역
이 바로 가까이 있습니다.
우리 아파트 앞에는 목련꽃과 벚꽃,
앵두꽃이 활짝 피어있어 너무 멋있어요.

명준이네 집(6층)

우리집은 방이 3개입니다.
엄마·아빠방과 우리들 공부방, 작은방이 있어요.
우리 가족은 거실에서 거의 생활합니다.
책도 읽고 공부도 하고 장난감 놀이도 해요.
만약 불이 나서 급히 대피해야 할 때에는 우리집이 6층이기 때문에 창문
으로는 대피할 수 없어요. 현관문을 열고 나가 계단으로 1층까지 뛰어
내려가면 됩니다. 내동생 승주도 계단을 잘 내려갈 수 있어요.

우리집대피

우리집 구조(대피도)입니다.
거실에서 놀다가 만약 불이나면
화살표 방향으로 달려가야 해요
그러면 1층으로 내려갈 수 있어요.
참, 비상시에는 엘리베이터를
절대 타면 안돼요.
갑자기 엘리베이터가 멈출 수
있기 때문이랍니다.

[그림 9-6] 화재대피 가정연계활동 예

사람이 잘 볼 수 있도록 손을 들고 건너자." 등의 방법으로 일상에서 안전을 지도해
볼 수 있다.

## 2. 영유아 안전교육 활동의 실제

영유아 안전교육의 실제에 대해서는 연령 구분 없이 공통적으로 실시해야 하는 화
재 및 재난대피훈련의 실제 계획과 실행 및 평가방법에 대한 예시를 제시하고 영아와
유아 안전교육 실제를 나누어 연간 안전교육의 예시와 활동유형별 예시를 제시한다.

## 1) 재난대피훈련의 실제

화재, 지진, 결빙, 한파, 대설 대피훈련의 실제 연간 계획과 업무 분담에 대해 살펴본다.

### (1) 재난대피 시 업무분담

재난상황 발생을 대비하여 유아교육기관 교직원은 각자 역할을 분담하고 기관에서 발생 가능한 재난에 대해 다양한 시나리오를 준비하여 실제 또는 도상훈련을 실시하여야 한다. 재난상황 업무분담 계획수립 후에는 모든 교사가 함께 공유하고 본인의 업무를 정확히 인지하도록 한다. 재난대피훈련 업무분담은 〈표 9-5〉와 같다.

〈표 9-5〉 재난 발생 시 업무 분담표 예

| 담당자 | 평상시 업무 | 화재 및 재난 발생 시 | 안전사고 발생 시 | 폭설 및 결빙 시 |
|---|---|---|---|---|
| 원장 | • 지휘명령총괄(안전관리책임자) | • 지휘명령총괄<br>• 응급기관 연락<br>• 화재, 재난장소 확인<br>• 지자체 보고 및 보고서 작성(외부) | • 지휘명령총괄<br>• 지자체 보고 및 보고서 작성(외부) | • 지휘명령총괄<br>• 지자체 보고 및 보고서 작성(외부) |
| A교사<br>(만 0세)<br>/주임 | • 소방시설유지<br>• 시설 및 설비 최종점검 | • 비상사태 시 비상벨 및 원내 전달<br>• 관계기관 통보<br>• 보고서 작성(내부)<br>• 반 대피 유도 | • 학부모와 관계기관 통보<br>• 응급처치 및 지정병원으로 긴급후송 | • 기상상황 수시파악<br>• 보육총괄<br>• 보고서 작성(내부) |
| B반 교사<br>(만 1세) | • 문서관리(연간소방교육 계획, 자체 소방 시설을 활용한 소화활동 등) | • 주요서류와 물건반출<br>• B반 대피 유도 및 최종 점검 | • 사고 문서 작성·관리(내부)<br>• 안전사고 장소 확인 및 현장 보존 | • 영아반 보육 |
| C반 교사<br>(만 3세) | • 긴급 상황 발생 시 응급처치 매뉴얼 관리<br>• CCTV 관리 | • 응급처치 및 지정병원으로 긴급후송<br>• 비상문 개방<br>• C반 대피 유도 | • 유아반 보육 | • 제설작업<br>• 미끄럼주의 표지판 설치 |

| D반 교사<br>(만 2세) | • 비상시 연락망 관리<br>• 안전관리기관 연락<br>망 관리 | • 대피 후 영유아 보육<br>총괄<br>• D반 대피 유도 | • 영아반 보육 | • 제설작업<br>• 미끄럼주의 표지판<br>설치 |
|---|---|---|---|---|
| E반 교사<br>(만 4~5세) | • 현관, 화장실 등<br>관리<br>• 가스, 보일러, 전기<br>관리 | • 구급약품관리<br>• 현관(비상)문 개방<br>• E반 대피 유도 | • 안전사고 장소 확인<br>및 현장 보존 | • 유아반 보육 |
| 취사원 | • 조리실 점검<br>• 가스, 보일러, 전기<br>점검 | • 대피 유도/보육보조<br>• 가스 차단<br>• 전기 차단 | • 보육업무 보조 | • 비상식량 확인<br>• 난방(보일러)시설<br>확인 |

출처: 보건복지부(2016).

## (2) 재난대피훈련 연간계획

유아교육기관 비상대응에 근거하여 소방 대피, 지진 대피, 폭설대비훈련을 포함한 다양한 유형의 재난대비훈련을 매월 1회 이상 실시할 수 있도록 연간 대피훈련계획(훈련시기, 훈련 주요내용, 재난 종류)을 수립하여 실행하고 그 결과를 평가하여 기록해 둔다. 연간 재난대피훈련 계획의 예를 제시하면 〈표 9-6〉과 같다.

〈표 9-6〉 재난대비훈련 연간계획 예

| 월 | 재난종류 | 발생장소 | 발생시각 | 대피훈련 시나리오 내용 | 비고 |
|---|---|---|---|---|---|
| 3 | 화재 | 교사실 | 10:00 | 교사실에서 교사 컴퓨터 과부하에 의한 화재발생으로 대피 | |
| 4 | 화재 | C반 | 11:00 | C반 교실 공기청정기 콘센트에서 스파크 발생으로 대피 | |
| 5 | 화재 | 화장실 | 10:30 | 화장실 칫솔소독기에서 누전으로 화재발생으로 대피 | |
| 6 | 지진 | 전체 | 10:00 | B반 교실에서 먼저 흔들림 감지하여 전체에게 알리고 대피 | |
| 7 | 화재<br>폭발 | 보일러실 | 불시 | 어린이집 보일러실 가스 누출 후 폭발위험으로 대피 | |
| 8 | 화재 | D반 | 11:30 | D반 교실에서 타는 냄새가 지속되어 대피 | |
| 9 | 지진<br>화재 | 전체 | 12:00 | 어린이집이 흔들리고 전기 합선위험으로 인한 화재발생으로 대피 | |

| | | | | | |
|---|---|---|---|---|---|
| 10 | 화재 | 화장실 | 10:30 | 화장실 세탁기 내부에 습기로 인해 누전으로 발생한 화재로 대피 | |
| | 결빙 한파 | 전체 | 15:00 | 한파가 2일 동안 계속되고 밤 사이 눈이 내려 어린이집 앞이 얼어붙은 상황 | |
| 11 | 지진 | 전체 | 불시 | 어린이집 창문의 흔들림을 감지하여 대피 | |
| 12 | 화재 | C반 | 11:00 | C반에서 생일잔치 중 촛불로 인한 화재 발생으로 대피 | |
| | 대설 | 전체 | 16:00 | 등원 후 눈이 내려 5cm 두께의 눈이 쌓이고 눈이 오는 상황 (대설주의보) | |
| 1 | 화재 | 조리실 | 10:30 | 조리실 점심식사 준비 중 화재 발생으로 대피 | |
| 2 | 지진 | 전체 | 11:00 | 보육실의 놀잇감이 심하게 흔들림을 감지하여 대피 | |

출처: 보건복지부(2016).

### (3) 화재대피훈련 실제

재난대비훈련 중 가장 밀접하게 관련되는 화재대피훈련의 실제에 대해 제시한다. 영유아 교사는 대피훈련 전에 반드시 교사회의를 갖고 훈련의 일정과 방법을 논의하여 계획한 후 실행한다. 화재대피훈련을 위한 자체 소방대 조직, 연간 화재대피훈련 계획, 실행, 평가의 순으로 알아본다.

### ① 자체 소방대 조직표: 비상시 업무 분담

각 유아교육기관에서는 자체 소방대를 조직하여 비상시 다음의 임무를 성실히 수행한다. 교사는 담당 영유아를 안전하게 대피시키는 것이 최우선되어야 한다. 간단한 소방 조직표 예를 보면 〈표 9-7〉과 같다.

〈표 9-7〉 자체 소방대 조직표 예

| 반별 | 담당 | 임무 | 담당 |
|---|---|---|---|
| 통보 연락반 | 훈련담당 | 연간 및 월간 소방훈련 계획 수립 및 실시 | 안전담당자 |
| | 경보담당 | 119신고 및 구내전파, 관계기관에의 통보, 질식 중경상자의 응급처치 | 원장 |

| 초기 | 소화담당 | 자체 소방시설을 활용한 소화활동 | 조리사 |
| 소화반 | 급수담당 | 소방용수의 보존과 급수활동 | 사무원 |
| 방호<br>복구반 | 대피담당 | 영유아의 안전한 대피 유도 | **전체** 교사 |
| | 경계담당 | 비화경계, 반출물건의 경비, 출입자 통제, 관설 소방대 유도 | 원장, 교직원 |
| | 방호복구 담당 | 방화문 폐쇄, 기타 문의 개방, 가스, 위험물 등 소방활동상의 장애물 제거와 복구 | 안전담당자 교직원 |

② 화재대피훈련 연간계획

연간 화재대피훈련은 지진, 풍수해 등 재난대피훈련을 포함하여 반드시 월 1회 이상 계획하여 실시하고 그 결과를 평가하여 보관한다. 그 예를 보면 〈표 9-8〉과 같다.

〈표 9-8〉 소방대피훈련 연간계획 예

| 월 | 상황설정 | 시간 | 내용 | 대상 |
|---|---|---|---|---|
| 3 | 2층 달님반 | 11:00 | • '비상구' 찾아 대피하기<br>• 기본 대피요령: 자세를 낮추고, 호흡기를 옷으로 가림 | 영유아<br>교직원 |
| 4 | 3119초청<br>교육 | 10:00~<br>12:00 | • 소방대 초청 교육 및 대피훈련(연기 피난 대피)<br>• 화재발생 위치에 따른 빠르고 안전한 대피경로 및 대피요령 자문받기(교직원 교육)<br>• 소화기 사용법(유아, 교직원) | 영유아<br>교직원 |
| 5 | 보일러실 | 11:00 | • 단체 이동 시 질서 유지하며 대피하기<br>• 비상계단 통해 대피 시 랜턴 사용 | 영유아<br>교직원 |
| 6 | 사무실<br>(부모 함께) | 17:00 | • 하원시간에 부모님과 함께 대피상황 훈련<br>• 화재 발생 훈련, 소화기 사용에 대한 부모교육 | 영유아<br>교직원<br>부모 |
| 7 | 주방 | 9:30 | • 2, 3층 유아들은 옥상에서 구조 요청 | 영유아<br>교직원 |

| 7 | 교직원 응급처치 | 14:30~ 17:00 | • 장소: 3119 회의실<br>• 교육내용: 기도 폐쇄 및 심폐소생술 | 교직원 |
|---|---|---|---|---|
| 8 | 3층 교재실 | 15:00 | • 낮잠시간에 대피해 보기 | 영유아 교직원 |
| 9 | 시민안전체험관에서 훈련 | 현장학습 | • 소방대피훈련<br>• 소화기 사용법<br>• 재난대피훈련(풍수해, 지진 등) | 영유아 |
| 10 | 별님반 출입구 밖 | 10:30 | • 교실 안으로 연기가 들어오지 않도록 수건 등으로 막기 | 영유아 교직원 |
| 11 | 불시 훈련 | - | • 상황 설정 없이 불시에 소방훈련 실시 | 영유아 교직원 |
| 12 | 소방서 방문 대피훈련 가정연계 | 현장학습 | • 소방서 견학에서 소방대피훈련<br>• 추후 활동: 가정에서 화재 발생 시 대피하는 방법 가족-유아활동(가정 안전수칙 체크리스트 배부) | 영유아 교직원 가정 |
| 1 | 반별 대피훈련 | 오전 중 | • 각 반별 상황 설정하여 대피훈련 | 영유아 교직원 |
| 2 | 반별 대피훈련 | 오전 중 | • 각 반별 상황 설정하여 대피훈련 | 영유아 교직원 |

③ 화재대피훈련 시나리오 작성

화재대피든 기타 재난 대피든 훈련을 위해서는 실제와 같은 상황을 설정하고 실전처럼 이루어져야 한다. 그러기 위해서는 각각의 상황에 알맞은 시나리오가 필요하다. 시나리오 작성법은 다음과 같다.

• 훈련 전 점검: 훈련실시 전 안전관리책임자는 회의 시 또는 문서로 화재발생장소, 재난 시 업무분담 숙지, 대피로 동선 파악, 소화기 위치 파악, 유아교육기관 앞 표지판 부착(비상대피훈련 중-집결지 안내) 등에 대해 협의하고 안내한다. 대피경로에 따라 안전요령이 다를 수 있다.

- 화재 발생 시간 및 상황: 하루 일과 중 언제, 어디에서 무슨 활동을 하고 있는 상황에 어디에서 불이 났는지 상황을 설정한다. 본 예시에는 오후 5시 실외놀이터 놀이를 하거나 오후 실내자유놀이 상황에서 2층에 위치한 교사실에서 화재가 발생한 것으로 설정하였다.
- 훈련 절차: 어떤 순서로 진행되는지 그 절차를 한눈에 볼 수 있도록 정리한다.
- 시나리오 세부내용 : 화재를 발견하고 대피완료까지의 행동요령을 제시한다.
  - 화재 발견: 가장 먼저 화재를 발견한 사람(미리 지정하거나 불시로 그 시간에 지나가는 사람으로 설정)은 "불이야!" "교사실에 불났어요."라고 장소까지 알리며 2층 복도에 설치되어 있는 지구경종을 힘껏 누른다. 시설에 지구경종이 설치되어 있지 않다면 큰 소리로 외쳐 알린다. 소화담당은 소화기로 초기 진압을 실시한다.

[그림 9-7] 소화기로 초기 진압　　[그림 9-8] 주 경종(수신기)으로 전체 알림

  - 본부(원장실)에 설치된 주 경종(수신기: 항상 사람이 상주하는 곳에 설치)을 조작하여 전체 건물에 알린 후 119에 신고한다. 이때 직접 하지는 않으나 하는 것처럼 매번 다음과 같이 연습한다.

> **＊119 전화요령 예 - 정확하고 침착하게**
> 여기는 ○○구 ○○동 ○○번지 (○○)어린이집 건물 2층에서 불이 났습니다."(주소)
> 저는 원장 ○○○입니다. 전화번호는 010-○○○○-○○○○입니다.(신고자/전화번호)
> (무선 전화일 때는 기관번호를 알려 주고 전화기는 들고 다닌다.)
> 컴퓨터에서 화재가 발생했는데 어린이 100명과 성인 ○○명이 있습니다.(장소/사람 수)

- 담임교사는 출석부, 휴대용 조명등, 구급약품을 소지하고 영유아들을 교실 입
  구에 집결시킨다(아이들만 먼저 나가게 하지 않는다). 영유아가 책상 밑, 사물함,
  화장실 등에 숨었는지 교실 곳곳을 살핀다.
- 교사가 앞장서서 유도등 불빛을 따라 영유아가 놀라지 않도록 침착하고 신속하
  게 대피한다.
- 교사와 유아들은 입을 막고 포복자세로 몸을 낮추고 유도등 불빛을 따라 대피한
  다. 이때 사전에 협의된 대피로로 대피한다. 화재 발생 장소에 따라 신속하고 안
  전하게 대피할 수 있는 통로여야 하므로 대피로가 항상 같은 곳일 수 없다. 〈표
  9-9〉 시나리오에서 보면 같은 1층에 위치해 있지만 대피로가 다르고 2층에 위
  치한 해님반은 1층으로 대피하여 2층 비상계단으로 몰림을 방지하여 혼란과 안
  전문제를 해결하고자 하였다.

영아 낮잠 시 입을 가리고 대피하는 모습

가장 안전하고 신속한 중앙계단으로 대피

0세반의 경우 안거나 팔에 끼고 대피

대피로 쪽 화재 시 옥상으로 대피, 구조 요청

[그림 9-9] 다양한 대피로로 대피하는 모습

- 모든 영유아와 성인이 건물 밖으로 나와 건물과 먼 곳이면서 도로를 건너지
  않는 쪽으로 집결한다.
- 각 담임교사는 대피상황(안전)과 영유아 명단을 확인하여 즉각 안전관리자
  (원장)에게 보고한다.
• 대피종료: 안전관리자는 대피결과를 확인하고 방호복구를 지시한다. 대피 후
  방호복구 임무를 수행한다. 게시판, 가정통신문, 연락장, 홈페이지 안내 등을
  통해 부모에게 끝났음을 알린다.

④ 화재대피훈련하기

화재대피훈련 시나리오에 근거하여 직접 계획하고 실행하여 평가한 시나리오는
〈표 9-9〉와 같다.

〈표 9-9〉 화재대피훈련 시나리오 예

| 훈련명 | 화재대피훈련 | 훈련일 | 6월 20일 |
|---|---|---|---|
| 참가자 | 영유아/부모/교직원 | 시간 | 17시 00분 |
| 훈련 목적 | 화재발생 시 안전한 대피훈련을 통해 실제 상황에서 올바르게 대피할 수 있다. | | |
| 설정 상황 | • 각 반에서는 실외놀이터 놀이를 하거나 오후 실내자유놀이 상황에서 2층에 위치한 교사실에서 화재 발생<br>• 부모가 가장 많이 방문하는 시간대에 대피훈련 계획(사전 가정통신문 안내) | | |
| 훈련 전 점검 | 훈련계획의 내용 숙지, 재난 시 업무분담 숙지, 대피로 동선 파악, 소화기 위치 파악, 어린이집 앞 표지판 부착(비상대피훈련 중 - 집결지 안내) | | |
| 훈련 절차 | '불이야' 경종 울림 → 본부 주경종 조작 전체 알림 → 119 신고 → 대피경로로 대피 → 대피장소 집결(영유아 인원 체크) → 안전책임자에게 보고 → 부상자, 사상자 확인 및 응급처치→ 훈련 종료 → 부모에게 연락(홈페이지, 가정통신문, 연락장) | | |

| | 구분 | 내용 | 담당 |
|---|---|---|---|
| 시나리오 세부 내용 | 화재 발견 초기진압 | • '불이야!' '교사실에 불났어요!' 2층 복도 지구경종 누름<br>• 소화담당 조리사 소화기로 초기진압 준비 | 화재 발견자 조리사 |
| | 전체 알림 | 수신기로 전체 건물에 알린 후 119 신고 | 원장 |
| | 대피 시작 | • 담임교사는 출석부, 휴대용조명등, 구급약품 소지하고 영유아들을 교실 입구에 집결(아이들만 먼저 나가게 하지 않음) 영유아가 책상 밑, 사물함, 화장실 등에 숨었는지 확인 | 교사 영유아 |
| | 대피방법 | • 교사가 앞장서서 유도등 방향을 보며 "오른쪽으로 가라고 표시되어 있지?" 등 표시를 알리며 대피<br>• 옷을 당겨 교사와 유아들은 입을 막고 포복자세로 몸을 낮추고 사전에 협의된 대피로로 대피 | 교사 영유아 부모 |
| | 대피로 | • 각 반별 대피경로<br>-별님반(1층): 교사가 양팔에 안거나 잡고 현관으로 나와 건물에서 떨어진 실외놀이터 끝에 모임<br>-달님반(1층): 교실 반대쪽 비상문을 통해 실외놀이터로 대피하여 모임(현관 몰림 방지를 위해 현관 피해 비상구로 대피) | 교사 영유아 부모 |

| | | | |
|---|---|---|---|
| | | −해님반(2층): 교실을 나와 중앙계단을 이용하여 1층 현관으로 대피하여 실외놀이터에 집결(1층 유아와 시간차 대피)<br>−지구반(2층): 교실을 나와 2층 비상계단으로 대피하여 실외놀이터에 집결<br>−우주반((3층): 교실을 나와 3층 옥상으로 연결된 비상계단 이용하여 1층 주방 뒷문을 통해 어린이집 외부 빌라 앞에 집결<br>−주방(1층): 소화기를 이용하여 초기 진압 후 대피<br>−사무실(1층): 소화기를 이용하여 초기 진압 후 대피 | |
| | 대피 종료 | • 안전관리자는 전체 대피인원, 사고자, 대피에 걸린 시간 확인<br>• 방호복구 수행−조리사, 사무, 원장 함께 방호 복구<br>• 게시판, 가정통신문, 연락장, 홈페이지 안내 등을 통해 부모에게 소방대피 현황 알림 | 안전관리자<br>교직원<br>부모 |
| | 평가 | • 영유아: 친구가 밀지 않았으면 좋겠다 함<br>• 부모: 처음이라 쑥스러워 제대로 참여 못했는데 아이들이 진짜처럼 진지하게 참여해서 반성하게 되었다 함<br>• 교직원: 전월보다 대피시간 30초 단축되었음. 대피로를 조정한 것이 효과적이었던 것 같음. 소방대피와 소화기 사용을 위한 부모교육 시간을 적극적으로 계획하여 참여하도록 해야겠음 | 교직원<br>부모<br>영유아 |

⑤ 대피훈련 평가

시나리오에 근거하여 대피훈련이 끝나면 반드시 평가한다. 평가는 영유아, 교직원, 부모 등 함께 참여한 모두가 할 수 있다. 각 반 교사는 다친 아이들이 없는지, 대피에 걸린 시간, 대피상황, 행동요령 숙지 등에 대해 평가한다. 영유아가 평가한 내용과 교직원이 평가한 내용을 기록하여 다음 계획에 반영한다.

## 2) 영아 안전교육 활동의 실제

유아에 비해 영아의 발달수준을 고려하여 부모나 교사가 안전을 실제로 체험해 볼 수 있는 학습관은 거의 전무한 편이다. 영아교사의 경우, 영아에게도 안전교육이 필요하다는 것은 인식하나 영아 발달특성에 적합한 안전교육의 방법과 수준에 대한 이해가 부족하고 그러다 보니 영아가 실제 경험하는 것과는 괴리감 있는 안전교육을 적용하게 된다(이선영 외, 2016). 또한 유아교육기관을 평가하는 외부기관의 평가에 이끌려 가는 수동적 교수자로서의 갈등 등으로 현재 진행하고 있는 안전교육의 실효성에 의문을 갖는다.

> 사실 실시 횟수, 시간 이런 게 중요한 게 아니라 그 내용을 아이들에게 얼마나 이해시키고 실생활에서 적용할 수 있는지 방법을 안내하는 그런 쪽으로 지도나 교수가 이루어져야 한다고 생각하는데 그거보다는 사실은 내려온 지침에 따라서 그것을 시행하는 데 급급한 상황을 초래하는 경우가 많이 있습니다. 영아는 위험에 대한 대처능력도 떨어지고 자기를 보호하는 능력도 떨어지는 시기잖아요. 그래서 안전교육이 굉장히 필요한데. 실은 생활 속에서의 안전교육이 더 시급한 상황이거든요. 그런 부분보다는 「아동복지법」 이런 데서 내려온 부분은 특정한 주제에 따라서 안전교육이 실시되어야 하니까 현장에서는 조금 반영하는 데 어려움이 있습니다(2016. 6. 15., 김 교사와의 면담 중).

영아를 위한 안전교육은 교사가 집단으로 모여 앉혀 두고 가르쳐야 한다는 생각에서 벗어나야 한다. 안전과 관련한 환경과 상황에서 또는 동화나 놀이활동에서 나-전달기법, 모델 보이기, 스토리텔링, 역할놀이를 하면서 위험을 감지하고 행동을 조절할 수 있도록 도와야 한다.

## (1) 영아안전교육 연간계획

영아안전교육은 재난대피훈련(소방, 지진, 폭염 등)을 매월 1회 이상 실시하는 계획을 포함하되, 아동복지법에 제시된 안전교육 내용과 실시주기에 맞추어 균형 있게 실시될 수 있도록 계획한다. 그 예를 보면 〈표 9-10〉과 같다.

〈표 9-10〉 영아 연간 안전교육 계획 예

| 월 | 내용 | 활동명 |
|---|---|---|
| 3 | 교통안전 | • 엄마, 아빠와 함께 다녀요 |
| | 감염병 및 약물오남용 등 안전 | • 감염병 예방-손을 깨끗이 씻어요 |
| | 재단대피훈련 | • 소방대피-주방에서 화재 |
| 4 | 재난대비안전 | • 실외놀이 시-바람이 불어서 모래가 날려요! |
| | 실종·유괴의 예방·방지 | • 찾았다 엄마 손, 아빠 손 |
| | 재난대피훈련 | • 소방대피-생일잔치 중의 화재 |
| 5 | 교통안전 | • 안전한 길을 찾아 주세요 |
| | 놀이안전 | • 놀잇감 무거운 것은 아래 칸에 정리해요 |
| | 재난대피훈련 | • 소방대피-보일러실에서 화재 |
| 6 | 감염병 및 약물오남용 등 안전 | • 놀잇감은 먹지 않아요 |
| | 놀이안전 | • 안전하게 놀아요* |
| | 재난대피훈련 | • 불시 소방대피-2층 교사실 화재 |
| 7 | 교통안전 | • 어린이집 오는 길, 엄마 손 꼬옥 잡고 걸어요 |
| | 재난대비안전 | • 폭염-너무 더울 때는 자주 물을 마셔요 |
| | 실종·유괴의 예방·방지 안전 | • 보호자와 함께 다녀야 해요 |
| | 재난대피훈련 | • 소방대피-수유실 화재 |
| 8 | 성폭력 및 아동학대 예방 안전 | • 속옷은 입어야 해요 |
| | 화재안전 | • 옷에 불이 붙었어요!* |
| | 놀이안전 | • 놀잇감을 던지면 다쳐요 |
| | 재난대피훈련 | • 지진대피-그대로 숙여라 |

| | | |
|---|---|---|
| 9 | 교통안전 | • 안전벨트를 매요 |
| | 감염병 및 약물오남용 등 안전 | • 엄마, 아빠, 선생님 주는 약만 먹어요* |
| | 재난대피훈련 | • 소방대피–낮잠시간의 화재 |
| 10 | 놀이안전 | • 놀잇감을 입에 넣으면 아파요* |
| | 실종·유괴의 예방·방지 안전 | • 아는 사람도 따라가지 않아요 |
| | 재난대피훈련 | • 불시소방대피–1층 복도 화재 |
| 11 | 교통안전 | • 계단에서는 조심조심 걸어요 |
| | 재난대피훈련 | • 소방대피–식사 중의 화재 |
| 12 | 재난대비안전 | • 눈이 얼었어요– 미끄러워요 |
| | 감염병 및 약물오남용 등 안전 | • 만지면 안 되는 것, 먹으면 안 되는 것 |
| | 재난대피훈련 | • 소방대피–2층에서 화재 |
| 1 | 실종·유괴의 예방·방지 안전 | • 모르는 사람이 먹는 것을 준다면 어떡해야지? |
| | 교통안전 | • 차례대로 타요 |
| | 재난대피훈련 | • 지진대피–땅이 흔들흔들 |
| 2 | 성폭력 및 아동학대 예방 안전 | • 어떻게 해야 할까요? |
| | 시설·설비안전 | • 콘센트를 조심해요 |
| | 재난대피훈련 | • 지진대피–신체활동실 놀잇감들이 떨어져요 |

안전교육 연간계획에 제시된 활동 중 6월 '안전하게 놀아요', 8월 '옷에 불이 붙었어요', 9월 '엄마, 아빠, 선생님이 주는 약만 먹어요', 10월 '놀잇감을 입에 넣으면 아파요' 활동에 대해 다음의 '영아안전교육활동의 실제'에서 어떻게 활동이 이루어지는지 활동방법의 예를 제시한다.

**(2) 영아 안전교육 활동의 실제**

**① 나–전달기법으로 안전교육하기**
나–전달기법은 영아가 위험한 행동을 할 때, 영아의 행동, 그 행동의 결과로 말

나-전달법으로 지도하기 예
- 재빨리 영아 가까이 다가가 잡고 "안 돼." 라고 단호히 말하며 내려앉힌다.
- ○○가 교구장 위에 올라가면(행동) 떨어져서 다치게 돼!(결과)
- 대안을 제안한다. "저기 있는 미끄럼 타기 하자." 등

[그림 9-10] '놀잇감을 밟고 교구장 위를 올라가는 영아 모습' 나-전달법 지도 예

해 주는 것으로 행동을 말할 때 반드시 '~하면'으로 말한다. 나-전달법으로 말하는 것은, '행동 자체가 아니고 행동으로 인한 결과와 관련된다는 것을 알게 되어 영아의 자존감을 상하게 하지 않는다. 그 예는 [그림 9-10]과 같다.

[그림 9-10]과 같이 영아가 위험한 상황일 때 교사가 멀리서 영아의 이름을 부르면 안전사고로 이어질 수 있으므로 말하기 전에 즉각적으로 가까이 다가가 있어야 한다.

② 시뮬레이션 하기

앞의 영아안전교육 계획 중 8월에 계획된 '옷에 불이 붙었을 때 대처방법'을 영아와 유아를 대상으로 시뮬레이션 활동을 할 때, 지도방법의 차이를 비교해 보면 다음과 같다.

**영아활동과 유아활동 방법 비교해 보자!**

〈영아반 개별 활동 예〉

1. 그림을 벽면에 붙여 두거나 책상 위에 놓아두고 영아의 관심을 유도한다.
   -아저씨 옷에 불이 붙었어! 어떡하지? 위험해~!

2. 그림 장면을 말로 해 주면 영아는 그대로 행동해 본다.

-(영아의 반응을 살피며) 자꾸 움직이면 불이 더 커지니까 '그대로 멈춰라!' ○○도 아저씨처럼 해 볼까?

-빨리 불을 꺼야 하니까 바닥에 엎드리자.

-불이 살아나지 못하게 뒹굴어 주자. 뒹굴뒹굴~.

-와! 불이 꺼졌네.

〈유아반 소집단 활동의 예〉

1. 대집단 또는 소집단으로 그림의 상황을 이야기 나눈다.

-(그림을 순서대로 보여 주며) 어떤 상황일까?

-옷에 불이 붙으면 어떻게 하라고 되어 있니?

-그렇구나. '멈춘다-엎드린다-뒹군다' 순서로 불을 끄라고 되어 있구나.

2. 왜 이렇게 해야 하는지 이유를 찾아본다.

-왜 이렇게 해야 할까? (불이 붙었을 때 몸을 움직일수록 불은 산소와 결합하면서 더 커진다는 것을 유아들 스스로 찾아내어 보도록 이야기 나눈다).

3. 순서대로 직접 해 보며 연습한다.

-그럼 이 순서대로 '멈춰-엎드려-뒹굴뒹굴' 말하며 몸으로 해 보자.

③ 역할놀이하기

자유놀이 시간에 인형을 안고 다니는 영아에게 놀잇감을 입에 넣어서 병원에 가야 하는 상황을 연출하며 다가가 〈표 9-11〉과 같이 역할놀이를 해 볼 수 있다.

〈표 9-11〉 역할놀이 안전교육 예

| 활동명 | 놀잇감을 입에 넣으면 아파요 | 연 령 | 만 2세 |
|---|---|---|---|
| 활동유형 | 역할놀이 | 안전영역 | 생활 안전 |
| 활동목표 | 놀잇감을 먹으면 아플 수 있다는 것을 경험해 본다. | | |
| 활동자료 | 인형(의사, 아이), 자동차 | | |
| 활동방법 | 1. 아기인형으로 모형 과일 조각을 먹고 배탈 난 상황으로 모델 보이기를 한다.<br>　－(아기 인형 입에 딸기 모형을 물리며) 놀잇감 딸기를 먹었어요. 아기가 배가<br>　　아파요!<br>2. 의사가 진료하는 역할을 하도록 안내한다.<br>　－○○의사 선생님! 우리 아기가 배가 아파요~!<br>　－놀잇감 딸기를 먹었대요. 치료해 주세요.<br>3. 영아 또래 간에 역할놀이를 해 본다.<br>　－아기 구급차에 태워서 누가 데려가 줄래요?<br>　－의사 선생님 어디 계세요?<br><br> <br>〈극놀이 상황으로 관심 유도〉　　　〈병원 역할놀이하기〉 | | |

④ 스토리텔링 하기

약을 잘 먹지 않으려는 영아나 다른 영아가 약을 먹으면 먹고 싶어 달라는 영아가 있는 반면, 약을 먹고 좋지 않은 경험이 있는 영아들은 먹여 주는 흉내만 내도 고개를 흔들며 싫다는 표현을 한다. 약은 아픈 곳을 낫게 하기 위해 맛이 없어도 먹어야 하고 아무 약이나 함부로 먹으면 안 된다는 것을 약을 먹는 상황에서 자연스럽게 스토리텔링 해 주며 안전지도를 할 수 있다.

**영아 약물오남용 스토리텔링 활동 예**

※○○이가 감기에 걸려 약을 먹어야 하는데 안 먹으려고 함. 아이가 좋아하는 뽀롱이가 배가 아프다고 약 달라며 ○○이 약을 먹겠다는 스토리텔링을 할 수 있음

교사: "○○는 약을 먹어야 감기가 빨리 낫고 재미있게 놀 수 있어. 약 먹자."

○○: 싫어~싫어~.

뽀롱이: (미리 준비한 뽀롱이 인형을 들며) 선생님! 뽀롱이 배 아파요. "○○가 먹는 감기약 주세요."

교사: 이것은 ○○이 감기약이야. (○○이에게 약을 먹이며) ○○만 먹으라고 엄마가 주신 거야.

교사: 뽀롱이는 엄마가 준 배 아픈 약 먹어야 해. 약은 엄마, 아빠, 선생님이 주는 약만 먹는 거야.

〈감기로 약을 먹어야 하는 영아에게 스토리텔링하기 예〉

## 3) 유아 안전교육 활동의 실제

유아를 위한 안전교육은 영아와는 달리, 집단활동으로도 가능하므로 설명하기, 문제해결하기 등의 방법으로도 지도할 수 있다. 유아의 연령과 안전교육 내용의 특성을 고려하여 적절한 활동유형으로 제시해 한다.

유아 안전교육의 연간계획은 〈표 9-1〉에 제시된 내용을 참조한다. 안전교육 활

동은 일상에서 주어진 안전 환경을 탐색하는 활동, 스토리텔링 활동, 견학, 안전 체험관 활동, 대피훈련 등의 활동과 이러한 활동과 연계하여 이루어진 활동 사례를 중심으로 제시한다.

### (1) 일상에서 안전 환경 · 자료 활용하기

• 유아교육기관 시설 · 설비 등에 설치된 안전기구들은 매일 지나다니면서 보는 익숙한 것들이다 보니 무시되는 경우가 많다. 실외놀이 나갈 때, 신체활동실이나 화장실, 식당 등의 공간으로 이동할 때, 자연스럽게 안전교육을 할 수 있다. 예를 들어, 다른 공간으로 이동하면서 "이 표시는 불이 났을 때, '사람이 뛰어가는 쪽으로 대피하세요' 하는 뜻이야."라고 말해 준다. 그런 다음 이동할 때 "이 유도등은 어느 쪽으로 가라는 표시지?"라고 할 수 있다.

[그림 9-11] 벽면 유도등 보며 안전교육하기

• 자료나 소품을 활용하여 일상에서 안전 활동하기
교통표지판 표식에서 상징하는 그림은 빼고 모양, 색깔로만 된 표지판을 만들어 전이시간 또는 놀이시간에 자연스럽게 활용할 수 있다. 글자나 그림 등을 자세히 보지 않고도 한눈에 보이는 시각적인 색상과 모양을 보며 금지할 것, 해야 할 것, 조심할 것 등의 의미를 파악할 수 있어 교통표지판의 의미를 쉽게 파악할 수 있다. 활동의 예는 다음과 같다.

**교통표지판을 활용한 전이시간의 활동 예**

- 실외놀이터 또는 신체활동실 등으로 이동하기 전에 표지판 모양과 색상의 의미에 대해 이야기 나눈다.
  - (a. 표지판을 제시하며) 계단에서 뛰어가는데 선생님이 '둥근 모양에 빨간색 줄이 있는 표지판'을 보여 주면 어떻게 하라는 뜻일까?
  - (c. 표지판을 제시하며) 다른 반 친구들이 들어오고 있어요. 우리는 나가야 해요. 선생님이 '빨간 세모 모양에 노란색 바탕 표지판'을 들면 어떻게 하라는 뜻이니?

a. 하면 안 돼요!    b. 이렇게 하세요!    c. 조심하세요!

- 모양과 색상의 의미를 이해했다면 표지판에 사물 또는 상황을 넣어 활용할 수 있다.
  - (산책 시 나무나 꽃을 꺾는 사진을 붙이고) 나무나 꽃을 함부로 만지면 꿀을 따던 벌에게 쏘일 수 있어요. '하면 안 돼요.'

## (2) 스토리텔링 하기

스토리텔링 기법은 다양한 상황, 환경에서 언제든지 가능하다. 복잡한 교통표지판의 기능을 학습하기 위해 다음과 같이 스토리텔링 할 수 있다.

## 교통표지판 스토리텔링 예

〈TV에서 빗길 교통사고 위험이 있으므로 운전을 조심하라는 일기예보를 근거로 교사가 스토리텔링 한다. 〉(자료: 교통표지판)

-어! 선생님은 자동차를 운전해서 집에 가야 하는데 빗길에 미끄러지면 어떡하지?

-안전하게 가려면 어떻게 해야 할까?

-아~! 이 표지판들을 잘 보고 가면 되겠구나?

-선생님이 한참 운전을 해서 가는데 (f 표지판을 들며) 이런 표지판이 나타났어요.

-어린이들이 많이 있는 곳이니까 천천히 가라는 거구나. 속도를 줄여야지!

-그런데 길을 잘못 들어선 거 같아. 여기가 어디지? (a 표지판을 들며) 어머! '통행금지' 표시가 있었네. 돌아가야겠다!

-(d 표지판을 들며) 자전거만 다니는 길이구나. 이 길은 가면 안 되겠는걸. 넓은 길로 나 가야지~.

- 위와 같은 방법으로 스토리텔링 해 간다.
- 유아들이 교통표지판의 모양과 그림 색깔의 차이를 발견하고 표지판의 의미에 관심을 가질 수 있도록 안내한다.
- 이야기를 재구성하여 두세 가지 표지판으로만 이야기를 들려준 후 유아들과 다른 모양 표지판 찾기 활동을 해 볼 수 있다.
- 표지판을 어느 정도 알게 되면 유아들이 직접 원하는 모양과 방법으로 표지판을 만들어서 놀이해 본다.

### (3) 견학, 대피훈련, 체험관 활동 후 연계활동하기

견학이나 체험활동 후 교실로 돌아와 실제 체험한 것을 놀이로 연계하여 경험을 재구성해 주거나, 놀이로 활동하던 내용을 현장으로 나가 실제를 경험함으로써 의미 있는 학습이 될 수 있도록 지원할 수 있다.

[그림 9-12] 소방서 견학 후 불끄기 구성놀이 예

- 소방서 견학 후, 놀이시간에 쌓기놀이 영역에서 블록으로 소방서를 구성하고, 우유곽을 이용하여 만든 소방차로 견학에서 경험한 지식을 놀이로 재구성하는 활동을 한다([그림 9-12] 참조)

유아: 불이 나서 아빠는 소화기를 가지러 가고, 내       유아: 바람을 등에 맞으며 불을 꺼요. 소화기는 안
　　　가 불이야 소리쳐요. 오른쪽 문은 손잡이가　　　　　전핀을 뽑아요. 그러고 나서 소화기 끝을 잡
　　　뜨거워서 왼쪽 문으로 대피해요.　　　　　　　　아요. 그리고 손잡이를 꽉 눌러요.

[그림 9-13] 소화기 사용법 교육 후 그림 그리기와 쓰기활동으로 연계한 예

- 실외놀이터에서 소화기 사용법을 익히고 실내 놀이시간 미술영역에서 소화기로 불 끄는 장면을 그림으로 표현하고 소화기 사용법을 글로 써 보는 활동으로 연계활동을 한다([그림 9-13] 참조)

- 시민안전체험관에서 재난대피훈련을 받고 사후활동으로 유아교육기관에서 실제처럼 상황을 설정하고 시뮬레이션하며 경험을 재구성할 수 있다([그림 9-14]).

    - 팀을 나눈다.
    - 식사를 하는 상황을 설정하고 식사를 하는 것처럼 책상에 소꿉도구를 배치하고 앉는다.
    - 유아 중 1명이 "선생님 그릇이 흔들렸어요!"한다.
    - 다른 유아 중 1명이 출입문을 의자로 받치고, 시뮬레이션에 참여하는 유아들은 매트, 베개, 큰 대야 등으로 머리를 감싸고 책상 밑에 대피한다.
    - 한 팀의 대피가 끝나면 평가하고 바꾸어 활동한다.

식사를 하고 있는 상황 설정          지진 감지를 알림          유아-교사 함께 대피하기

[그림 9-14] 유아-교사 함께 지진대피훈련 시뮬레이션

## (4) 일상적 야외활동(나들이, 산책, 물놀이 등)

일상적 야외활동은 어린이집 주변 산책하기, 놀이터 이용하기, 인근 공원 나들이 가기 등 도보를 이용하면서 어린이집 주변에서 이루어지는 활동을 말한다. 현장학

습은 공연이나 박물관 관람하기, 고구마 캐기와 같은 체험학습하기, 그 밖의 견학 등 차량을 이용하면서 이루어지는 활동을 말한다(어린이집안전공제회, 2014). 여기서는 일상적 야외활동에 대한 안전교육에 대해 알아본다.

**① 숲과 공원 등 야외활동 안전**

스치기만 해도 부어오르거나 발진을 유발하는 식물, 먹었을 때 심각한 해를 끼치는 식물, 사람의 피부를 자극하거나 독성을 가지고 있는 식물 등을 숲과 공원에 흔히 볼 수 있다.

- 영유아가 동·식물 알레르기가 있는지 미리 확인한다.
- 영유아에게 풀이나 꽃을 함부로 만지거나 먹지 못하도록 한다. 가시에 찔리거나 독성이 있는 식물일 수 있으며 특히 꽃 속에 있던 벌에 쏘이는 사례가 빈번하게 발생하므로 주의한다.
- 동물은 허락된 곳에서 전문가의 감독하에 지정된 부위만 만져볼 수 있다는 것을 인형 등으로 놀이 시 교육을 한다.
- 엘리베이터 탑승 시 내부에서 뛰지 말고, 버튼을 여러 번 누르지 않는다.
- 에스켈레이터 탑승 시 손잡이를 잡고 앞 사람과의 사이에 최소한의 공간을 확보하도록 한다.

벌에 대처하는 방법에 대한 활동의 예를 보면 〈표 9-12〉와 같다.

〈표 9-12〉 벌에 대한 안전활동 예

| 소주제 | 봄 나들이 | | 활동유형 | 게임 | 활동형태 | 실외 집단 |
|---|---|---|---|---|---|---|
| 활동명 | 왕벌이 따라와요 | | | | 연령 | 3~4세 |
| 활동목표 | 벌이 날아왔을 때 대처하는 방법을 익힌다. | | | | | |
| 활동자료 | 풍선 벌(미술활동에서 직접 만든 벌), '왕벌의 여행' 음악테이프, 요구르트 빈 병, 아이스크림 모형 등 | | | | | |

| | |
|---|---|
| 활동방법 | 1. 풍선으로 만든 벌을 보며 벌에 쏘이지 않으려면 어떻게 해야 하는지 상기시킨다.<br>   –벌이 날아와서 윙윙 소리를 내요, 어떻게 해야지?<br><br>2. 벌이 될 유아와 어린이 역할을 선택한다. 교사는 역할을 바꾸어 할 것임을 안내한다.<br>   –벌 역할을 할 사람은 자기가 만든 풍선을 가져가자.<br>   –어린이는 아이스크림 모형이나 요구르트 병으로 먹는 흉내를 내어도 되고 그냥 놀아도 되는 거야.<br>   –음악이 끝나면 역할을 바꾸어 해 보자.<br><br>3. 게임을 한다.<br>   –놀이하는 중에 벌이 오면 '그대로 멈춰라' 하기<br>   –요구르트나 아이스크림을 들고 있는데 벌이 오면 요구르트를 멀리 던지고 '그대로 멈춰라' 하기<br><br><br>〈'왕벌이 따라와요' 게임〉 |
| 활동평가 | 벌이 가까이 다가오자 멈춰야 한다는 것을 알고는 있으나 참지 못하고 달아나는 유아들이 있었다. 역할을 바꾸어 반복해서 놀이한 후 2~3명 정도를 제외하고는 끝까지 움직이지 않는 모습을 볼 수 있었다. 벌의 표현이 거의 나타나지 않아 다음 활동에서는 왕벌이 되어 신체표현 활동을 해 볼 수 있도록 계획해야겠다. |

② 물놀이 시 안전사고 대처방법

영유아 물놀이는 반드시 보호자와 함께 물에 들어가도록 하며 영유아의 엉덩이 아래 높이 물에서 놀이를 하도록 한다. 4세 이하의 영유아는 간이 풀장이나 수족관,

욕조 등에서도 사고를 당할 수 있다. 안전한 물놀이에 대해 알아본다(어린이집안전
공제회, 2015).

- 준비운동을 하고 손, 발을 물에 적신다.
- 수영을 할 때 껌을 씹거나 음식물을 먹으면 질식의 위험이 있으므로 주의한다.
- 수영 중에 비가 오거나 천둥, 번개가 치면 물에서 즉시 나온다.
- 바닷가에서는 슬리퍼나 신발을 신어야 한다.
- 음식물을 먹은 직후 바로 물에 들어가지 않는다.
- 낮에 야외에서 수영을 할 때는 수시로 그늘에서 쉬면서 한다. 강한 햇볕에 장
  시간 노출되면 화상을 입을 수 있다.
- 수영장 주위에서는 유리제품을 사용하지 않는다.
- 물놀이 도중 소름이 돋고 피부가 땅기거나 몸이 떨리고 입술이 파래지면 물놀
  이를 중단하고 옷이나 타월 등으로 몸을 따뜻하게 감싸고 휴식을 취한다.

[그림 9-15] 물놀이 준비체조 예

1. 영유아 안전교육은 경험의 원리, 반복성의 원리, 구체성의 원리, 정확성의 원리, 개별화의 원리, 흥미의 원리, 다양성의 원리, 실제적 행동의 원리에 따라 지도한다.

2. 영유아안전교육의 접근은 통합적 접근, 상황에 기초한 접근, 가정과 연계한 안전교육, 전문가와의 협력에 의한 안전교육으로 접근한다.

3. 안전교육 활동유형은 크게 일상활동, 자유선택활동, 대·소집단활동으로 구분되며, 이러한 활동을 할 때 교사전략(교수법)은 설명하기, 토의 및 문제해결하기, 동영상 보기(이상 집단 형태), 모델 보이기, 역할놀이, 시뮬레이션하기 등의 실제적인 방법으로 진행하는 것이 바람직하다. 특히, 이들 활동 중 실외활동과 가정 및 지역사회 연계활동은 연령이 어린 영아와 유아 모든 연령의 안전교육에 가장 효과적인 활동유형이다. 영아의 경우, 발달특성상 집단형태로 모여 설명하기나 동영상 보기 등의 방법으로 이루어지는 안전교육은 지양해야 한다.

4. 영유아 안전교육의 실제에서 야외활동은 영유아가 동·식물 알레르기가 있는지 미리 확인하고, 영유아에게 풀이나 꽃을 함부로 만지거나 먹지 못하도록 하며, 동물은 허락된 곳에서 전문가의 감독하에 지정된 부위만 만져 볼 수 있다는 것을 인형 등으로 놀이 시 교육을 한다.

5. 영유아 물놀이는 반드시 보호자와 함께 물에 들어가도록 하고 준비운동을 하고 손, 발부터 물을 묻히고 입수하며 영유아 엉덩이 아래 높이 물에서 놀이를 하도록 한다.

제10장

# 교직원 · 부모 대상 안전교육의 실제

**교육 내용**

- **교직원 대상 안전교육의 실제**
  - 교직원 안전교육의 내용
  - 교직원 안전교육의 실제

- **부모 대상 안전교육의 실제**
  - 부모안전교육 내용
  - 부모 대상 안전교육의 실제

유아교육기관에서는 미성숙한 영유아에게 빈번하게 일어나고 있는 안전사고를 효과적으로 감소시키기 위하여 부모에게도 안전에 관한 지식을 제공하여 자녀에게 안전교육을 실시할 수 있도록 지원해야 한다. 유아교육기관의 장은 부모뿐만 아니라 교직원들에게도 영유아의 건강, 안전, 위생 등 안전교육을 실시하여 영유아들에게 안전한 환경을 제공할 수 있도록 한다. 이 장에서는 교직원 대상 안전교육과 부모를 대상으로 한 안전교육의 실제에 대해 알아본다.

# 1. 교직원 대상 안전교육의 실제

유아교육기관 이용자의 연령 폭이 넓어지고 머무는 시간도 길어지면서 예측하지 못한 상황들이 영유아의 안전을 위협하게 된다. 이에 따라 교육부(2015. 2.)에서는 유아부터 고등학생까지 발달을 고려한 체계적인 안전교육 7대 표준안을 마련하였다. 7대 영역은 생활안전, 교통안전, 폭력, 신변안전, 약물, 인터넷 중독, 재난안전, 직업안전, 응급처치 등이며 교육기관에서는 재난, 안전사고에 대비하여 안전한 환경을 조성하고 대응능력을 기르기 위해 이들 교육이 이루어지도록 해야 한다. 따라서 유아교육기관 교직원은 안전교육지침 등을 숙지하여야 하고 시·도 및 시·군·구 등에서 실시하는 안전 관련 교육에 적극 참여하며, 화재 및 비상사태에 대비한 교육을 계획 및 실행하고 정기적인 대피훈련을 실시하도록 한다.

## 1) 교직원 안전교육의 내용

유아교육기관 교직원은 각 직종에 따라 안전교육을 의무적 또는 일상적으로 참여하여 일정 시간 교육을 이수해야 한다. 즉, 교직원의 아동학대 예방 및 신고의무와 관련된 교육 연 1회 이상, 심폐소생술 교육에 참여하고, 안전관리 시설 및 설비의 사용법 등을 숙지하고 있어야 한다. 또한 안전관리 업무분장이 체계적으로 수립되어 있고, 교직원은 자신의 역할을 숙지해야 한다. 교직원 안전교육의 종류를 보면 〈표 10-1〉과 같다.

〈표 10-1〉 교직원 안전교육의 종류

| 안전교육의 종류 | 교직원 | 교육시기 |
|---|---|---|
| 아동학대 예방교육 | 전 교직원 | 연 1회(1시간 이상) |
| 성폭력 예방교육 | 전 교직원 | 연 1회(1시간 이상) |
| 통학버스안전교육 | 통학차량 운영하는 기관장<br>통학차량 운전자 동승자 교육 | 신규 1년 이내<br>이후에는 3년마다 |
| 소방안전<br>관리자교육 | 방화관리자 선임 방화관리자<br>해임일로 30일 이전 선임자 | 실무교육 2년마다 1회 |
| 놀이시설<br>안전교육 | 안전관리 책임자 | 놀이시설 인도받은 날로 6개월 이내<br>관리자 변경 후 유효기간이 만료되<br>는 경우 만료 3개월 |
| 위생교육 | 기관장, 또는 조리사, 영양사 | 연 1회 |
| 실내공기 질 관리자<br>법정교육 | 유아교육기관장, 관리책임자 | 책임 지정자 지정 후 1년 이내<br>이후 3년마다 |
| 석면건축물 안전<br>관리인 교육 | 석면조사 후 50m₂이상 석면 건축물<br>이 사용되고 있는 경우, 관리책임자 | 신규 1년 이내 |
| 개인정보<br>보호교육 | 모든 교직원 | 연 1회 이상(「개인정보보호법」<br>준수 사업장) 또는 2회 이상<br>(「정보통신망법」 준수사업장) |

### (1) 비상연락체계

원장은 안전사고에 대비하기 위해서 기관 내 전 교직원의 자체 비상연락체계를 구축하고 지역사회 관련기관인 소방서, 경찰서, 가스 등 유관기관과 비상연락망을 구축한다.

| 원장 |
| --- |
| 총괄 |

| 교 사<br>(김○○) | 교 사<br>(이○○) | 교 사<br>(손○○) | 교 사<br>(박○○) | 교 사<br>(권○○) |
| --- | --- | --- | --- | --- |
| 비상벨 및<br>원내전달<br>전원차단<br>관계기관 통보 | 비상문 개방<br>대피로 확보 | 초기 진화<br>원아 대피 | 원아 대피<br>보호자 연락 | 원아 대피<br>응급조치 |

[그림 10-1] 자체 비상연락망

### (2) 사고보고체계의 수립

원장은 사고에 대비하여 부모와의 비상연락망을 확보하고 응급처치 동의서를 받아 비치해 둔다. 사고발생 시 24시간 이내에 사고보고서를 작성하여 시청, 군수, 구청장에게 보고하여야 하며 중대사고(중상 이상의 안전사고, 감염병, 식중독, 집단질병, 화재, 침수, 붕괴 등 재난사고)는 즉시 유선으로 통보 후 서식에 의해 보고하여야 한다.

### (3) 자체안전점검

유아교육기관에서는 자체안전점검 계획을 수립하여 안전점검을 실시한다. 다음은 유아교육기관의 시기별 안전점검 범위 예시이다.

〈표 10-2〉 유아교육기관 시기별 자체안전점검 예

| 시기 | 안전 관련 | 시설, 설비 관련 | 소방 관련 | 양호/위생 관련 |
| --- | --- | --- | --- | --- |
| 매년 | • 패키지 보험 가입 및 약<br>  관 확인<br>• 교직원 및 원아 안전교<br>  육 계획 수립<br>• 에어컨 청소 | • 후년도 시설 보수 및<br>  공사건 원장, 주임 협<br>  의 계획<br>• 보일러 배관 에어 제거 | • 연간소방계획서 작성<br>• 교직원 소방교육<br>• 소방시설 및 대피로<br>  수정<br>• 보완(전년도 평가 반영)<br>• 비상연락망 구축 | • 교직원 건강검진<br>• 원아 건강검진<br>• 원아 신체검사 |

| 매월 | • 견학 시 차량 보험 및 안전벨트 유무<br>• 전자제품 보수 및 먼지 제거 | • 시설보수 요청(점검 기록)<br>• 안전 관련 보수에 필요한 물품 신청, 구입 | • 소방대피훈련 시나리오 및 훈련 결과서 작성<br>• 소방시설 점검(감지기 먼지)<br>• 대피계단 위험요소 확인(장미넝쿨, 미끄럼 방지 등) | • 필요한 의약품 신청 구입<br>• 방역<br>• 게시판 및 가정통신문을 통한 정보 제공<br>• 의료기기 소독<br>• 에어컨, 공기청정기 청결 확인 |
|---|---|---|---|---|
| 매일 | 〈업무 시작〉<br>• 비상구/방화문 시건 해제<br>• 주변 위험물 점검<br>• 실외놀이터 위험물과 동물 배설물 등 점검<br>• 콘센트 안전마개 확인<br>• 교실 및 공동구역 위험물, 보수물 확인<br>• 벽면 부착물 확인<br>• 전자제품 이상 유무 확인<br>〈업무 마무리〉<br>• 창문/출입문 등 시건 확인<br>• 전등/전자제품 전원 확인<br>• 각 실 안전청결 확인(담임/당직) | • 기계실/보일러실 관리<br>• 전등 교체 여부 확인<br>• 시설 이상 유무 확인<br>• 여름철 우천 시 배수구 막힘 확인 | • 비상계단 물건 적재 유무<br>• 비상 조명등 점등 확인<br>• 소화기 안전핀 및 위치 확인 | • 투약<br>• 의약품 관리<br>• 환아 확인 및 적절한 조치, 학부모와의 연락<br>• 화장실 위생상태 확인<br>• 투약용 물컵 세척 및 소독<br>• 양호 및 교사용 냉장고 청결상태 확인 |

## (4) 아동학대 예방을 위한 교육

교직원은 아동복지법상 안전교육, 영유아보육법상 보수교육의 일환으로 연간 평균 1회 이상 아동학대 예방교육을 받아야 한다. 아동학대 예방을 위해 유아교육기관에서는 다음과 같이 관리한다.

① 체계적인 인사관리
- 교직원 채용 시 인성 및 적성검사에 비중을 두고 채용한다.
- 신입교직원, 실습생, 자원봉사자 등 교육기관 종사자들에게 아동학대 관련 교육과 아동인권에 대한 감수성 강화교육과 아동학대 예방을 위한 교직원의 수칙을 오리엔테이션에 포함하여 실시하여야 한다.
- 유아교육기관에서 인성과 교육에 대한 모델링을 제공하고 역할에 대한 자문을 통해 든든한 교사역량을 지원한다.

② 지속적인 교사교육
정기적인 외부교육과 함께 다양한 형태의 자체교육을 실시한다.

- 아동학대 예방, 아동발달 등 전문도서를 활용하여 상호의견을 나누는 시간을 갖는다.
- 아동학대 예방을 위한 온라인 사이트 교육에 참여한다.
- 아동학대 전문기관 전문가나 전문학계 교수를 초청하여 강연을 들을 수 있다.
- 유아교육기관에서 일어날 수 있는 아동학대 사례연구 기회를 갖는다.

③ 교사의 스트레스 조절 및 휴식시간 배려
긍정적인 교육(보육)이 되기 위하여 교사들은 자신이 받은 스트레스를 관리하고 휴식시간을 갖기 위해서는 교사가 갖는 직무스트레스를 완화하도록 도움을 주어야 한다. 〈표 10-3〉은 교사의 정신적 건강을 위하여 도움을 줄 수 있는 기관이다.

〈표 10-3〉 교직원의 정신건강에 도움을 받을 수 있는 기관

| 전국육아종합지원센터 | 근로자 건강센터 | 한국건강관리협회 | 정신건강증진센터 |
|---|---|---|---|
| 어린이집 관할 시도 및 시·군·구 육아종합지원센터에서 온라인 전문가 상담 신청 | 직무스트레스수준평가 심리검사 해석, 심리교육, 상담 정기적 평가, 스트레스 관리법 | 스트레스 검사 및 결과 | 스트레스상담 및 정신건강과 관련된 모든 상담 |
| 1577-0756 | 1577-6497 1588-6497 | 02-2600-2000 | 1577-0199 |

④ 교사 인성교육

한국보육진흥원에서는 교사 인성교육으로 2014년도부터 인성보육포럼, 안심보육 교직원 연수, 보육교직원의 '마음성장 프로젝트' 사업을 실시해 오고 있고, 2016년에는 교사들의 인성자기진단 실시 및 결과에 따른 맞춤형 교육을 진행하여 보육교직원들의 현장에서의 스트레스를 낮추고 업무만족도를 높일 수 있는 방법을 진행하고 있다.

[그림 10-2] 마음 성장 프로젝트

출처: 한국보육진흥원(2016).

교사 마음성장 프로젝트는 교사 자신의 자기진단을 통해 확인한 자존감, 소명감, 정서능력, 대인관계의 4개 요소 중 교사에게 충전이 필요한 영역에 대해 각각 '자신감 넘치는 선생님' '열정적인 선생님' '즐거운 선생님' '따뜻한 선생님'이 될 수 있도록 도움을 주는 내용으로 구성된 각 요소별 네 가지 프로그램이다. 각 프로그램은 마음의 힐링을 통해 나를 토닥이고, 튼튼해진 마음으로 직무능력을 높이고 역량을 강화하여 능력 있는 교사로 성장할 수 있는 세 가지 섹션으로 이루어져 있다.

## 2) 교직원 안전교육의 실제

### (1) 아동학대교육의 실제

제1장에서 밝혔듯이 교사가 아동권리를 존중하지 못하는 데서 학대가 발생한다. 따라서 학대 예방을 위한 〈표 10-4〉의 '교직원 아동권리 자가 체크리스트'를 활용하여 매일 또는 매주 교사 자신의 언어와 행동을 체크해 보고 아동인권에 대한 감수성을 키워 나가도록 한다. 이 체크리스트는 영유아를 교육하는 교직원을 대상으로 아동권리에 얼마나 민감한지 파악할 수 있도록 만든 '자가 체크리스트'이다. 이를 통해 유치원, 어린이집 등 영유아를 교육하는 교직원들이 아동권리를 침해하는 아동학대행위가 무엇인지를 인식하고 아동학대를 포함한 전반적인 아동권리에 대해 점검하는 기회를 갖도록 한다.

〈표 10-4〉 교직원 아동권리 자가 체크리스트

| no | 항목 | 전혀 없음 | 1회 | 2회 이상 | 거의 매일 |
|---|---|---|---|---|---|
| 1 | • 영유아에게 원망적, 거부적, 적대적 또는 경멸적인 언어폭력을 한 적이 있다.<br>－영유아에게 욕을 하거나 나쁜 말을 한 적이 있는 경우: '왜 이렇게 바보 같니?'<br>－비판, 비난, 조롱, 모욕, 우롱한 적이 있는 경우: '이것도 못하니?' | | | | |

| 2 | • 영유아의 인격이나 감정을 무시하거나 모욕하는 행위를 한 적이 있다.<br> −'울면 애기 되는데 뚝! 형님처럼 의젓하게 와야지~.'<br> −(애착물을 안고 자려는 영아에게) '주세요~. 치우고 자야지!' | | | | |
|---|---|---|---|---|---|
| 3 | • 영유아에게 위협을 주는 언어나 행동을 한 적이 있다.<br> −'장난감 정리 안하면 다른 반 줘 버릴 거야.' '충치벌레야~ ○○ 이빨<br> 다 먹어라.' '너 자꾸 이러면 경찰 아저씨한테 잡아가라고 전화할 거야.' | | | | |
| 4 | • 영유아에게 폭력적인 장면을 노출한 적이 있다.<br> −영유아에게 교직원 간 싸움 장면을 노출시키는 행위<br> −영유아에게 폭력을 행사하는 것을 다른 아동이 목격하는 경우 등 | | | | |
| 5 | • (자, 긴 막대, 회초리 등) 도구로 영유아를 위협한 적이 있다. | | | | |
| 6 | • 화장실, 창고 등의 아무도 없는 빈 장소에 벌을 주기 위해 아동을 가둔<br> 적이 있다. | | | | |
| 7 | • 긴급 상황이 아닌 경우에도 영유아를 재촉하거나 공포 분위기 조성을<br> 위한 목적으로 고함을 지른 적이 있다.<br> −(더 놀고 싶어하는 1세아에게) '너 안 데려갈 거야. 너만 거기 있어!' | | | | |
| 8 | • 영유아의 신체부위를 때린 적이 있다.<br> −손이나 발로 때리거나 사랑의 매 등 도구를 사용해 때린 행위: '야! 너<br> 도 이렇게 물면 좋아? (입을 때리며) 나쁜 입은 혼나야 해.' | | | | |
| 9 | • 영유아에게 신체적 손상은 입히지 않았지만, 고의로 신체를 가해하는<br> 행위를 한 적이 있다.<br> −영유아의 팔을 당겨 서두르게 하는 행위, 머리나 엉덩이를 치며 행동<br> 을 중지시키는 행위, 먹기 싫어하는 음식을 억지로 입을 벌려 먹이는<br> 행위, 꼬집거나 잡고 흔드는 행위, 목을 잡고 조르는 행위 등 | | | | |
| 10 | • 낮잠시간이나 놀이시간 등에 영유아 혼자 있게 하거나 영유아 간 다툼<br> 을 방치한 적이 있다. | | | | |
| 11 | • 영유아에 대한 기본적 양육을 소홀히 한 적이 있다.<br> −적절한 음식을 충분히 제공받도록 하지 못했거나 식사 때가 되어도<br> 식사를 제대로 챙겨 주지 않거나 상한 음식을 주는 행위 등 | | | | |

| 12 | • 영유아를 위험상황이나 비위생적인 환경에 방치한 적이 있다.<br>　－위험한 물건(칼, 압정, 핀 등)을 가지고 놀아도 내버려두는 행위<br>　－낮잠시간 책상 위에 의자를 두는 행위<br>　－흘린 음식을 먹게 하거나 기저귀를 오랜 시간 갈아 주지 않는 행위<br>　－일부러 화상을 입게 하는 행위 등 | | | | |
| 13 | • 영유아에게 필요한 의료처치를 제공하지 않은 적이 있다.<br>　－영유아가 몸이 아프다고 해도 보호자에게 알리지 않거나 병원에 데려<br>　　가지 않고 내버려두는 행위 | | | | |
| 14 | • 과도하게 신체접촉을 하거나 영유아의 신체를 노출시킨 적이 있다.<br>　－기저귀를 갈 때 다른 사람 앞에서 생식기를 고의로 노출시키거나 만<br>　　지는 행위, 사람들 앞에서 속옷을 갈아입히거나 용변을 보도록 하는<br>　　행위 | | | | |
| 자가체크리스트 사용방법 | | | | | |
| '없다'에 체크한 경우 | 당신은 아동권리를 위해 최선을 다하고 있습니다. | | | | |
| 1개 이상 '있다'에 체크한 경우 | '예'에 해당되는 항목의 행동을 하지 않도록 주의가 필요 | | | | |

출처: 중앙아동보호전문기관(2016).

### (2) 비상사태 대처를 위한 교직원 안전교육 실제

비상사태에 대비한 교사 안전교육은 소화기 사용법, 응급처치법, 심폐소생술 등 전문가를 초청하거나 전문기관으로 방문하여 실시할 수 있고 온라인 교직원 안전 교육을 받을 수도 있다.

전문기관 방문－심폐소생술　　　　전문가 초청－응급처치법　　　　자체교육－소화기 사용법

[그림 10-3] 교직원 안전교육 모습

유아교육기관 교직원은 반드시 소화기의 기능과 사용법을 익혀 화재 발생 시 당황하지 않고 사용할 수 있어야 한다. 소화기 사용법은 다음과 같다.

소화기를 불이 난 곳으로 가져간다.

손잡이 부분의 안전핀을 뽑는다.

바람을 등지고 서서 호스를 불쪽으로 향하게 한다.

손잡이를 힘껏 움켜쥐고 빗자루를 쓸듯이 뿌린다.

## (3) 견학, 물놀이 등 야외활동 시(어린이집안전공제회, 2015)

영유아와 야외로 나가는 것은 많은 안전문제에 노출될 수 있으므로 교사는 철저한 교육과 준비로 안전문제가 발생하지 않도록 해야 한다.

### ① 야외활동 전 준비사항

- 계획 수립: 월간 또는 주간보육계획 수립, 영유아 건강 및 날씨 고려, 학부모 의견 수렴 등을 통해 계획을 수립한다.
- 부모 공지: 문서로 공지한다(가정통신문, 홈페이지, 대화수첩, 보육계획안 등).
- 사전 답사: 동선 파악, 위험요인 확인, 화장실 위치 등에 대해 파악한다.
- 소지할 물품: 비상약품, 비상연락처, 기타 물품(핸드폰, 휴지, 물수건 등) 등을 준비한다.

- 영유아 및 교사 복장 확인: 똑딱핀, 집게, 스티커(시트지)로 된 이름표(원명, 원 연락처 등 기재)를 준비한다(납치 위험을 대비하여 원아 이름을 쓰지 않을 수 있음).
- 원 주소 및 전화번호 목걸이 이름표는 끈이 목에 걸릴 위험이 있으므로 사용하지 않는다.
- 영유아 옷차림 및 준비물: 활동하기 편한 복장, 끈이 없고 신체 크기에 맞는 운동화, 산이나 풀, 나무가 있는 공원으로 갈 때는 진드기 등이 붙거나 나무에서 떨어질 수 있으므로 긴 옷, 모자는 반드시 준비한다.

② 야외활동 중 주의사항
- 도보 · 전체 무리에서 벗어나지 않도록 주의한다.
- 빨리 걷도록 재촉하지 않는다.
- 유모차 · 모차 탑승 시 안전(바퀴, 시선)에 대해 주의한다.
- 유모차 정차 시 브레이크 잠금장치를 한다.
- 횡단보도 건널 시 손을 들고 가도록 지도한다.

③ 야외활동 후 확인사항
- 인원을 점검하고 소지품이 잘 정리되어 있는지 확인한다. 실내에 들어가면 곧바로 손을 씻고 건강상태를 확인한 후 휴식을 취한다.

④ 야외활동 부모동의서(예시)

▷뮤지컬 관람안내

'누가 내 머리에 똥쌌어?' 뮤지컬 관람이 있습니다.
아래의 일정을 확인하시고 자녀분의 뮤지컬 관람 참여에 대한
유무를 작성하셔서 ○○까지 보내 주시기 바랍니다.

–일시: 2014년 ○월 ○일 오전 9:50~12:00
–장소: ○○○○아트홀(종로구 혜화동 소재)
–대상: ○○반(만 3세), ○○반(만 4세), ○○반(만 5세)
–준비물: 활동 용이한 복장(티셔츠, 바지, 운동화)
–입장료: 5,000원(은행명: ○○은행, 계좌번호: ○○○–○○–○○○○, 예금주: ○○어린이집)
*비용은 ○월 ○일까지 계좌이체 부탁드리겠습니다.

뮤지컬 관람 참여 동의서

| 원아명 | 참여 여부 | | 보호자 확인 |
| --- | --- | --- | --- |
| | 참여함 | 참여 안함 | |
| 김○○ | ○ | | 김○○ |

출처: 한국보육진흥원(2017).


## 2. 부모 대상 안전교육의 실제

영유아기는 발달의 전 영역에서 기초가 세워지고 연령에 따라 정상적인 발달이 이루어져서 전 생애에 걸쳐 건강한 삶의 바탕이 되어야 할 중요한 시기이다. 그러나 영유아의 건강을 위태롭게 하는 것은 사고이며 영아를 제외한 연령에서 사고가 사망을 이르게 하는 가장 큰 요인이 되고 있다(통계청, 2015). 항상 안전사고에 노출되어 있는 영유아의 생명을 위협할 수 있는 안전사고를 예방하고 대처하기 위해서는 유아교육기관의 안전교육만으로는 한계가 있으므로 다양한 상황을 접할 수 있는 가정에서 안전교육을 함께 실시하는 것이 바람직하다.

## 1) 부모안전교육 내용

### (1) 부모안전교육 연간 계획 및 접근법

가정에서 안전한 환경을 위한 부모교육 방법은 유아교육기관의 홈페이지를 활성화하는 방법으로 부모교육을 실시하거나 가정통신문을 가정으로 발송하여 안전에 관한 부모교육 자료를 제공하기도 한다. 또한 안전전문강사를 초청하여 안전에 관한 강의를 들을 수도 있다. 〈표 10-5〉는 유아교육기관의 연간 부모교육 계획 및 접근법에 대한 예시이다.

〈표 10-5〉 연간 부모안전교육 내용 및 접근법

| 월 | 주제 | 내용 | 접근법 |
|---|---|---|---|
| 3 | 교통안전교육 | 안전한 승·하차법 | 가정통신문 |
| 4 | 실종 예방교육 | 아동사전 등록방법 및 도움 요청하는 방법 | 전문강사 초빙교육 |
| 5 | 놀이안전교육 | 안전한 나들이 | 가정통신문 |
| 6 | 약물오·남용 예방교육 | 가정에서 비치하여야 할 비상약과 복용 | 보건교사, 가정통신문 |
| 7 | 화재안전교육 | 가정의 화재예방 및 화재 시 행동수칙 | 가정통신문, 전문기관 연계교육 |
| 8 | 유괴 예방교육 | 유괴로부터 자녀를 보호하기 위한교육 | 전문강사 초빙교육 |
| 9 | 생활안전교육 | 가정에서의 안전 | 가정통신문 |
| 10 | 성폭력 예방교육 | 성폭력 위험으로부터 자녀를 보호하기 위한 예방교육 | 전문강사 초빙교육 |
| 11 | 재난대비 안전교육 | 지진이 일어났을 때 행동수칙 | 가정통신문 |
| 12 | 아동학대 예방교육 | 아동학대와 올바른 훈육법 | 전문강사 초빙교육, 가정통신문 |
| 1 | 놀이안전교육 | 겨울철 놀이 시 유의할 점 | 가정통신문 |
| 2 | 교통안전교육 | 비가 오거나 눈이 올 때의 안전예방 | 가정통신문 |

## (2) 기관-가정 연계 부모교육의 내용

영유아 사고와 관련하여 유아교육기관의 통학 관련 법과 규정 및 안전지도가 더욱 중요해지고 있다. 이러한 사항은 기관에서만 지켜야 할 내용이 아니라 부모도 가정에서 안전수칙을 지켜야만 영유아들의 안전을 보장할 수 있다. 다음은 기관과 가정을 연계하여 부모들이 알아야 할 등·하원 시 안전교육, 소방대피, 유괴, 아동학대에 관한 안전교육의 내용을 알아본다.

① 등·하원 시 안전수칙

• 통학차량 시간, 장소를 준수한다.

  – 유아교육기관 입소 시 직접 인계일지, 통학차량을 이용할지에 대한 상황을 부모님이 결정한다.

  – 학부모와 영유아는 정해진 장소에서 함께 기다린다. 영유아가 결석을 할 경우 차를 탑승하지 않으므로 사전에 미리 전화나 서면으로 연락한다.

• 영유아는 반드시 교사에게 직접 인계한다.

  – 영유아를 혼자 탑승 장소에서 기다리게 하지 않아야 하며 부모가 직접 인계한다.

  – 만약에 부모 외에 다른 사람이 인계할 경우에는 사전에 미리 연락하여 인계하는 사람의 인상착의, 관계, 연락처 등의 정보를 교사에게 미리 알려 주어야 한다. 유괴와 관련되므로 반드시 지키도록 한다.

  – 당직시간이나 토요일 통합 보육시간에는 당직교사에게 직접 인계한다.

• 영유아의 상태가 평소와 다를 때에는 교사에게 먼저 이야기한다.

  등원 건에 영유아의 기분과 건강상태가 평소와 다를 경우 반드시 교사에게 원인과 증상에 대해 이야기한다.

• 하원 시 보호자는 약속된 귀가시간과 위치에 직접 나와 영유아를 맞이해 주어야 한다.

  – 보호자 역할을 할 수 없는 아동에게 자녀를 인계하게 될 경우에는 귀가시키

지 않고 부모가 직접 인계받아야 한다.

- 영유아와 함께 횡단보도를 건널 경우에 부모와 반드시 손을 잡고 다니도록 한다.

- 하원시간에 자녀에 대한 궁금한 사항을 교사와 오랜 시간 이야기하지 않는다.

등·하원 시 인계절차는 〈표 10-6〉과 같다.

〈표 10-6〉 등하원 시 인계절차

| 구분 | 부모님이 직접 등·하원하는 방법 | 어린이집 통학차량을 이용하는 방법 |
|---|---|---|
| 등·하원시간 | • 등원: 자녀교육활동에 지장을 주지 않도록 9시 50분까지 등원<br>• 하원: 19시 30전까지 부모가 원하는 시간으로 가능 | • 지역별 순차적 통학차량 시간에 맞춰 등원 |
| 지도 | • 원 실내까지 데려다 주고 교사에게 직접 인계 | • 통학시간 준수하기<br>• 결석 또는 차량 미이용 아동의 경우 사전에 연락 주기<br>• 승차 전과 하차 후는 보호자 책임 안내 |
| 기준 | • 어린이집 운영시간 내 가능 | • 지역별 통학차량 코스표 참고 |

상황에 따른 귀가방법은 언제든 변경 가능하나 사전에 교사와 협의하여야 함

출처: 어린이집안전공제회(2015).

② 응급처치 및 귀가동의서 기재내용

입소할 때 영유아의 보호자에게 귀가 동의서를 받는다. 귀가사항의 변동이나 연락처가 바뀌는 경우 동의서를 다시 받거나 수정하여야 하며 응급처치 동의서와 귀가 동의서 서식은 통합하여 사용할 수 있다. 동의서 예시는 〈표 10-7〉과 같다.

〈표 10-7〉 응급처치 및 귀가 동의서 서식 예

## 응급처치 및 귀가 동의서

• 원아기본정보

| 성명 | ( 남, 여 ) | 반 이름 | |
|---|---|---|---|
| 주소 | | 주민등록번호 | |

• 보호자연락처

| 성명 | 관계 | 연락처(1) | 연락처(2) | 비고 |
|---|---|---|---|---|
| | | | | |
| | | | | |
| | | | | |
| | | | | |

• 응급처치 절차

> 1. 응급상황 발생 시 위의 보호자께 연락해 주십시오.
> 2. 영유아의 의료보험 관련 정보는 다음과 같습니다.
> 의료보험　　　 종류 _____
> 　　　　　　　 번호 _____
> 3. 필요한 경우 119구조대에 연락하며 (어린이집에서 지정하는 의료기관이나, 보호자가 정한 의료기관)
> 으로 응급 수송해 주십시오.

• 귀가 동의

> 위 원아의 귀가 시 위의 보호자에게 인도하여 주십시오. 다른 사람에게 인계할 때에는 사전에 반드시 연락을 취하겠습니다.
>
> ※ 저희 어린이집에서는 부모님이 원하시더라도 영유아를 보호자 없이 혼자 귀가시키지 않습니다.
> • 등·하원방법: ☐ 통학버스 ☐ 보호자 동행
> • 귀가요청시간:　　 시　　 분

위 어린이집에서 위의 절차에 따라 귀가 및 응급처치를 하는 것에 동의합니다.

20 년 월 일

보호자　　　　　　인(서명)

○○○어린이집 원장 귀하

출처: 한국보육진흥원(2017).

③ 안전한 보호와 양육을 위한 보호자 동의서

아동학대의 조기발견 및 무단결석 관리와 대응을 강화하기 위해 아동의 안전한 보호와 양육을 위한 보호자 동의서를 받아둔다. 그 예시는 〈표 10-8〉과 같다.

〈표 10-8〉 안전한 보호와 양육을 위한 보호자 동의서 예

안녕하십니까? 최근에 드러난 아동학대는 모든 영역에서 아동의 안전을 위해 보다 적극적인 노력을 기울어야 함을 보여 주고 있습니다. 우리 유치원/어린이집은 아동 안전을 위한 범정부대책으로 마련한 유치원·어린이집 아동학대 조기발견 및 관리대응 매뉴얼에 따라 무단결석에 대한 관리와 대응을 강화하고자 합니다.

근거: 「아동복지법」 「아동학대범죄의 처벌 등에 관한 특례법」

♣ 보호자님, 아동 결석은 반드시 사전에 알려 주시기 바랍니다. 결석 시 사전에 유치원/어린이집으로 연락하지 않거나 보호자와 연락이 되지 않는 경우, 무단결석으로 간주하여 다음과 같은 절차를 진행하겠습니다.

1. 1일차에는 담임교사가 가정으로 전화 연락을 실시합니다.
2. 2일차에도 연락이 되지 않을 경우에는 유관 기관과 협조하여 가정방문을 실시합니다.
3. 가정방문 결과 아동과 연락이 되지 않거나 소재 안전이 확인되지 않는 경우 아동학대가 의심되는 경우로 판단하여 아동보호전문기관 상담 또는 수사기관(112)에 신고합니다.

| 무단결석 시 정보제공 및 가정방문 동의서 ||
|---|---|
| 정보제공 동의 | 제3자 제공 동의 |
| 1. 수집이용목적: 아동 소재·안전 파악<br>2. 수집항목: 아동명, 학급명, 성별, 주민등록번호, 주소, 전화번호, 보호자명<br>3. 이용 및 보유기간: 해당 업무 종료 시까지<br>4. 동의를 거부할 수 있으며 동의 거부시 무단결석 아동의 소재·안전 파악에 제한이 있을 수 있습니다.<br><br>개인정보 수집 동의　　□예　□아니요 | 1. 제공받는 자: 읍면동주민센터, 아동보호전문기관, 수사기관<br>2. 제공받는 자의 이용 목적: 아동 소재·안전 파악<br>3. 제공하는 항목: 수집항목과 일치<br>4. 제공받는 자의 보유이용기간: 해당 업무 종료 시까지<br>5. 동의를 거부할 수 있으며 동의 거부 시 무단결석 아동의 소재·안전 파악에 제한이 있을 수 있습니다.<br><br>개인정보 제3자 제공 동의　　□예　□아니요 |
| 가정방문 동의 ||
| 1. 이용목적 : 아동 소재·안전 파악<br>2. 동의를 거부할 수 있으며 동의 거부 시 무단결석 아동의 소재·안전 파악에 제한이 있을 수 있습니다. | 가정 방문 동의　　□예　□아니요 |

| 반 명 | | 반 | 아동명 | |
|---|---|---|---|---|
| 보호자(동의자) 성명 | | | | (서명) 또는 (인) |

출처: 보건복지부(2016).

## 2) 부모 대상 안전교육의 실제

### (1) 소방대피훈련

유아교육기관에서는 화재 시 대처방법과 도움을 청하는 방법에 대해 교육을 실시하지만 가정에서도 화재발생시 어떻게 대피하여야 할 것인지 부모가 숙지하여 자녀들과 함께 교육을 함으로써 안전한 습관이 형성되도록 하여야 한다. 가정연계 소방대피훈련 계획 예시는 〈표 10-9〉와 같다.

〈표 10-9〉 가정연계 소방대피훈련 계획하기 예

| 활동명 | 집안 대피계획을 세웁시다! |
|---|---|
| 활동목표 | 가정과의 연계교육을 통하여 안전 및 화재 예방을 할 수 있다. |
| 활동자료 | 가정활동지, 가정통신문과 같은 부모교육용 자료를 가정으로 보냄 |
| 활동방법 | 학부모님께<br>어린이집에서 자녀들과 함께 불이 났을 때 대피할 수 있는 대피도를 그려보고 대피훈련도 하였습니다. 부모님들께서는 집에 불이 났을 경우에 대피하는 법을 알고 계십니까? 불이 났을 때 안전하게 밖으로 나가기 위해서는 대피계획을 세우고 계셔야 합니다. 집안 대피계획은 화재가 발생했을 때 안전하게 집밖으로 나갈 수 있는 약속입니다. 출구 하나가 불이나 연기로 막혀 있을 때를 대비하여 각 방의 출구 2개를 모든 가족이 알고 있어야 합니다.<br><br>• 대피계획을 세울 때 참고해야 할 점은 다음과 같습니다.<br>1. 가족 모두가 모여서 간단한 집 평면도를 그립시다.<br>2. 각 방마다 출구를 2개 정합니다. 첫 번째 출구는 출입문이고 두 번째 출구는 다른 문이나 창문입니다.<br>3. 문과 창문이 잘 열리는지를 확인하고 2층집의 경우에는 창문을 통해 지붕이나 현관 위로 대피할 수 있는 계획을 세웁시다. 피난용 사다리를 구입, 보관, 사용법을 모두 알고 있어야 합니다.<br>4. 가족 모두가 집밖에서 만날 장소를 정하고 평면도에 표시합시다.<br>5. 가족 모두가 계획된 대피로를 잘 알고 있는지 정규적으로 점검합시다.<br>6. 가스탐지기나 연기탐지기 등 초기 화재 경고장치를 집안에 설치합시다.<br>7. 창문이 없는 방에 어린 자녀를 재우지 맙시다.<br>8. 아파트에 살고 계시는 경우에는 엘리베이터를 타지 말고 계단을 이용하여 대피합시다.<br>9. 만약 방에 갇혔다면 창문 쪽으로 가서 문을 열고 밝은 색 옷이나 플래시 등으로 신호하며 도움을 요청합니다. |

출처: 수정삼성어린이집(2008) 소방대피훈련 가정연계 자료.

## (2) 부모 소화기 사용법 교육

영유아 하원 시 가장 많은 부모가 데리러오는 시간대에 부모 소화기 사용법 교육을 계획한다. 소화기는 유아교육기관이 소재한 지역 소방서에 의뢰하면 물소화기 대여가 가능하다.

[그림 10-4] 부모가 소화기 사용법 연습하는 모습

## (3) 유괴 예방 부모교육

맞벌이, 유아조기교육, 가정 기능의 약화 등 부모의 자녀양육 시간의 감소로 인해 영유아들이 일과의 많은 부분, 가정이 아닌 곳에서 보내는 시간이 많아졌다. 이로 인해 다양한 상황에서 많은 문제를 접하게 되고 범죄가 일어날 가능성도 커지고 있다. 유괴범죄는 대상연령도 점차 낮아지고 영유아의 생명을 위협하는 사건이므로 어린 시기에 실종 및 유괴 예방교육이 필수적이다. 가정에서 부모는 영유아가 유괴에 대해 알고 습관이 될 때까지 지도하여야 한다. 다음은 유괴를 예방하기 위해서 부모가 미리 알아야 할 수칙이다.

### ① 부모가 지켜야 할 유괴방지 수칙

- 평소에 사전등록을 신청한다. '182실종 아동찾기센터'에서 지문 등 사전등록제를 시행하고 있다. 아동이 실종되었을 경우 대비하여 미리 지문과 사진, 보호자 인적사항 등 사전등록을 해 두면 사고가 있을 경우 자료로 활용할 수 있다 (안전Dream: www.safe182.go.kr).

- 자녀를 혼자 집에 두고 외출하지 않는다. 자녀가 혼자 있을 경우에는 문을 잠그게 하고 밖을 안에서 볼 수 있는 장치를 준비한다.
- 낯선 곳을 갈 때에는 항상 부모의 손을 잡고 다닌다. 백화점, 슈퍼나 시장, 쇼핑몰, 영화관, 공원, 화장실 등에서 주의를 하여야 한다. 만약의 경우에 대비하여 비상시에 만나는 장소를 미리 정해 둔다.
- 자녀의 키, 몸무게, 생년월일, 신체특징, 버릇 등 상세한 정보를 수시로 알아 두는 것이 유용하게 사용될 수 있으며 인적사항을 적어 둔 카드를 집에 비치해 둔다.
- 유괴범은 사전에 동선을 미리 파악하여 접근할 가능성이 크므로 자녀의 동태와 행선지를 파악하고 있어야 한다.
- 자녀의 이름과 연락처 등을 적을 때에는 바깥으로 쉽게 드러나지 않도록 옷 안쪽이나 신발 밑창 등에 새겨 두는 것이 좋다. 유괴범이 이렇게 쓰인 것을 보고 아동에게 아는 척하여 접근할 수 있도록 하는 자료가 될 수 있다.

② 실종아동 찾기 가이드라인

자녀가 실종되었을 경우에 다음 가이드라인을 활용한다.

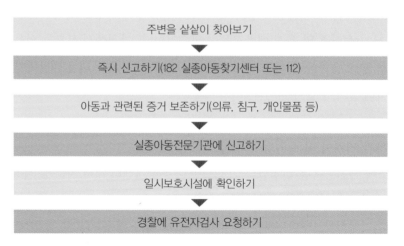

주변을 샅샅이 찾아보기

↓

즉시 신고하기(182 실종아동찾기센터 또는 112)

↓

아동과 관련된 증거 보존하기(의류, 침구, 개인물품 등)

↓

실종아동전문기관에 신고하기

↓

일시보호시설에 확인하기

↓

경찰에 유전자검사 요청하기

[그림 10-5] 실종아동 찾기 가이드라인

### (4) 성폭력 예방 부모교육

아동 성폭력 예방을 위한 학부모 10계명을 매일의 일상에서 실천하도록 한다. 10
계명은 다음과 같다(이현혜, 2011).


① 자녀의 하루 일정을 알고 있어야 하며, 자녀가 하루 동안 경험한 일에 대해서
  이야기를 나누며, 어떠한 이야기라도 편안하게 말하도록 격려한다.

② 가능한 자녀가 혼자 다니지 않도록 하고, 자녀가 믿을 수 있는 어른을 구체적
  으로 알려주며 어디를 가거나 누구를 만나든지 항상 허락을 받도록 지도한다.

③ 누군가 물건을 주거나 따라가자고 하는 등의 경험을 하면 "고맙습니다만 괜찮
  습니다." 또는 "엄마(보호자)에게 물어볼게요." 라고 말하고 그 자리를 피하도
  록 알려준다.

④ 낯선 사람과 일정한 거리를 유지하고, 길을 묻거나 잃어버린 강아지를 찾아달
  라는 식의 도움을 요청할 경우 '어른에게 도움을 구하세요.'라고 말하고 즉시
  자리를 떠나도록 알려준다.

⑤ 위급 시 부모-자녀 간 통하는 비밀암호를 미리 정하고 사용한다.

⑥ 위급상황 시 사람이 많은 곳으로 가도록 하고, 주위 어른에게 도움을 청하거
  나 부모의 전화번호로 전화할 수 있도록 가르치며 공중전화의 수신자부담 전
  화 방법 또한 숙지시킨다.

⑦ 등하굣길에 도움을 청할 수 있는 곳(아동안전지킴이집, 주민자체센터, 경찰, 지
  구대, 은행 등) 이나 공중전화 위치를 파악하고 활용할 수 있도록 자세히 알려
  준다.

⑧ 집에서 먼 장소에 가는 경우 자녀가 부모를 잃어버렸을 때 만나는 장소에 대
  한 계획을 미리 세우도록 하며 자녀의 옷이나 외부로 드러나는 물건에 이름을
  기재하지 않는다.

⑨ 등하교 시간을 지키도록 하여 학교에 너무 일찍 가거나 늦게까지 남아 있지
  않도록 가르친다.

⑩ 자녀와 함께 주말 등 휴일을 이용하여 자녀가 주로 다니는 통학길 등을 둘러
보고 안전한 장소(길), 위험한 장소(길)를 점검해본다.

1. 가정에서 많은 시간을 보내는 영유아들은 발달이 미숙하기 때문에 안전사고가 많이 일어나므로 가정에서 사고발생을 낮추기 위해서 부모는 안전에 대한 관리가 필요하다.

2. 사고는 사전에 예방을 통해 미연에 방지할 수 있다는 부모의 인식의 변화와 실천을 통해 사고발생을 차단하여야 한다.

3. 등·하원 시 영유아의 인계는 교사가 부모에게, 부모가 교사에게 직접 인계하여야 하고 차량을 기다리는 동안 뛰어 돌아다니지 않도록 보호하여야 하며 자녀의 궁금한 사항에 관한 일로 교사와 오랜 시간 동안 이야기 나누지 않는다.

4. 화재발생 시 부모는 대피방법을 자녀와 함께 교육을 받아 가정에서 안전한 습관을 형성하도록 한다.

5. 가정에서 부모는 유아가 유괴에 대해 이해하고 올바른 판단을 할 수 있도록 지도하여야 한다.

6. 유아교육기관의 교사는 안전한 환경을 제공하고 영유아들이 스스로 자신을 보호하고 안전한 생활태도와 습관을 형성하도록 반복하여 지속적으로 지도해야 한다.

7. 교직원은 안전교육지침을 숙지하여야 하며 안전교육을 시행할 때 적극 참여하여 화재, 긴급사태에 대비하여 훈련을 실시하여야 한다.

8. 교사대상 안전교육의 내용은 아동학대 예방과 위험요소를 제거하여 심각한 학대 발생이 일어나지 않도록 개입하여야 한다.

9. 유아교육기관에서 아동학대를 방지하기 위해서는 체계적인 인사관리와 지속적인 교사교육을 통해 영유아를 지원하는 교육환경을 조성하여야 한다.

# 제**5**부
# 유아교육기관 안전사고 대처

제11장

# 유아교육기관에서의 상황별 응급처치

**교육 내용**

• 유아교육기관에서의 응급상황
  - 응급상황 대비를 위한 유아교
    육기관에서의 준비
  - 응급상황 시 행동원칙
  - 신고 및 도움 요청하기

• 위급상황 시 상황별 응급처치
  - 피부에 상처가 난 경우
  - 타박상을 입은 경우
  - 삐었을 경우
  - 골절되었을 경우
  - 탈구되었을 경우
  - 코피가 날 경우

  - 치아가 손상된 경우
  - 이물질이 들어간 경우
  - 쏘이거나 물린 경우
  - 화상
  - 약물중독
  - 기도가 막힌 경우

• 영유아의 심폐소생술
  - 익식 확인과 신고(119)
  - 신속한 가슴압박
  - 기도 열기
  - 인공호흡
  - 자동제세동기
  - 회복자세

유아교육기관에서는 영유아들의 위험에 대한 인식 부족과 발달상 조절능력의 미숙으로 인해 크고 작은 안전사고가 자주 발생한다. 예기치 않은 안전사고가 일어났을 때 유아교육기관에서는 보다 신속히 대처하는 것이 무엇보다 중요하다. 따라서 이 장에서는 응급상황에 대비하여 유아교육기관에서의 준비사항과 응급상황 시 교사의 역할, 상황별 응급처치에 대해 알아보고 영유아 대상 심폐소생술 순서와 방법에 대해 살펴본다.

# 1. 유아교육기관에서의 응급상황

유아교육기관 교사들은 평상시 안전사고가 발생하지 않도록 영유아들을 적절하게 보호하고 안전한 환경을 마련, 지속적인 안전교육을 실시하여 안전관리 감독에 유의하여야 한다. 그러나 아무리 철저한 교사의 관리와 주의가 있다 하더라도 순간 발생하는 사고의 위험은 항상 존재한다. 안전사고는 미리 주의를 기울여 예방하는 것이 최선이지만 불가피하게 일어나는 사고에 적절히 대처할 수 있는 교사의 지식 및 기술도 매우 필요하다. 응급상황이 발생했을 때 가장 중요한 것은 전문가의 처치가 있기 전 첫 단계에서 응급처치를 얼마나 신속히 적절하게 하는가 하는 것이다. 이것은 영유아의 회복력에나 영구적인 신체 손상을 초래할 수 있는 합병증을 감소, 방지하는 데 매우 결정적인 영향을 미친다. 이에 유아교육기관에서는 교직원들이 평상시 위급상황에 대처하는 능력을 기를 수 있도록 체계적으로 훈련하여 응급상황 시 안전사고의 피해를 최소화하도록 노력을 기울여야 한다.

## 1) 응급상황 대비를 위한 유아교육기관에서의 준비

위급상황에서 당황하지 않고 신속하게 대응하기 위해서는 평상시 유아교육기관에서의 체계적 준비가 필요하다. 응급상황에 대비하기 위한 유아교육기관에서의 준비 사항은 다음과 같다(어린이집안전공제회, 2015).

첫째, 모든 직원은 기도 확보와 심폐소생술 등의 응급처치 교육을 받도록 한다. 교직원들은 응급처치법에 대한 지식을 갖추고 응급상황이나 안전사고 발생 시 참고할 수 있는 응급처치 관련 자료 및 책자를 기관 내에 구비해 두는 것이 필요하다.

둘째, 손이 쉽게 닿는 곳에 필요한 물품이 갖추어진 구급상자를 준비해 둔다. 구급상자를 준비하고 물품의 목록을 적은 후 구급함에다 붙여 둔다. 구급상자는 비상시에 손쉽게 사용할 수 있도록 고정된 장소에 서늘하게 보관하여야 한다. 또한 구급상자 안의 약품은 정기적으로 점검하여 유효기간이 지난 것은 교체하고 목록에 없는 것은 보충하여 예기치 못한 응급상황을 대비해야 한다.

셋째, 영유아의 비상연락망, 응급전화번호 등을 전화기 옆에 비치한다. 사고가 발생하거나 긴급상황이 발생하면 당황하게 되고 알고 있던 내용이라도 생각나지 않아 신속한 대처가 늦어질 수 있다. 따라서 안전사고 발생 시 도움을 청할 수 있는 주요기관(119 구조대, 지역 아동 병원, 소방서, 파출소 등)의 전화번호와 비상시 연락이 닿는 학부모 연락처를 기록하여 비치해 둔다. 비치해 둘 구급용품의 예는 〈표 11-1〉과 같다.

〈표 11-1〉 구급상자에 갖추어야 할 구급용품

| 의료용 재료 | 외용제 | 주의사항 |
|---|---|---|
| 붕대, 거즈, 소독솜, 삼각붕대, 탄력붕대, 칼, 가위, 핀셋, 반창고, 일회용 장갑, 일회용 반창고, 부목류 등 | 과산화수소수, 베타딘, 항생제, 외용연고, 근육용 마사지연고, 화상용 바세린 거즈, 생리식염수, 벌레 물린 데 바르는 연고 등 | 유아교육기관에서의 의약품 사용은 반드시 전문의사의 진료와 처방에 의해 이루어지도록 한다. |

출처: 중앙보육정보센터(2008).

넷째, 응급상황 발생 시 조치에 대한 부모동의서를 준비한다. 병원에서의 치료절차상 영유아의 경우 부모동의가 필요하므로 응급상황에 대비하여 신속히 치료가 이루어지도록 응급처치 동의서를 사전에 미리 받아 보관해 두는 것이 좋다. 영유아와 관련한 정보는 사전 학부모 설문을 통해 미리 조사하여 영유아의 건강기록부를 작성해 두면 비상시 신속하게 활용할 수 있다.

다섯째, 야외학습을 나갈 때 휴대용 구급상자와 비상연락망을 준비한다. 기관 내부가 아닌 외부에서 영유아가 사고가 나는 경우 교사는 당황할 수밖에 없다. 응급상황이 일어났을 때 즉각적인 대처를 위해 교사는 야외 학습활동 시 휴대용 구급상자를 구비하고 비상시 학부모에게 연락할 수 있는 연락처를 잊지 않고 챙겨가도록 한다.

여섯째, 긴급사고 발생 시 담당할 교사 역할을 분담해 두어야 한다. 작은 안전사고는 기관 내에서 처리가 가능하지만 병원에 가야 할 시급한 사고상황이 발생할 경우 교사 혼자 사고를 처리하기 어려운 경우가 있다. 따라서 교직원들은 비상상황에 대비하여 환아를 보살피고 응급처치할 교사, 부모 및 구조대, 병원에 연락할 교사, 남은 영유아를 보살피는 교사 등 각자의 역할을 미리 분담해 둔다(p. 292 [그림 10-1] 참조).

## 2) 응급상황 시 행동원칙

응급 상황 시 취해야 할 구체적인 행동은 위험인지, 환자의 반응 확인, 주변 사람에게 도움 요청, 기도 확보 및 호흡, 순환 확인 순서로 진행된다(보건복지부, 2005).

위험 인지 → 반응 확인 → 도움 요청 → 기도 확보 → 호흡 → 순환의 증거

### (1) 위험 인지
잠재적인 위험이라도 해가 될 수 있으므로 가장 먼저 다음사항을 평가해야 한다.

- 위험한 상황 밖에 있어야 한다.
- 다른 사람도 위험한 상황 밖에 있도록 해야 한다.
- 안전하게 시행할 수 있다면 위험요소를 제거한다.
- 즉시 옮기지 않으면 안 될 극도의 위험한 상황에만 환자를 다른 곳으로 이동한다.

### (2) 반응 확인
- 환자가 의식이 없거나 혼미한 경우에는 환자에게 크게 소리쳐서 반응을 확인한다.

• 만약에 크게 불러도 반응이 없다면 양 어깨를 두드린다.

### (3) 도움 요청

만약 반응이 없으면 동료나 지나는 사람에게 소리쳐서 신고를 위한 도움을 요청해야 한다. 가능하면 아는 사람을 지목하도록 하며, 눈을 맞추어 상대가 이해했는지 확인해야 한다.

### (4) 기도 확보

기도(입부터 허파까지의 호흡을 위한 길)가 적절한 호흡을 위하여 문제가 없는지 확인해야 한다. 입안을 확인하여 음식물 같이 확실히 보이는 기도를 막는 물질이 있는지 확인하고 있다면 제거한다. 제거는 입의 앞쪽에 있는 것만 시행한다.

### (5) 호흡

• 가슴이 오르락내리락 하는지 확인한다.
• 귀를 환자의 입 가까이 갖다 대어 호흡음을 들어 본다.
• 뺨이나 귀를 환자의 얼굴에 갖다 대어 호흡이 느껴지는지 확인한다.
• 다른 생명의 증거를 확인한다(예: 몸의 자발적 움직임, 침 삼킴, 기침함).
• 확인상 아무것도 찾을 수 없다면 환자는 숨을 쉬지 않을 가능성이 높다. 이때까지도 119에 신고하거나 도움을 요청하지 않았다면 119에 신고하도록 한다. 물론 의식이 없을 때 먼저 도움을 요청하는 것이 원칙이다.
• 지체하지 말고 2번의 인공호흡을 시행한다.

### (6) 순환의 증거

• 호흡, 기침 혹은 어떤 움직임이 있는지 확인한다.
• 특별히 숙련된 의료인이나 응급의료 종사자가 아니면 굳이 맥박을 만져서 확인하려고 노력할 필요는 없다.

• 순환의 증거가 없으면 흉부 압박(심장 마사지)을 시행한다. 흉부 압박 등을 하려면 기초적인 교육을 받아야 한다.

### 3) 신고 및 도움 요청하기

위급 상황 발생 시 신속한 대처는 추가 위험을 사전에 예방할 수 있다. 교직원들은 위급상황 시 신속한 대처를 위해 도움을 요청할 수 있는 기관별 전화번호를 알고 있어야 한다. 위급상황 발생 시 신고절차는 다음과 같다(서울특별시, 2005).

① 기관에서 응급상황이 발생하면 즉시 119로 전화를 건다.
② 사고가 발생한 장소, 환아의 나이와 상태, 사고경위, 전화번호, 주변건물을 알린다.
③ 119 담당자에게서 응급처치 지시사항을 전달받는다.
④ 119 구급대가 현장에 도착할 때까지 지시사항에 따라 응급조치를 시행한다.
⑤ 소방서에서 사고상황과 소재 파악 후 출동을 알릴 때까지 전화를 끊지 않는다.
⑥ 신고를 마친 후 누군가는 마중 나가 구급차를 현장까지 인도한다.
⑥ 구조대가 도착하면 환자의 상태와 실시한 응급처치 내용을 전달한다.
⑦ 알고 있다면 평상시 영유아가 다니는 병원과 의사를 알려 준다.

## 2. 위급상황 시 상황별 응급처치

위급상황 시 교사는 침착하게 대응하고 상황별 응급처치 방법을 숙지하여 응급상황 시 적절하게 대처해야 한다. 다음은 유아교육기관에서 일어날 수 있는 안전사고에 대한 응급처치 방법이다(강수진 외, 2014; 보건복지부, 2015; 이기숙 외, 2011).

## 1) 피부에 상처가 난 경우

### (1) 베인 상처와 찰과상

① 적은 부위의 상처인 경우
- 다친 부위를 식염수나 깨끗한 물로 세척하고 상처 주변을 비누와 물로 닦아 낸다.
- 물기를 제거하고 상처 부분을 출혈이 멈출 때까지 깨끗한 천으로 감싼 후 누른다.
- 소독 후 항생제 연고를 바르고 반창고나 거즈를 대어 붙인다.

② 출혈이 많은 경우
- 상처가 크고 깊을 경우 다친 부위를 소독 거즈를 덮고 손으로 압박하여 지혈시킨다.
- 거즈 위에 압박붕대를 감아 고정시키고 상처부위를 심장보다 높게 들어 올린 후 병원으로 이송한다.
- 벌어진 상처는 가능하면 4시간 이내에 꿰매야 염증을 줄일 수 있으므로 신속히 119에 연락하여 치료받을 수 있도록 한다.

### (2) 찔린 상처

- 가시에 찔렸을 때는 황급히 손톱으로 뽑으면 세균이 침투할 수 있으므로 주의하고 손을 깨끗이 씻고 소독한 족집게로 뽑는다.
- 못이나 유리조각에 찔린 경우 조각이 피부에 남아 있지 않으면 상처부위를 깨끗이 씻고 소독한다.
- 깊은 자상은 겉보기에 상처가 작아도 세균 감염으로 인한 패혈증이나 파상풍으로 매우 위험에 처할 수 있으므로 반드시 주의 깊게 살피고 병원에 데리고

가야 한다.

- 큰 유리 파편이나 금속 등이 피부에 박혀 있는 경우에는 무리하여 뽑아서는 안 된다. 몸에 박힌 것을 뽑으려다 일부가 몸안에 남거나 출혈을 더 많이 일으키고 혈관을 상하게 할 수도 있기 때문이다. 환자를 안정적으로 눕히고 타월 등으로 찔린 것을 고정시켜 구급차를 불러 병원으로 이송한다.

## 2) 타박상을 입은 경우

- 타박상은 기본적으로 혈관 손상이다. 물리적 충격을 받은 조직 내 혈관이 손상되면서 붓거나 멍이 생긴다.
- 얼음이나 찬 수건으로 찜질을 한다.
- 심하게 눌렸거나 멍이 큰 경우, 통증이 지속되는 경우, 부어오르는 경우는 병원에 가서 의사의 진단을 받는다.
- 사고 직후부터 24시간 정도까지는 냉찜질을 하면 붓기의 진행도 낮출 수 있고 통증 완화에 효과적이다. 48시간 후부터는 온찜질이 오히려 부종 완화와 상처 치유에 도움이 된다.

## 3) 삐었을 경우

- 삔 즉시 외형상으로 증상이 나타나지 않고 아프지 않을 수 있으나 시간이 지나면서 삔 관절 부위가 점점 부어오르고 멍이 든 것처럼 시퍼렇게 되고 아프다.
- 삔 관절 주위와 연결된 건강한 부위까지 부목을 대어 삔 관절이 움직이지 못하게 고정한다.
- 삔 부위는 몸의 다른 부분보다 높게 하여 얼음주머니를 대 주거나 찬 수건으로 찜질해 주어 붓지 않도록 예방한 후 병원으로 데리고 간다.

## 4) 골절되었을 경우

골절이란 뼈가 부서지거나 부러진 것을 말한다. 일반적으로 골절은 상당한 힘이 가해졌을 때 발생하지만, 성장기 영유아의 뼈는 약한 힘으로도 골절될 수 있다.

### (1) 개방성 골절
- 개방성 골절이란 골절된 뼈 끝이 피부를 뚫고 돌출되거나 골절 부위의 피부에 상처가 난 것을 의미한다. 개방성 골절은 심각한 감염의 위험성을 가진다.
- 외부의 특별한 위험이 없는 경우 손상부위를 고정하기 전에 다친 영유아를 움직이지 않도록 한다.
- 소독된 거즈로 상처를 덮고 상처 주위를 압박하여 지혈한다.
- 지혈 시 돌출된 뼈를 누르지 않도록 주의한다.
- 거즈를 붕대로 고정시킨다.
- 뼈가 돌출된 경우 깨끗하고 부드러운 패드를 손상 부위 주변에 쌓아 올려 상처를 누르지 않고 붕대를 감는다.
- 단단히 붕대를 감아야 하나 붕대 아래로 피가 안 통할 정도로 세게 감아서는 안 된다.

### (2) 폐쇄성 골절
- 폐쇄성 골절은 골절 부위의 피부가 정상인 경우를 말한다.
- 외부의 특별한 위험이 없는 경우 손상부위를 고정하기 전에 다친 영유아를 움직이지 않도록 해야 한다
- 다리를 다친 경우 영유아를 눕힌 후 종이박스나 나무판, 패드 등을 무릎과 발목 아래에 넣어 받쳐 주어 고정한다.
- 팔의 경우 다친 부위의 위아래 관절까지 부목을 대어 움직이지 않도록 고정한다.

- 다친 부위를 무리하게 펴려고 하지 말고 가장 편안한 상태로 붕대로 고정한 후 병원으로 이송한다.

## 5) 탈구되었을 경우

- 탈구가 되면 탈구된 부분이 부어오르고 영유아가 해당 부위를 움직이기 싫어하며 통증을 호소한다.
- 상처부위를 움직이지 않도록 부목을 대고 찬찜질을 해 주며 병원으로 데리고 간다.
- 골절이나 삔 경우와 구분되지 않을 수도 있으므로 주의한다.

## 6) 코피가 날 경우

- 코피가 날 때, 코 안을 솜이나 휴지로 막는 것은 좋은 지혈방법이 되지 못한다.
- 코피가 목으로 넘어가지 않도록 환자를 앉히거나 머리를 약간 앞으로 숙이도록 하여 코피가 콧구멍에서 흘러나오게 한다.
- 영유아에게 입으로 숨을 쉬도록 하고 들이마시지 않도록 한다.
- 한 손의 엄지와 검지를 사용하여 코 앞 연골부위를 코뼈에 바짝 붙여 단단히 붙잡고 5분간 유지하여 지혈을 시도한다.
- 이후에 코피가 멈추지 않았으면 다시 반복하여 압박한다.
- 만약 코피가 심하거나 20분 이상 지속되면 병원으로 데리고 간다.
- 코피가 날 때 코를 풀면 혈전 생성을 방해하므로 영유아에게 코를 풀지 않도록 당부한다.

## 7) 치아가 손상된 경우

- 부러진 치아는 씹는 면을 잡고 생리식염수를 부어 씻어 낸다.
- 씻어낸 치아를 생리식염수에 담가 치과로 가져간다.
- 생리식염수가 없다면 차가운 흰 우유를 사용해도 된다.

## 8) 이물질이 들어간 경우

(1) 눈

① 눈의 표면에 먼지가 붙어 있을 경우
- 눈꺼풀을 넓혀 먼지가 보이면 깨끗한 거즈나 부드러운 손수건 끝을 물에 적셔 먼지를 닦아 낸다.

② 모래나 좀 더 큰 이물질이 눈에 들어간 경우
- 문지르지 말고 눈 안에 이물질이 박혀 있지 않고 움직이고 있는지를 살펴보는 것이 중요하다.
- 이물질이 움직이고 있을 때는 눈을 문지르지 말고 눈을 감고 있으면 눈물이 나서 저절로 흘러나올 수 있다. 만약 나오지 않는 경우 영유아를 옆으로 눕히고 눈꺼풀을 넓혀서 눈의 안쪽에서 바깥쪽으로 물을 부어서 씻어내듯 흐르게 한다. 나오지 않을 경우 무리하여 닦아 내려 하지 말고 병원에 가서 진찰을 받아야 한다.
- 눈에 이물이 박혔을 때에는 박힌 것을 뽑거나 눈을 비비는 것은 절대 금물이다. 거즈로 눈을 가리고 안정을 취하도록 하여 다친 눈을 위로 한 상태로 눕힌 채 병원에 데려가야 한다.

③ 약품이 들어간 경우

- 눈을 비비지 말고 정수된 물이나 생리식염수를 흘려 눈의 안쪽에서 바깥쪽으로 향하여 5분 이상 헹구어 내야 한다.
- 양쪽 눈에 모두 뿌린 경우 두 눈을 동시에 샤워기를 이용하여 빨리 씻어 낸 다음 생리식염수로 헹구어 준다.
- 안약은 함부로 사용하지 않는다.
- 눈을 씻어낸 후에도 통증을 호소하면 곧바로 병원으로 데리고 간다.
- 영유아의 눈을 감기고 깨끗한 거즈로 눈을 가린 후 눈을 많이 움직이지 않도록 조치한 후 안과에 가서 치료를 받는다.

(2) 귀

① 벌레가 귀에 들어간 경우

- 대부분의 벌레는 후진할 수가 없어서 귓구멍 속에서 돌아 나올 수 있을 정도로 작은 벌레가 아니라면 계속 고막 쪽을 향해서 파고들기 때문에, 심한 통증과 큰 소음으로 인해 환자는 놀라고 불안해하게 된다.
- 빛을 보고 벌레가 나오도록 손전등을 비추는 방법은 많이 제시되어 있으나 실제로 효과가 거의 없으므로 괜히 시간 낭비를 하는 것보다는 즉시 병원으로 가는 것이 좋다.
- 집에서 핀셋이나 면봉으로 벌레를 제거하려고 시도하는 것은 자칫 벌레를 자극하고 더 심하게 요동치게 하여 고막이나 외이도의 손상을 가중시킬 수 있으므로 금한다.
- 병원에 가면 마취약을 귓구멍에 부어서 벌레를 즉사시킨 후 안전하게 빼낸다.

② 비동물성 이물이 귀에 들어간 경우

- 핀셋을 이용하여 꺼낼 수 있는데 이때 안쪽으로 이물질을 밀어 넣지 않도록 주의한다.

- 간단히 꺼낼 수 없을 때는 즉각적으로 병원에 가서 빼는 것이 보다 안전하다.

## (3) 코

- 이물질이 들어 있지 않은 반대편 콧구멍을 누르고 코를 푼다.
- 작은 것은 핀셋을 이용하여 꺼낼 수도 있으나 안쪽으로 밀어 넣지 않도록 주의하고 어려울 경우 즉각적으로 이비인후과 진료를 받는다.

## (4) 목

- 생선가시가 걸렸을 경우 병원에 가서 제거해야 한다.
- 삼킨 이물질이 식도에 걸리지 않고 위장까지 도달한 경우에는 대부분의 이물질이 큰 문제를 유발하지 않고 대변으로 배출된다. 독성을 띠지 않는 이물질은 특별히 제거하려고 시도하지 않고 대변으로 나올 때까지 기다리는 것이 좋다.
- 대변으로 배출되기를 기다리는 중에 복통이 발생하거나 기타 소화기 증상이 발생하면, 문제가 발생했을 가능성이 있으므로 추가 검진이 필요하다. 만 72시간이 지나도록 배출이 안 될 때에는 병원에 가도록 한다.
- 독성물질을 배출하는 이물질은 최대한 신속히 제거해야 한다. 수은전지와 같은 것은 위산이나 소화액에 부식되어 내부 물질이 유출될 위험이 있으므로 속히 제거해야 한다.

## 9) 쏘이거나 물린 경우

### (1) 사람에게 물린 상처

- 상처를 세척하고 소독하여 상처부위 세균 수를 감소시킨다.
- 출혈이 있는 경우 소독된 거즈나 깨끗한 수건을 이용하여 출혈부위를 압박하고 지혈한다.
- 병원으로 데리고 가서 치료받도록 한다.

### (2) 벌이나 곤충에 쏘였을 때

• 피부에 벌침이 있는지 살펴보고 소독한 핀셋으로 침이 남지 않도록 제거한다.

• 신용카드 2장을 이용하여 침을 피부와 평행하게 밀어 주면 쉽게 제거된다.

• 상처부위를 비누와 물로 세척하고 암모니아수를 바른 후 얼음주머니를 대 준다.

• 쏘인 부위를 심장보다 낮게 위치하여 독소가 심장으로 유입되는 속도를 느리게 할 수 있다.

### (3) 개미에 물렸을 때

• 개미에 물린 경우는 염기성 액체인 암모니아수를 발라 주면 진정된다.

### (4) 개에 물렸을 때

• 개에게 물린 경우는 상처 크기에 관계없이 상처부위를 비누를 사용하여 흐르는 물로 씻어 낸다.

• 소독액은 상처부위에 부어 여러 번 소독한다.

• 소독된 거즈로 상처부위를 누르고 병원으로 데리고 간다.

• 사람을 문 개가 광견병의 염려가 있을 시에는 의사 지시에 따라 광견병 예방주사를 접종해야 한다. (개에게 물린 후 잠복기간은 10일에서 100일 정도이므로 신속히 예방주사를 접종하면 예방이 가능하다.)

## 10) 화상

### (1) 열에 의한 화상

• 흐르는 차가운 물로 화상 입은 부분을 식혀 준다.

• 통증이 줄어들 때까지 화상부위를 찬물로 식힌다.

• 호흡곤란 여부를 체크한다.

• 환아가 저체온증에 빠질 수 있으므로 화상부위가 넓을 시 과도한 찬물세척은

주의한다.

- 옷을 입은 곳이 덴 경우 무리하게 옷을 벗기려 하지 말고 가위로 잘라 낸다.
- 떨어지지 않는 경우 억지로 떼어 내려 하지 말고 옷 위에 찬물을 부어 열을 식힌다.
- 소독된 거즈로 상처부위를 넓게 덮어 준다.
- 심한 화상부위에 연고나 로션을 바르지 않는다.
- 화상이 악화될 수 있으므로 피부에 부착되는 드레싱이나 테이프를 붙이지 않는다.
- 상처부위가 넓은 경우 응급처치 후 병원으로 이동할 때에는 감염을 막기 위해 깨끗한 이불 호청으로 영유아를 덮고 그 위에 담요를 덮어 보온하며 이동한다.
- 2차 감염의 위험도가 증가할 수 있으므로 물집이 생긴 경우 절대로 물집을 터트려서는 안 된다.
- 자연스럽게 물집이 터진 경우 소독한 거즈로 덮어 주어 감염되지 않도록 한다.

## (2) 화학적 화상

- 특정한 화학물질은 자극적이거나 화상을 입히거나 피부를 뚫어 치명적 손상을 줄 수 있으므로 환아의 긴급한 병원 치료가 필요하다.
- 화학물질에 의한 손상을 막기 위해 응급처치 시 장갑을 착용한다.
- 화상으로 인한 추가 손상을 막고 화학물질을 제거하기 위해 흐르는 찬물로 20분간 화상부위를 세척한다.
- 세척 시 오염된 의복을 같이 제거한다.
- 물로 씻어낸 후 '열에 의한 화상과 같은 응급처치'를 한다.
- 약품을 씻어낸 물이 영유아나 교사에게 닿지 않도록 주의하며 곧바로 버려 2차 피해가 가지 않도록 주의한다.
- 화학물질의 성분 명칭을 알아 두었다가 의료진에게 알린다.

### (3) 전기 화상

- 전류가 몸을 통과할 때 화상이 발생하며 전류의 접촉 면에서 피부표면의 손상이 있거나 전류의 입구와 출구부분에서 손상이 발생할 수 있다.
- 감전된 물체의 전원을 차단한다.
- 전원차단이 어려운 경우 교사는 감전을 방지하는 옷차림(고무장갑 착용)으로 나무막대기와 플라스틱 등의 절연체를 이용하여 감전 물체를 분리한다.
- 화상을 입은 부위를 찾는다.
- 해당 부위를 통증이 줄어들 때까지 흐르는 찬물에 식힌다.
- 상처가 부어오르기 전에 반지, 시계, 허리띠, 신발, 꽉 끼는 옷 등의 착용물을 제거한다.
- 상처부위를 소독된 거즈로 덮는다.
- 의식은 없으나 호흡을 하고 있는 경우 회복자세로 눕히고 기도를 확보한다.

## 11) 약물중독

- 약물을 내복했을 때 약물에 따라 차이가 있지만 대체로 곧바로 토하게 하는 것이 좋다.
- 손가락으로 영유아의 목구멍을 자극하면 토하기 쉬우며 이때에는 될 수 있는 대로 머리를 낮추어 토한 것을 폐로 들이마시지 않도록 주의해야 한다.
- 물로 약물을 희석시켜 토하게 하는 것도 효과가 있다.
- 병원에 갈 때는 토한 것과 약제의 용기 등을 가지고 병원으로 가야 한다.

다음의 경우 토하게 하는 것은 절대 금물이다.

- 강산 또는 강력한 알칼리를 마셨을 경우 토하게 되면 목이나 식도에 더욱 장해를 줄 수 있으므로 대량의 우유나 물을 먹여 희석하도록 하고 즉각 병원으로 이송한다.
- 의식이 없을 때나 경련을 일으킬 때 토하게 하는 것은 토한 것을 폐로 들이마실 수 있기 때문에 위험하다.

## 12) 기도가 막힌 경우

영유아가 음식물이나 사탕, 장난감을 삼켜 기도로 넘어갈 경우 기도가 막혀 질식할 수 있다. 영유아가 말을 하지 못하고 기침이나 호흡을 할 수 없는 상태로 목을 감싸고 괴로워한다면 교사는 즉시 119에 연락한 후 응급처치를 실시해야 한다(어린이집안전공제회, 2016). 영유아의 의식이 있는 경우에는 하임리히법을 실시하며 영유아의 의식이 없는 경우 심폐소생술을 시행한다.

### (1) 1세 이하 영아의 하임리히법

- 영아를 왼쪽 팔에 엎어 얼굴을 아래로 향하게 한다.
- 왼쪽 손바닥으로 영아의 턱과 목을 받치고 머리를 받쳐준다.
- 영아의 머리를 몸보다 낮게 유지한다.
- 다른 손바닥으로 환아의 견갑골 사이의 등을 5회 연속해서 두드린다.
- 환아를 앞으로 돌려서 양쪽 젖꼭지를 잇는 가상의 선으로부터 한 손가락 너비 아래에 두 손가락을 올려 5회 반복하여 압박한다.
- 입안의 이물실을 확인하고 세거한다.
- 이물이 제거되지 않으면 앞의 과정을 계속해서 반복한다.

• 흉부압박 후에도 의식이 없으면 심폐소생술을 실시한다.

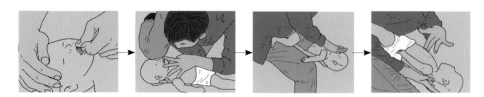

[그림 11-1] 영아의 하임리히법

## (2) 1세 이상 영유아가 의식이 있는 경우 하임리히법

• 영유아의 뒤에 서서 영유아 양 겨드랑이 사이로 팔을 넣어 배를 감싼다.

• 구조자는 배꼽과 명치 사이에 주먹을 대고 다른 손으로 주먹을 감싼다.

• 영유아의 머리를 숙인 상태에서 위쪽, 안쪽으로 힘차게 당긴다.

• 같은 방법을 5회 시행 후 이물이 빠져 나왔는지 확인한다.

• 이물이 제거되지 않으면 앞의 과정을 계속해서 반복한다.

[그림 11-2] 영유아의 하임리히법

(3) 유아가 의식이 없는 경우
- 의식이 없는 경우 심폐소생술을 시행한다.
- 인공호흡 전에 입을 열어 보아 이물질이 있는지 확인한다.
- 유아의 입속을 훑어 내듯이 제거한다.
- 이물질을 억지로 빼내려 하지 말고 이물질이 눈으로 확인되는 경우에만 제거한다.

## 3. 영유아의 심폐소생술

심폐소생술은 심장박동이 멈추고 호흡이 정지된 환자에게 가슴압박과 인공호흡을 통해 자발적 호흡과 순환기능을 회복시켜 주는 중요한 응급처치이다. 심정지가 발생한 후 4~6분이 지나면 뇌에 혈액 공급이 끊기면서 뇌 손상이 급격히 진행되므로 즉각적 조치가 필수적이다. 혈액 공급이 차단되는 시간이 길어질수록 뇌손상은 점점 심각해지고 사망에 이르거나 만약 살아나도 의식을 회복하지 못한 채 지속적인 치료를 받아야 하거나 타인에게 의존적인 삶을 살게 되는 경우가 많다. 심정지 후 6분 안에 응급조치를 받으면 생존율을 3배까지 높일 수 있다. 따라서 심폐소생술에 대해 미리 숙지하고 응급상황 발생 시 적절히 대처하는 것은 중요하다.

기본적인 심폐소생술의 순서와 방법은 [그림 11-3]과 같다(어린이집안전공제회, 2016). 심폐소생술은 만 1세 미만의 영아와 8세 이하의 유아, 8세 이상으로 구분하여 실시방법을 달리한다. 8세 이하의 환자의 심폐소생술은 성인과 차이가 있으며 8세 이상의 환자는 성인과 같은 방법으로 심폐소생술을 시행한다. 영유아 심폐소생술은 일반적으로 다음 순서를 따른다(어린이집안전공제회, 2016).

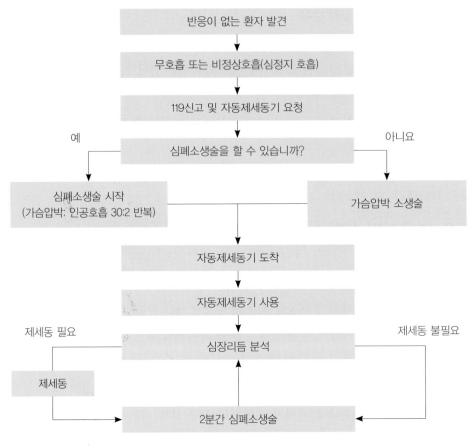

[그림 11-3] 기본 심폐소생술 순서

## 1) 의식 확인과 신고(119)

### (1) 의식 확인

- 의식이 있는지를 확인하기 위해 유아에게 말을 걸고 어깨를 조심스럽게 두드
  린다. (영아는 발바닥을 조심스럽게 때려 보아 반응하는지 살펴본다.)
- 영유아가 손상을 입은 상태는 아닌지, 어떤 의학적 처치가 필요한지 신속하게
  확인해야 하며 경추 손상이 의심되는 영유아에게는 움직임을 최소화하여 손상

이 악화되지 않도록 한다.

• 반응을 확인할 때 숨을 쉬고 있는지, 호흡이 정상인지 확인한다.

### (2) 신속한 신고와 도움 요청

• 영유아가 반응하지 않고 호흡이 없거나 비정상적인 호흡을 하고 있다면 주변
  인들에게 119에 신고하고 자동제세동기를 가져올 것을 요청한다.

## 2) 신속한 가슴압박

### (1) 만 1세 미만 영아의 가슴압박

• 심정지 영아의 가슴압박 위치는 영아의 흉골 아래 양쪽 젖꼭지를 부위를 잇는
  선의 정중앙에서 바로 아래 부분이다. 위치는 유아와 동일하나 손바닥이 아닌
  두 손가락으로 압박해야 하는 것에 주의해야 한다.

• 두 손가락으로 영아의 가슴 두께의 1/3 깊이 4cm 깊이를 분당 100회 이상(최고
  120회 이하)의 속도로 30회 연속으로 압박해야 한다.

• 압박 시마다 일정한 깊이가 유지되도록 하며 가슴압박 이후 가슴이 정상위치
  로 이완되도록 주의한다.

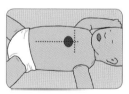  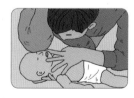 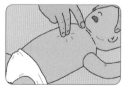

| | | | |
|---|---|---|---|
| 압박할 위치는 양쪽 젖꼭지 부위를 잇는 선 정중앙의 바로 아래 부분이다. | 검지와 중지 또는 중지와 약지 손가락을 모은 후 첫 마디 부위를 환자의 흉골 부위에 접촉시킨다. | 시술자의 손가락은 환자의 흉골이 맞닿는 부위와 수직이 되게 위치한다. | 1분당 100회 이상의 속도와 4cm 정도의 깊이로 강하고 빠르게 30회 눌러 준다. |

[그림 11-4] 만 1세 미만 영아의 가슴압박

- 1회의 가슴압박, 이완의 비율은 1:1이 되도록 유지해야 한다.
- 이완에서는 구조자의 손이 가슴압박을 하기 전의 위치로 돌아와야 한다.

### (2) 8세 미만 유아의 가슴압박

- 유아의 가슴압박 위치는 유아의 흉골 아래 양쪽 젖꼭지 부위를 잇는 선의 정 중앙에서 바로 아래 부분이다.
- 한 손으로 손바닥의 아래 부위만을 사용하며 팔꿈치를 펴서 팔이 바닥에 수직 을 이룬 상태에서 체중을 이용하여 압박한다.
- 한 손으로 1분당 100회 이상(최고 120회 이하)의 속도로 가슴 두께의 1/3 깊이, 5cm 길이로 강하고 빠르게 30회 눌러 준다.

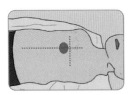   

압박할 위치는 양쪽 젖꼭 지 부위를 잇는 선의 정중 앙의 바로 아래 부분이다.

한 손으로 손바닥의 아래 부위만을 환자의 흉골 부 위에 접촉시킨다.

시술자의 어깨는 환자의 흉골이 맞닿는 부위와 수 직이 되게 위치한다.

한 손으로 1분당 100회 이 상의 속도와 4~5cm 이상 깊이로 강하고 빠르게 30 회 눌러 준다.

[그림 11-5] 8세 미만 유아의 가슴압박

## 3) 기도 열기

- 반응이 없는 영유아는 혀가 기도를 막을 수 있으므로 영유아의 머리를 뒤로 젖 히고 턱을 들어 기도를 열어 주어야 한다.
- 기도 개방 시 한 손을 영유아의 이마에 대고 손바닥으로 압력을 가하여 환자의 머리가 뒤로 기울여지게 하면서 다른 손의 손가락으로 아래턱의 뼈 부분을 머 리쪽으로 당겨 턱을 받치며 머리를 뒤로 기울인다.

## 4) 인공호흡

- 영유아의 기도를 확보한다.
- 한 손으로 유아의 코를 막고 입으로 영유아의 입을 완전히 덮어(영아의 경우 입과 코가 덮이도록 하여) 가슴이 올라오도록 2회 호흡한다.
- 각 회당 호흡은 1초 동안 실시한다.
- 보통호흡(평상시 호흡과 같은 양을 들이쉬는 것)으로 1초 동안 숨을 영유아에게 불어넣는다.
- 가슴 상승이 눈으로 확인될 정도의 1회 호흡량으로 호흡한다.
- 첫 번째 인공호흡을 시도했을 때 환자의 가슴이 상승하지 않는다면 머리 젖히고 턱 들기를 정확히 다시 시행한 후 두 번째 인공호흡을 시행한다.
- 가슴이 올라오지 않을 경우 머리 위치를 확인하고 호흡이 새지 않도록 다시 인공호흡을 실시한다.

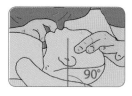   

| | | | |
|---|---|---|---|
| 한 손으로 귀와 바닥이 평행할 정도로 턱을 들어올리고, 다른 손으로 머리를 뒤로 젖힌다. | 유아의 경우 한 손으로 유아의 코를 막고 입으로 유아의 입을 완전히 덮어 숨을 2회 불어넣는다. | 영아의 경우 환자의 입과 코에 동시에 숨을 2회 불어넣는다. | 숨을 불어넣을 때 곁눈질로 환자의 가슴이 상승하는지 관찰한다. |

[그림 11-6]  영유아의 인공호흡

## 5) 자동제세동기

영아와 유아의 심정지는 심실세동(심장이 제대로 수축하지 못해 혈액을 전신으로 보내지 못하는 현상)에 의한 경우보다 질식에 의한 경우가 더 많다. 그러나 심장성 원인에 의한 심정지가 발생한 경우에는 자동제세동기를 사용하여야 한다. 자동제세동기의 사용법은 성인과 동일하나 영아와 유아는 성인에 비해 작은 에너지로 제세동을 실시하므로 소아용 패드를 사용하여 작동하여야 한다.

### (1) 자동제세동기 활용의 중요성

제세동기는 환자의 정지된 심장박동을 회복시키기 위해 심장에 고압전류를 단시간 통하게 하여 정상 맥박으로 회복시키는 장치이다. 제세동의 성공 가능성은 심정지가 발생한 직후부터 1분마다 7~10%씩 감소되므로 심정지 환자가 발생한 경우 제세동은 신속히 시행되어야 한다. 자동제세동기는 환자의 심장리듬을 자동으로 판독하여 제세동이 필요한 심정지를 구분하고 사용자가 쉽게 제세동을 할 수 있도록 되어 있어 의료인뿐 아니라 일반인도 교육을 통해 쉽게 사용할 수 있다.

### (2) 자동제세동기 사용법

#### ① 전원 켜기

자동제세동기의 전원 스위치를 켠다. 전원 스위치를 켜는 동안에도 심폐소생술을 실시하여야 한다.

#### ② 패드 부착

패드에 그려진 그림을 참고하여 음성안내에 따라 정확한 위치(1개의 패드는 가슴 오른쪽 위 쇄골 아래에 붙이고 두 번째 패드는 유아의 왼쪽 겨드랑이 아래에 붙임)에 소아용 패드를 부착한다. 이때 패드에 이물질이나 땀이 있으면 제대로 작동하지 않을 수 있으므로 제거 후 패드를 부착한다. 패드 부착 후에도 심폐소생술을 계속 시행한다.

#### ③ 심장리듬 분석

분석 중이라는 음성메시지가 나오면 심폐소생술을 멈추고 환자의 심전도 분석에 혼선을 주지 않도록 환자에게서 손을 뗀다. 심장리듬을 자동으로 분석한 후 "제세동이 필요합니다."라는 음성메시지가 나오면서 제세동 에너지를 충전한다면 주변 사람들에게 환자와 떨어질 것을 알린다.

④ 전기충격

주변 사람들이 환자에게서 모두 떨어졌는지 다시 한 번 확인한 후 제세동 버튼을 누른다.

⑤ 심폐소생술 시행

제세동을 실시한 후 가슴압박을 시작으로 2분간 심폐소생술을 시행한다. 자동제

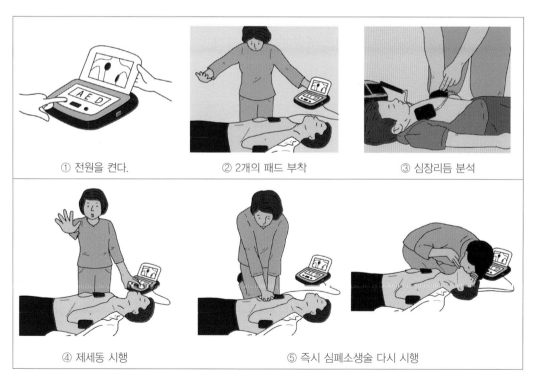

① 전원을 켠다.    ② 2개의 패드 부착    ③ 심장리듬 분석

④ 제세동 시행    ⑤ 즉시 심폐소생술 다시 시행

[그림 11-7] 자동제세동기 사용법

세동기는 2분마다 환자의 심전도를 자동으로 분석하여 제세동의 필요성을 판단하므로 응급 의료진이 현장에 도착하거나 환자가 깨어날 때까지 이러한 과정을 반복하여 실시한다. 2분이 경과하면 자동제세동기가 분석을 시행하므로 앞 단계대로 반복 시행한다. 자동제세동기 사용법은 [그림 11-7]과 같다.

## 6) 회복자세

회복자세란 의식은 없으나 정상적인 호흡과 맥박이 있는 환자에게 취해 주는 자세이다. 영유아를 측면으로 눕힌 뒤, 턱을 들어 기도를 확보하는 자세로 해 주어 영유아의 혀나 구토물로 인해 기도가 막히는 것을 예방한다. 회복자세 방법은 환자의 한쪽 팔을 90도로 꺾어 위로 두고 다른 한쪽 팔의 손등을 반대쪽 뺨에 댄다. 영유아의 한쪽 다리를 잡고 몸을 측면으로 돌려 눕힌 후 턱을 들어 기도를 개방하여 안정을 취하도록 한다. 기본적인 소생술의 내용을 요약·정리하면 〈표 11-2〉와 같다.

〈표 11-2〉 기본 소생술의 요약

|  | 영아 | 유아 |
|---|---|---|
| 심정지 확인 | 무반응 | |
|  | 무호흡 혹은 심정지 호흡 | |
|  | 10초 이내 확인된 무맥박(의료인만 해당) | |
| 심폐소생술의 순서 | 가슴압박-기도 유지-인공호흡 | |
| 가슴압박 속도 | 최저 분당 100회 이상(최고 120회 이하) | |
| 가슴압박 깊이 | 가슴 깊이의 1/3(4cm) | 가슴 깊이의 1/3(5cm) |
| 가슴이완 | 가슴압박 사이에는 완전한 가슴이완 | |
| 가슴압박 중단 | 가슴압박의 중단은 최소화(불가피한 중단 시는 10초 이내) | |
| 기도 유지 | 머리 젖히고 턱 들기 | |

| 가슴압박 대 인공호흡 비율 | 전문기도 확보 이전 | 30:2(1인 구조자) |
| | | 15:2(2인 구조자) |
| | 전문기도 확보 이후 | 압박과 상관없이 6~8초마다 인공호흡(분당 8~10회) |
| 심폐소생술 교육을 받지 않았거나 할 수 없는 일반인 구조자 | | 가슴압박 소생술 시행 |

출처: 어린이집안전공제회(2016).

### 요 약

1. 응급상황에 대비하기 위한 영유아교육기관에서의 준비 사항
- 모든 교사는 기도 확보와 심폐소생술 등의 응급처치 교육을 받도록 한다.
- 손이 쉽게 닿는 곳에 필요한 물품이 갖추어진 구급상자를 준비해 둔다.
- 영유아의 비상 연락망, 응급 전화 번호 등을 전화기 옆에 비치한다.
- 응급상황 발생 시 조치에 대한 부모동의서를 준비한다.
- 야외 학습을 나갈 때 휴대용 구급상자와 비상연락망을 준비한다.
- 긴급사고 발생 시 담당할 교사 역할을 분담해 두어야 한다.

2. 응급 상황 시 행동원칙
   응급 상황 시에 취해야 할 구체적인 행동은 위험인지, 환자의 반응확인, 주변 사람에게 도움 요청, 기도확보 및 호흡, 순환 확인 순서로 진행된다.

3. 영유아의 심폐소생술
- 심폐소생술은 심장박동이 멈추고 호흡이 정지된 환자에게 가슴압박과 인공호흡을 통해 자발적 호흡과 순환기능을 회복시켜주는 응급처치이다.
- 심정지가 발생한 후 4~6분이 지나면 뇌에 혈액 공급이 끊기면서 뇌 손상이 급격히 진행되므로 즉각적 초치가 매우 필수적이다.
- 심폐소생술은 1세 미만의 영아와 8세 이하의 유아, 8세 이상으로 구분하여 실시방법을 달리한다. 8세 이하의 환자의 심폐소생술은 성인과 차이가 있으며 8세 이상의 환자는 성인과 같은 방법으로 심폐소생술을 시행한다.

### 제12장

# 유아교육기관에서의 안전사고 시 처리절차와 법적 책임

**교육 내용**

• 유아교육기관에서의 안전사고 시 처리절차
  - 안전사고 발생 시 대처방법
  - 안전사고 발생 시 부모와의 의사소통
  - 안전사고 보상제도를 통한 처리절차

• 유아교육기관에서의 안전사고에 대한 법적 책임
  - 일반 불법행위
  - 특수 불법행위
  - 채무불이행 책임

유아교육기관에서는 안전사고 발생 시 대처방법과 처리절차에 대해 알고 보다 신속한 사고처리가 이루어질 수 있도록 해야 한다. 또한 사고발생 시 유아교육기관의 법적 책임의 한계를 알고 영유아를 교육할 때 더욱 안전에 주의하도록 돕고 안전사고로 인한 분쟁이 발생하였을 때 교사의 기본 권리까지도 보호해야 한다. 이 장에서는 영유아의 안전사고 발생 시 처리절차 및 유아교육기관의 법적 책임에 대해 살펴본다.

# 1. 유아교육기관에서의 안전사고 시 처리절차

## 1) 안전사고 발생 시 대처방법

유아교육기관에서 안전사고가 발생한 경우 교사는 당황하지 말고 상황을 파악한 후 적절한 처치를 시행해야 한다. 안전사고 발생 시 증상이 경미한 경우에는 인근의 의료기관(병·의원)을 직접 방문하는 것이 바람직하나 증상이 매우 심하다고 판단되는 경우에는 즉시 소방서의 119 구급대에 연락하여 도움을 요청해야 한다. 119에 전화를 하면 환자 이송 및 응급처치의 도움을 받을 수 있을 뿐 아니라 응급의료정보센터로 연결을 요청하여 응급처치 요령, 병원 안내, 질병상담 등의 서비스를 받을 수 있다. 119로 전화가 연결되면 119 상황실 통신 근무자(전화상담원)에게 기본적인 사항을 정확히 전달하여야 하며, 구급차가 현장에 도착할 때까지 연락체계를 계속 유지하여 간단한 응급처치법 등에 대한 조언을 받아가며 위급한 상황에 대처해야 한다. 응급상황 시 대처방법은 다음과 같다(어린이집안전공제회, 2016).

- 사고 발생 상황을 파악하고 다친 환아와 다른 원아들의 안전을 확보한다.
- 교사가 당황하면 나머지 영유아들이 함께 당황하거나 불안해 할 수 있으므로 당황하지 말고 영유아를 안심시킨다.
- 다친 영유아를 무리하게 이동하지 말고 영유아의 상태를 확인하여 적절한 조치를 취한다.
- 119로 전화하여 구조를 요청하고 지시에 따른다.
- 학부모에게 연락을 취한다.
- 24시간 이내에 사고 보고서를 자세히 작성한다(〈표 12-1〉 참조).

〈표 12-1〉 비상시 업무 부상상황 기록지

| 부상상황 기록지 | |
|---|---|
| 원아 이름 | |
| 날짜 | |
| 성별 | |
| 담당자 | |
| 부상발생장소 | |
| 부상상황 | |
| 부상부위 | |
| 보호자 연락여부 | |
| 보호자 반응 | |
| 119연락 여부 및 처치 지시 | |
| 처치(응급처치 포함) | |
| 병원 여부 | 1. 병원명: |
| | 2. 동행인 이름(교사, 부모 등): |
| | 3. 처치상황: |

출처: 어린이집안전공제회(2015).

## 2) 안전사고 발생 시 부모와의 의사소통

안전사고가 발생했을 때 사고로 인해 놀란 학부모와의 의사소통은 매우 신중하고 사려 깊게 이루어질 필요가 있다. 안전사고 발생 후 부모와의 의사소통 방법은 다음과 같다(어린이집안전공제회, 2016).

- 응급처치 후 즉시 부모에게 연락하여 사고상황(장소, 상황, 아동의 상태, 응급조치, 병원 방문 등)을 자세히 설명한다.
- 부모와 충분히 소통한다. 이때 사고로 인해 놀랐을 부모의 감정에 공감하고 부

모의 감정이 가라앉을 때까지 경청하며 공감한다. 사고가 난 날 저녁 부모에게 연락하여 영유아의 상태를 묻고 사고에 대한 유감을 표명한다.

- 사고가 일어난 후 지속적으로 부모와 소통한다.
  - 영유아가 등원하지 않았을 경우 영유아의 현재 상태와 등원이 가능한 날을 물어본다.
  - 영유아가 등원한 경우 유아교육기관에서 주의해야 할 사항에 대해 등·하원 시 부모에게 묻고 기관원에서 영유아가 보낸 하루 생활에 대해 이야기한다.
- 부상 시 후속 정보를 알아보고 학부모에게 보상과 관련한 절차 및 제출서류 등 필요한 정보를 제공한다.

## 3) 안전사고 보상제도를 통한 처리절차

안전사고 보상제도는 어린이집안전공제회와 유치원의 학교안전공제중앙회보상제도가 있다.

### (1) 어린이집 안전사고 보상제도(어린이집안전공제회, www.csia.or.kr)

어린이집 안전사고에 대한 보상은 어린이집안전공제회를 통해 받을 수 있다. 어린이집안전공제회란 어린이집에서 발생하는 모든 사고에 신속하게 대처하고 보상하기 위해 설립된 법인기관이다. 「영유아보육법」이 개정되어 시행된 이후 전국 모든 어린이집의 안전공제회 가입이 의무화되어 공제상품 및 사고 예방 프로그램에 대한 서비스가 보다 강화되었다. 어린이집안전공제회는 어린이집 원장을 회원으로 한 상호협동조직체의 비영리법인으로서 어린이집의 안전사고 예방과 영유아의 생명·신체 또는 재산상의 피해보상 업무를 수행한다. 「영유아보육법」 제31조의2 제3항 및 제4항에 따라 어린이집의 원장은 공제회에 의무 가입하여 공제사업 수행에 필요한 출자금을 공제회에 납부하여야 한다. 영유아의 생명·신체를 보상하기 위한 공제료는 의무 납부이며 교직원 등의 생명·신체를 보상하기 위한 공제료와 어린이집의 재산상의 피해를 보상하기 위한 공제료는 어린이집 원장이 선택하여 납부할 수 있다.

① 어린이집안전공제회 사고처리 절차
- 사고가 발생하면 보육통합정보시스템 내 어린이집지원시스템 접속 후 사고보고서를 작성한다.
- 공제 계약 및 담보 확인 후 필요서류를 안내받고 사고가 접수되었음을 확인한다.
- 팩스, E-mail, 우편을 통해 청구서류를 제출한다.
- 공제급여가 산정되면 결정통지를 확인한다. (결정에 이의가 있는 경우는 보상심사위원회에 심사를 청구한다.)
- 공제회에서 지급된 공제급여를 수령한다. 사고 처리절차를 정리하면 [그림 12-1]과 같다.

[그림 12-1] 어린이집안전공제회 사고 처리절차

② 어린이집안전공제회 사고별 보상범위와 공제료

어린이집안전공제회에서는 영유아 생명신체 담보와 가스사고 배상책임 및 화재는 의무가입으로 되어 있다. 화재보험의 경우 어린이집안전공제회와 민영보험 어느 곳에서나 선택 가능하다. 50인 이상 단체 급식을 시행하는 시설에서는 가스사고 배상책임보험에 가입하여야 하며 어린이집 소유의 놀이시설이 있을 경우 놀이시설 배상책임 보험도 의무가입 대상이다. 이밖에 다른 보험들은 기관장의 의사에 따라 선택하여 가입할 수 있다. 어린이집안전공제회의 유형별 보상 내용 및 보상범위와 공제료는 〈표 12-2〉와 같다.

〈표 12-2〉 어린이집안전공제회 사고별 보상범위와 공제료　　　　　　　　　　　　(2016년 기준)

| 대상 | | 주요 담보 내용 | 보상범위 | 공제료 |
|---|---|---|---|---|
| 영유아 생명 신체 담보 | | • 상해담보: 어린이집 내외에서 보육활동 중에 신체의 상해를 입은 사고<br>• 배상책임 담보: 보육활동 중에 타인의 신체에 장해를 입히거나 재물을 망가뜨려 배상책임을 부담하여 입은 손해 | • 상해담보: 자기 부담 치료비 100% (365일 한도)<br>• 배상책임 담보: 1인당 4억 원/1사고당 20억 원 | • 영유아: 4,890원<br>• 방과 후: 3,990원 |
| | | • 돌연사 증후군 특약: 영유아의 갑작스러운 사망사고 중 사망의 원인을 알 수 없는 사고에 대한 보상 | 8천만 원 보장 | 1인: 300원(전년도 현원 평균) |
| 놀이시설 배상책임 | | 놀이시설 및 그 시설용도에 따른 업무 수행 중 생긴 사고로 인해 피공제자가 타인의 신체에 상해를 입히거나 타인의 재물을 망가뜨려 배상책임을 부담함으로써 입은 손해 | • 대인배상: 8천만 원 한도<br>• 대물배상: 200만 원 한도 | 시설정원에 따라 부과 |
| 가스사고 배상책임 | | 가스사고로 인해 신체에 장해를 입히거나 타인의 재물을 망가뜨려 법률적 배상책임을 부담함으로 입은 손해 보상 | • 대인배상: 8천만 원 한도<br>• 대물배상: 3억 원 한도 | 시설정원에 따라 부과 |
| 화재 | 건물 | 화재로 입은 직접손해, 사고에 따른 피난손해, 소방손해, 잔존문제거 및 보전비용, 손해방지 비용 등에 대한 손해보상 | 건물 담보: 사고 발생 시 감정평가액 한도 | 시설유형에 따라 부과 (440~520원) |
| | 집기 | | 집기담보: 가입금액 한도 | 가입금액별 한도에 따라 부과 |
| 보증공제 | | 채무자인 공제계약자가 공제증권에 기재된 계약에서 정한 채무를 이행하지 못하여 피공제자가 입은 손해를 보상 | 경상보조금 총액 | 연 경상보조금 총액 0.319% |
| 보육교직원 상해 | | 어린이집 내외에서 보육활동 및 보육 외의 활동 중에 급격하고 우연하게 발생하는 사고에 대한 배상 | 사망, 장해 시 1.5억 한도 보상<br>의료비: 2천만 원 한도(치료비의 90%) | 11,500원 |

출처: 어린이집안전공제회(www.csia.or.kr).

## (2) 유치원 안전사고 보상제도(학교안전공제중앙회)

유치원 안전사고에 대한 보상은 학교안전공제중앙회를 통해 처리된다. 학교안전공제중앙회는 2007년 9월 1일 시행된 「학교안전사고 예방 및 보상에 관한 법률」에 의해 설립되었다. 학교안전공제제도는 교육활동 중에 발생한 학교안전사고를 예방하고, 학생·교직원 및 교육활동참여자가 학교안전사고로 인하여 입은 피해를 신속·적정하게 보상하여, 안정적인 교육여건을 조성하도록 하는 목적으로 운영되고 있다. 유치원은 학교안전공제회에 의무적으로 가입해야 하는데 유치원 안전사고 발생 시 처리절차는 다음과 같다(학교안전공제중앙회, http://www.ssif.or.kr).

- 사고 발생 시 신속하게 학교안전공제회에 통지한다.
- 공제급여관리시스템(www.schoolsafe.or.kr)에 들어가 학교별 아이디 및 비밀번호를 입력하여 접속한다.
- 통지서를 작성한 후 출력하여 기관장의 내부결재를 받은 후 공제회로 전산 통보한다.
- 문서상태를 확인한다. 문서상태 확인 시 내용은 다음과 같다.
  - 미통보: 공제회에 통보하기 전 상태로서 삭제, 수정이 가능하다.
  - 미접수: 공제회 접수 전 상태로서 삭제, 수정이 가능하다.
  - 보완: 공제회가 서류 보완을 요청한 상태로서 사유 확인(사유 버튼) 후 수정이 가능하다.
  - 접수: 공제회가 접수를 마친 상태에서 공제급여청구가 가능하며 접수 후에는 수정, 삭제가 불가능하다.
  - 반려: 공제회가 반려한 상태로서 보완 또는 반려 사유를 확인할 수 있고 이후 조치가 필요하다.
- 공제회 접수 상태를 확인한다. 사고통지가 접수되지 않은 상태에서는 공제급여 청구가 불가하므로 공제회 접수가 되었는지 반드시 확인한다.
- 공제급여 청구는 사고를 입은 유아의 치료 후 또는 치료 중에 공제급여를 청구

할 수 있다.

- 청구서 작성: 공제급여 청구 시 해당사항을 자세히 빠짐없이 입력하여야 한다.
- 출력 및 결재: 청구서를 작성한 후 출력하여 기관장 결재를 받아 보관하며 첨부서류는 공제급여 청구서 , 의료비영수증 원본, 처방전을 첨부한 약제비 영수증, 청구권자 은행통장 사본(학부모 또는 대리인 명의), 진단서(50 만원 초과 시 해당), 주민등록 등 · 초본(50 만원 초과 시 해당)이 필요하다.
- 우편 발송: 내부결재한 공제급여 청구서는 자체 보관하며 학교장 직인을 날인한 공제급여 청구서를 첨부서류와 함께 관할 시 · 도 공제회로 발송한다.
- 상태 확인: 공제급여 지급상태를 학교안전공제회 공제급여관리시스템에서 확인할 수 있다.
- 공제회 지급결정: 학교는 공제급여결정통보서로 통지하며 학부모에게는 E-mail 또는 SMS로 통지한다.

## 2. 유아교육기관에서의 안전사고에 대한 법적 책임

유아교육기관에서 영유아가 안전사고를 당했을 경우에는 보육과 교육에 책임이 있는 사람이 손해배상의 법적 책임을 진다. 우리나라에는 유아교육기관의 안전사고를 직접적으로 다루는 법이 별도로 존재하지 않기 때문에 유아교육기관의 안전사고 발생 시 안전사고에 대한 원장과 교사의 법적 책임은 민법의 적용을 받는다(권혜진 외, 2014). 민법에서 유아교육기관 안전사고의 법적 책임 근거는 불법행위 책임과 채무불이행 책임에 해당한다. 불법행위는 다시 일반 불법행위와 특수 불법행위로 나누어 볼 수 있다. 일반 불법행위는 고의 또는 과실로 인한 위법행위로 남에게 손해를 입힌 경우에 성립된다. 그러나 특수 불법행위는 유아교육기관 교사와 원장의 고의나 과실에 의하지 않고 발생한 손해에 대해서도 배상책임이 인정되는 경우를 말한다(김혜금, 2008). 그밖에도 유아교육기관에서 안전사고가 발생했을 때 '영유아 보호의무'를 불이행했으므로 계약위반에 대한 책임을 진다는 채무불이행 책임을 물을 수 있다. 그 배상의 방법은 금전배상이 원칙이다. 이에 대해 구체적으로 알아 본다.

## 1) 일반 불법행위

일반 불법행위의 성립요건은 ① 가해자의 고의 또는 과실이 있을 것, ② 가해행위에 위법성이 있을 것, ③ 가해행위에 의하여 현실적으로 손해가 발생할 것, ④ 가해행위와 손해발생 사이에 상당한 인과관계가 있을 것(재산적 손해뿐 아니라 정신적 손해 포함), ⑤ 가해자에게 책임능력이 있을 것, 이상의 다섯 가지 요건이 충족되면 불법행위가 성립하여 가해자에게 손해배상 책임이 발생한다.

영유아를 교육(보육)하는 원장 및 교사는 영유아를 홀로 방치하지 말고 곁에서 발생 가능한 위급상황에 대비하여야 할 뿐만 아니라, 영유아 발달 및 교육기관에서 발생할 수 있는 각종 사고에 대한 지식을 갖추고 사고율이 낮아지도록 조치를 취할 주의의무가 있다는 것이 지금까지의 유아교육기관의 안전사고에 대한 판례에서의 입장이다. 특히 영유아에게 어떤 질병이 있어 건강상태가 약화된 경우에는 위와 같은 주의의무가 더욱 가중된다. 따라서 이러한 주의의무를 다하지 않아 안전사고가 발생한 경우 유아교육기관의 원장 및 교사는 영유아에 대하여 일반 불법행위에 따른 손해배상 책임을 지게 된다.

〈실제 사건 판례 사례 예시 ①〉

| 사건개요 | 뜨거운 국 솥에 의한 화상 |
| --- | --- |
| 뜨거운 국 솥을 교실에 가져다 놓고 영아들에게 제공할 점심을 준비하던 교사를 따라다니던 영아가 교사로부터 "저리 가 있어."라는 말을 듣고 뒷걸음치다가 국솥에 걸려 넘어지면서 2~3도의 열탕화상을 입음 | |

> **판결결과**
>
> 이 사례는 책임능력이 없는 생후 약 29개월 영아가 보육되었던 교실 바닥에 뜨거운 국솥을 놓아 일어난 사고로 교사와 원장 모두에게 배상책임을 판시하였다. 이외에도 영아들이 국솥에 걸려 넘어지는 일이 없도록 충분한 안전조치를 강구하는 등 사고의 발생을 미리 방지할 업무상 주의의무가 있음에도 영아에게 "저리 가 있어."라고만 말하고 아무런 조치를 취하지 않은 교사에게 중대한 과실이 있음이 인정되었다.

출처: 이성훈(2014).

## 2) 특수 불법행위

불법행위에 대한 책임은 일반적으로 자신이 저지른 행위에 대해 성립된다. 그러나 불법행위를 한 당사자가 아닌 경우에도 그 행위의 책임을 대신 해야 하는 경우가 있다. 유아교육기관에서 일어나는 안전사고는 영유아 발달상의 미숙 및 부주의로 인한 사고, 영유아 간의 다툼 등으로 인해 발생하는 경우가 많다. 이처럼 유아교육기관 교사와 원장의 고의나 과실에 의하지 않고 발생한 손해에 대해서 배상책임이 인정되는 경우가 특수 불법행위에 해당한다(김혜금, 2008). 특수 불법행위에는 책임무능력자의 감독자 책임(「민법」 제755조), 피용자에 대한 사용자의 책임(「민법」 제756조), 수급인의 행위에 대한 도급인의 책임(「민법」 제757조), 공작물 등의 점유자ㆍ소유자의 책임(「민법」 제758조), 동물 점유자의 책임(「민법」 제759조), 공동불법행위자의 책임(「민법」 제760조) 등이 있다. 이 중 영유아교육기관에서의 안전사고와 관련한 특수 불법행위로는 책임 무능력자의 감독자 책임, 피용자에 대한 사용자의 책임, 공작물에 대한 점유자, 소유자 책임이 있다. 이들 책임에 대해 판례를 중심으로 살펴본다.

## (1) 감독자의 책임(민법 제755조)

제755조(감독자의 책임)
① 다른 자에게 손해를 가한 사람이 제753조 또는 제754조에 따라 책임이 없는 경우에는 그를 감독할 법정의무가 있는 자가 그 손해를 배상할 책임이 있다. 다만, 감독의무를 게을리하지 아니한 경우에는 그러하지 아니하다.
② 감독의무자를 갈음하여 제753조 또는 제754조에 따라 책임이 없는 사람을 감독하는 자도 제1항의 책임이 있다.

영유아의 경우 미성년자에 해당하므로 민법 제753조에 따라 법적 책임 능력이 없다. 따라서 영유아가 다른 영유아에게 손해를 끼친 경우에는 책임 무능력자를 감독해야 하는 법정의무자, 즉 부모나 그를 대신하여 책임 무능력자를 감독하는 대리 감독자인 교사가 그 손해를 배상하는 책임을 지게 된다. 그러므로 교사에게는 부모에게서 영유아를 인계받은 시점부터 하원하기까지 일어나는 안전사고에 대해 책임이 있다고 본다. 하지만 대리감독자인 교사가 영유아에 대한 감독의무를 게을리 하지 않은 경우에는 그 책임을 묻지 않는다고 명시되어 있다. 따라서 평소 충분한 주의와 감독이 있었을 경우, 불가피하게 일어난 사고에 대해서는 교사의 책임의무가 없다. 그러나 교사가 영유아의 관리감독을 소홀히 하지 않았다는 것을 입증하지 못할 경우 그 책임은 교사에게 있다.

〈실제 사건 판례 사례 예시 ②〉

사건개요 **분유토사물로 인한 질식사**

교사가 손을 씻으러 화장실에 다녀온 후 영아의 입에 분비물이 흐르는 것을 발견하고 닦아 주다가 호흡이 이상함을 발견하고 입안에 이물질이 있는지 확인하고 목을 뒤로 젖혀 기도를 확보한 후 인공호흡 시행함. 직후 119에 신고하고 119구급대 지시에 따라 영아를 뒤집어 들고 등을 두드려 주자 낮에 먹었던 야채죽과 분유를 토하고 병원으로 후송되어 치료받았으나 사망함

> **판결결과**
>
> 교사가 영아에게 분유를 먹인 후 트림 여부를 확인하지 않은 채 잠들게 한 사실은 인정되나 사고 당시 영아는 10개월 남짓한 아이로서 소화기능을 어느 정도 갖추었다고 볼 수 있다. 또한 분유를 먹은 후 30분 정도 놀다가 잠이 들었던 점, 잠시 나갈 때에도 거실에서 만 2세를 돌보던 교사에게 영아들을 돌보아 달라고 지시한 점, 중간중간 잠들어 있던 망인의 상태를 확인한 점, 손 씻으러 다녀온 직후 영아의 입에 분비물이 흐른 것을 발견하고 이상상태를 발견하고 신속히 응급조치를 적절하게 취한 점 등에 비추어 볼 때 영아를 돌보는 데 과실이 있었다고 인정할 만한 증거가 없다고 판결함

출처: 이성훈(2014).

### (2) 사용자의 배상책임(민법 제756조)

> **제756조(사용자의 배상책임)**
> ① 타인을 사용하여 어느 사무에 종사하게 한 자는 피용자가 그 사무집행에 관하여 제삼자에게 가한 손해를 배상할 책임이 있다. 그러나 사용자가 피용자의 선임 및 그 사무감독에 상당한 주의를 한 때 또는 상당한 주의를 하여도 손해가 있을 경우에는 그러하지 아니하다.
> ② 사용자에 갈음하여 그 사무를 감독하는 자도 전항의 책임이 있다. 〈개정 2014.12.30〉
> ③ 전 2항의 경우에 사용자 또는 감독자는 피용자에 대하여 구상권을 행사할 수 있다.

원장은 교사를 채용하여 영유아들을 교육(보육)하는 직무를 맡기므로 사용자에 해당한다. 따라서 교사가 직무활동 중에 영유아에게 손해를 입혔을 시에는 사용자의 배상책임에 근거하여 해당 교사를 고용한 원장이 그 손해를 배상할 책임을 진다. 그러나 원장이 교사에 대해 평소 주의를 기울이고 관리감독에 신경을 쓴 경우 발생하는 손해에 대해서는 원장이 그 책임을 면할 수 있다.

〈실제 사건 판례 사례 예시 ③〉

| 사건개요 | **이동 중 일어난 부상** |
| --- | --- |

어린이집 2층에서 국악수업을 받은 후 다른 수업을 위해 1층으로 이동하던 과정에서 계단을 내려오던 중 넘어져 윗앞니 2개가 탈구되는 부상을 입은 사건. 사고 당시 해당 어린이집 계단에는 비닐장판이 깔려 있었으며 다만 각 계단의 끝부분에 미끄럼을 방지하는 플라스틱 판넬이 덧붙여져 있었음

**판결결과**

사고 당시 만 2년 10개월의 영아로 아직 걷는 것이 완전하지 못하고 계단에서 쉽게 넘어질 수 있으므로 이를 예방하기 위한 각종 안전설비를 갖추고 가급적 계단을 통한 이동을 줄이도록 동선을 배치하여야 한다. 또한 계단을 이용할 때마다 영유아들에게 거듭 주의를 환기시키고 가까운 거리에서 영유아들을 지도하여야 하는 바 교사에게 그 손해를 배상할 책임이 있다고 판결하였다. 또한 원장이 해당 어린이집 계단 양쪽에 손잡이를 설치하고 각 계단 끝부분에 미끄럼 방지 판넬을 설치하였다고는 하나 계단의 대부분 면적에 미끄러운 소재인 비닐장판이 설치되어 있었으므로 원장의 위와 같은 시설 설치만으로는 사용자의 주의의무를 다하였다고 볼 수 없다. 따라서 이 경우 원장의 '사용자의 배상책임'을 인정하였다.

출처: 이성훈(2014).

### (3) 공작물 등의 점유자, 소유자의 책임(민법 제758조)

**제758조(공작물 등의 점유자, 소유자의 책임)**

① 공작물의 설치 또는 보존의 하자로 인하여 타인에게 손해를 가한 때에는 공작물점유자가 손해를 배상할 책임이 있다. 그러나 점유자가 손해의 방지에 필요한 주의를 해태하지 아니한 때에는 그 소유자가 손해를 배상할 책임이 있다.

② 전항의 규정은 수목의 재식 또는 보존에 하자 있는 경우에 준용한다.
③ 전2항의 경우에 점유자 또는 소유자는 그 손해의 원인에 대한 책임 있는 자에 대하여 구상권을 행사할 수 있다.

유아교육기관 시설물로 인한 피해가 발생했을 경우 시설물 설치 및 보존과 관련한 손해에 대해 시설의 점유자 및 소유자에게 그 손해를 배상할 책임이 있다. 그러나 만약 시설 점유자 및 소유자가 이러한 피해발생을 막기 위하여 위험에 대한 주의 및 공지가 있었을 경우 발생하는 손해에 대해서는 책임의 의무를 지지 않을 수 있다. 시설 점유자가 시설 이용에 필요한 주의를 주지 않았을 경우 1차적 손해배상 책임은 시설의 점유자에게 있으며 점유자의 책임이 면제될 경우 2차적으로 시설물의 소유자가 손해배상의 책임을 진다.

### 3) 채무불이행 책임

채무불이행 책임이란 채무자가 채무의 내용에 따른 책임을 이행하지 아니한 때에 그에 대한 손해배상을 청구하는 것을 말한다. 유아교육기관에 자녀를 맡길 때 부모는 영유아들을 안전하게 잘 교육해 줄 것을 요구하며 그 대가를 지불하고 유아교육기관에서는 부모로부터 교육비를 받고 영유아를 건강하고 안전하게 보호하고 교육할 의무를 부담하게 된다. 이로써 기관은 영유아를 안전하게 보호하고 교육하는 것에 대한 계약을 부모와 체결하게 된 것이라 할 수 있다. 민법 제390조에서는 '채무자가 채무의 내용에 좋은 이행을 하지 아니한 때에 채권자는 손해배상을 청구할 수 있다. 그러나 채무자의 고의나 과실 없이 이행할 수 없게 된 때에는 그러하지 아니하다.'라고 규정하고 있다. 이에 유아교육기관에서 안전사고가 발생하였을 경우 유아교육기관 교직원에게 계약 관계를 전제로 한 채무불이행 책임을 물을 수 있다 (김옥심, 2013).

이상과 같이 유아교육기관에서의 안전사고에 대한 법적 책임에 대해 살펴보았다. 그러나 안전사고 발생 시 유아교육기관에서 손해배상 책임을 지는 경우라고 하더라도 언제나 전적인 배상 책임을 지는 것은 아니다. 판례의 주된 경향은 안전사고 발생 당시의 상황을 구체적으로 고려하여 유아교육기관의 원장 및 교사의 책임을 제한함으로써 손해배상액을 경감하여 주고 있다. 통상 판례에서는 영아돌연사증후군이 인정되어 배상책임이 인정되는 경우 현재 의학수준으로 이를 예견하기 어렵다는 점에서 책임을 제한하고 있다. 또한 자녀를 맡긴 부모가 자녀를 돌봄에 있어 주의하여야 할 사항을 사전에 유아교육기관에 제대로 고지하지 아니한 경우에도 유아교육기관 측의 손해배상 책임을 제한하기도 한다.

안전사고 발생 시 법적 책임을 판단하는 가장 큰 기준은 영유아가 직면할 수 있는 위험을 미리 예측할 수 있었는지 여부와 교사의 주의와 지도로 사고를 미연에 방지할 수 있었는가 하는 것이다. 또한 사고 발생 시 교사로서 본연의 업무에 충실하였는가와 적절한 조치를 취하였는가 하는 것이 교사의 책임을 판단하는 근거가 된다. 하지만 이러한 내용을 고려하더라도 유아교육기관에서의 교육활동은 등원에서부터 보호자에게 인계되는 귀가지도까지 그 책임의 범위가 매우 폭넓기 때문에 교사 및 원장이 가지는 책임감은 그만큼 크다 할 수 있다. 이에 평상시 영유아의 발달을 이해하고 영유아의 안전지도를 위한 교직원 안전교육, 부모교육, 기관-가정 간 연계교육, 영유아 안전교육을 위한 지속적 노력이 매우 필요하다. 더불어 사고를 대비한 보험 가입 및 사고 발생 시 적절한 대처와 응급처치, 사고처리 방법을 알고 신속히 대처하여 사고의 피해를 최소화하려는 노력도 요구된다. 사고 시 일방적 비난이나 책임회피가 아닌 피해를 입은 영유아 및 부모를 위한 심리적 배려와 합리적 보상을 위한 노력을 통해 보다 신뢰할 수 있는 안전한 교육(보육)환경을 제공할 수 있도록 최선을 다해야 한다.

## 부록

### 전국 학교안전공제회 현황

| 구분 | 주소 | 전화번호 | 팩스 |
|---|---|---|---|
| 중앙회 | (우)04375 서울시 용산구 한강대로 57길 33 | 02-1688-4900 | 02-793-5016 |
| 서울 | (우)07260 서울시 영등포구 양산로 107(당산동3가 370-5)인곡빌딩 3층 | 02-1670-4972 | 02-720-0191 |
| 부산 | (우)47185 부산시 부산진구 신천대로 263번길 44 | 051-867-3990 | 051-862-6155 |
| 대구 | (우)42123 대구광역시 수성구 수성로 76길 11 | 053-231-0924 | 053-231-0929 |
| 인천 | (우)22145 인천광역시 남구 구월로 17 할렐루야 빌딩 6층 | 1566-8883 | 032-431-3808 |
| 광주 | (우)61987 광주광역시 서구 화정로 189번길 30(광주광역시교육정보원 109호) | 062-380-4278~9 | 062-380-4163 |
| 대전 | (우)35239 대전광역시 서구 둔산로 89 대전광역시교육청 | 042-616-8742~3 | 042-616-8739 |
| 울산 | (우)44540 울산광역시 중구 북부순환도로 375 | 052-210-5892~3 | 052-210-5899 |
| 세종 | (우)30151 세종특별자치시 한누리대로 2154 | 044-320-3318~9 | 044-320-3469 |
| 경기 | (우)11759 경기도 의정부시 동일로 700 경기도교육청북부청사 5층 | 1588-5255 | 031-248-2127 |
| 강원 | (우)24223 강원도 춘천시 영서로 2854(사농동 84번지) | 033-258-5447 | 033-258-5469 |
| 충북 | (우)28546 충북 청주시 상당구 교서로 3 | 043-252-7109 | 043-253-0177 |
| 충남 | (우)32255 충청남도 홍성군 홍북면 선화로 22 | 041-640-8340~3 | 041-631-9832 |

| 전북 | (우)55065 전라북도 전주시 완산구 효자동2가 1325번지 | 063-272-0807 | 063-220-9441 |
|---|---|---|---|
| 전남 | (우)58564 전남 무안군 삼향읍 어진누리길 10 전라남도교육청 1층 | 061-260-0729~32 | 061-260-0030 |
| 경북 | (우)36759 경상북도 안동시 풍천면 도청대로 511 | 054-805-3994~6 | 054-854-0192 |
| 경남 | (우)51430 경상남도 창원시 의창구 용지로 264(경상남도교육청 제2청사) | 055-210-5283~4 | 055-210-5285 |
| 제주 | (우)63119 제주시 문연로 5 | 064-710-0071~73 | 064-710-0079 |

# 참고문헌

강성희(2003). 가정 내 영유아 안전사고 분석을 통한 부모교육 프로그램개발연구. 숙명여자대학교 대학원 석사학위논문.

강수진, 공하성, 김진회, 박정미, 손인아, 신동민, 장군자, 전은영, 최대해, 최혜경(2014). 응급처치 매뉴얼. 서울: 수문사.

고해영(2009). 자녀의 항생제 복용에 대한 보호자 인식조사. 영남대학교 임상약학대학원 석사학위 청구논문.

교육부 · 보건복지부(2016). 유치원 · 어린이집 아동학대 조기발견 및 관리 · 대응 매뉴얼.

곽은복(2000). 유아안전교육 프로그램의 구성 및 효과에 관한 연구. 중앙대학교 대학원 학사학위논문.

권경숙, 박지영(2010). 어린이집 영아 안전사고에 대한 원장과 교사의 경험 및 영아 안전교육. 유아교육 · 보육행정연구, 14(4), 5-31.

권귀염(2017). 인권을 통한 교육으로 아동권리 세우기. 2017한국육아지원학회 춘계학술대회, 39-54.

권혜진, 김혜라, 전숙영, 정윤주, 채진영, 한유진(2014). 아동안전관리. 서울: 창지사.

국가기술표준원(2016). 어린이놀이기구 안전기준. http://www.ats.go.kr/에서 2017년 2월 15일 인출.

국민안전처(2016). 우리는 안전 어린이(유아용). http://www.mpss.go.kr에서 3월 20일 인출.

국민안전처(2017). 지진 발생 시 행동요령. http://www.mpss.go.kr/에서 3월 5일 인출.

국민안전처(2017). 아동학대 교육. http://www.mpss.go.kr/에서 7월 20일 인출.

김영실, 윤진주, 김정주(2011). 영유아안전관리. 경기: 공동체.

김옥심(2011). 학교 및 보육시설 안전사고로 인한 손해배상 책임과 보상대책에 관한 연구. 전
    주대학교 대학원 박사학위논문.

김옥심(2013). 어린이집 안전사고 예방법 똑똑한 대처법. 서울: 멘토르.

김포신문(2015. 9. 30.). 2011~2015년 6월까지 어린이집 안전사고 유형별 발생현황.

김혜금(2008). 보육시설 안전 실태와 배상책임 법적 근거 및 판례분석을 통한 안전사고 예방과
    보상에 대한 고찰. 유아교육 논총, 17(2), 109-126

김현자, 신지현(2008). 보육교사를 위한 안전교육의 이론과 실제. 서울: 동문사.

도로교통공단(2017). http://www.koroad.or.kr/에서 2017년 4월 28일 인출.

머니투데이(2016). 모든 어린이집 CCTV설치 의무화. http://news.mt.co.kr에서 3월 20일 인출.

미래창조과학부(2013). 바른 인터넷 유아학교.

미래창조과학부(2015). 2014년 인터넷 중독 실태조사.

박성연, 성숙자, 김상희(2007). 부모자녀관계: 부모교육의 이해. 경기: 교문사.

박찬옥, 조형숙, 김선월(2007). 유아를 위한 전자미디어교육. 교육인적자원부.

방경숙(2015). 영유아 안전관리 부모교육의 효과. 아동간호학회지, 11(2), 221-228.

보건복지부(2005). 일반인 응급처치 지침.

보건복지부 (2011). 공용심폐소생술 가이드라인의 개발 및 배포. 대한심폐소생협회.

보건복지부(2013). 표준보육과정(누리과정 포함).

보건복지부(2015). 어린이집 영상정보처리기기 설치 · 운영 가이드라인.

보건복지부(2015). 2015 어린이집 보육교직원 안전교육 자료.

보건복지부(2015). [어린이집용] 고농도 미세먼지 대응매뉴얼.

보건복지부(2015). 어린이안전사고 동향분석. 한국소비자원 소비자안전본부위해정보팀.

보건복지부(2016). 어린이집 평가인증 3차지표 시범사업용.

보건복지부(2016). 어린이집 지진발생 국민행동 요령.

보건복지부(2016). 어린이집용 비상대피 훈련 시나리오.

보건복지부(2016). 어린이집 아동학대 발생 시 조치 매뉴얼(어린이집용)

보건복지부(2016). 2016보육사업 안내.

보건복지부 · 중앙육아종합지원센터(2016). 2016어린이집 보육교직원 안전교육.

보건복지부 · 한국보육진흥원(2017). 제3차 어린이집 평가인증 지표안내(통합지표).

보건복지부·육아정책연구소(2016). 어린이집 아동학대 발생 시 조치 매뉴얼.

법제처(2016). 학교안전사고 예방 및 보상에 관한 법률. [시행 2016. 8. 4.]

서울시여성가족재단(2014). 우리아이 지킴이 가이드. 서울: 아세아스텐.

서울지방법원(1993.7. 22). 선고 92가합61985 판결.

서울특별시 육아종합지원센터(2015). 2015 어린이집 업무 매뉴얼.

서울특별시(2005). 보육시설 운영 매뉴얼 및 영유아 보육프로그램 개발: 영유아의 건강 및 안전
　　　보호.

서울특별시교육연구정보원 기획평가부(2016). 제4주기(2017~2019)유치원 평가 관련 참고자
　　　료. 서울특별시교육연구정보원 http://www.serii.re.kr/에서 12월 27일 인출.

성미영, 민미희, 정현심(2013). **아동안전관리**. 서울: 창지사.

소비자안전본부(2015). 연령별 사고 통계.

손순복(2004). 보육시설 설비·비품·교재교구 관리. 삼성사이버 원장교육과정.

손순복, 정진화, 박진옥(2015). **영유아교수학습방법**. 서울: 학지사.

수정삼성어린이집(2008). 소방대피훈련 가정연계 자료.

수원지방법원(2010. 5. 20). 선고 2009가합16103판결.

식품의약품안전처(2017). http://drug.mfds.go.kr에서 7월 20일 인출.

실종아동전문기관(2010). 실종아동예방교육−실종예방지침.

쌍문삼성어린이집(2008). 소방대피훈련 자료.

어린이집 보육사업안내(2017). 보건복지부.

어린이집안전공제회(2014). 어린이집 야외활동 안전 길라잡이.

아동복지법(2016). http://www.lawnb.com/lawinfo/에서 11월 9일 인출

어린이집안전공제회(2015). 어린이집 안전사고 대처행동 매뉴얼.

어린이집안전공제회(2015). 어린이 사고와 안전관리; 2015년 보육교직원 안전교육.

어린이집안전공제회(2016). http://www.csia.or.kr에서 12월 25일 인출.

어린이안전넷(2017). http://www.isafe.go.kr에서 4월 28일 인출.

연합뉴스TV(2015. 4. 19.)

원혜경(2003). 보육시설의 안전환경 평가와 교사의 안전교육 의식에 관한 연구. 진주산업대학
　　　교 대학원 석사학위논문.

윤선화, 정윤경(2007). 가정 내 어린이 안전사고 실태조사. 서울: 한국생활안전협회.

윤선화, 정윤경, 이경선(2010). 영유아를 위한 안전교육과 안전교육프로그램. 서울: 한국생활안

전연합.

윤혜미(1995). 아동학대 및 방임사례와 신고제에 대한 학부모 태도조사. 한국아동복지학(3), 169-203.

위영희, 문혁준, 이희정, 한성희, 박정현(2013). 영유아교수법(개정). 서울: 창지사.

이기숙, 장영희, 정미라, 배소연, 박희숙(2002). 영유아를 위한 안전교육과 응급처치. 서울: 양서원.

이기숙, 장영희, 윤선화, 정미라(2011). 영유아 안전교육. 경기: 양서원.

이기숙, 장영희, 이윤경, 정미라, 심성경, 손순복, 김영아(2017). 영유아발달. 경기: 양서원.

EBS 다큐 프라임(2012. 9. 10.). 아이들은 왜 낯선 사람을 따라가는가?

이선영, 노상경, 곽승주(2016). 어린이집 영아반 안전교육의 실제와 교사의 어려움 및 요구 탐색. 한국영유아교원교육학회 추계학술대회 발표.

이성훈(2014). 어린이집 안전사고 판례분석을 통한 법적 책임 고찰. 중앙대학교 대학원 석사학위논문.

이은경(2005). 유아교사의 안전에 대한 지식과 실천과의 관계. 연세대학교 교육대학원 석사학위논문.

이재연, 윤선화(2000). 유아교육(보육)기관 교사들의 안전지식과 실천 정도에 관한 연구. (사)한국안전생활교육회 · (재)한국어린이안전재단 제1회 아동안전학술심포지움 및 워크숍. 어린이 화재사고 실태와 화재안전교육, 32-51.

이현혜(2011). 아동성폭력 예방교육 실천 매뉴얼. 한국양성평등교육진흥원.

장영희(2000). 영아교육과정. 경기: 양서원.

장영희, 정미라, 배소연(1997). 유아교육기관의 안전교육 실태. 아동교육연구, 17(1), 23-44.

정아란(2013). 아동안전관리. 경기: 공동체.

정영일(2016). 모든 어린이집 CCTV설치 의무화. 머니투데이. http://news.mt.co.kr/에서 1월 28일 인출.

조복희(2006). 아동발달. 경기: 교육과학사.

주니어 네이버(2015). 인터넷 게임 중독 예방 수칙. http://study.jr.naver.com에서 4월 24일 인출.

중앙보육정보센터(2008). 보육시설 안전 매뉴얼.

중앙보육정보센터(2008). 어린이집 응급처치 매뉴얼.

중앙아동보호전문기관(2016). www.korea1391.org

중앙육아종합지원센터(2015). 어린이집 문서 및 서식 자료집.

중앙육아종합지원센터(2015). 어린이집 보육교직원 아동학대예방교육.

최민수, 강혜원(2016). 유아를 대상으로 하는 안전교육 수업에 대한 토론 및 평가가 예비유아교사의 안전 의지 및 실천에 미치는 영향. 미래유아교육학회지, 23(4), 325-350.

하선혜, 서현아(2014). 부모의 안전실천 수준에 따른 가정 내 영유아 자녀의 안전사고 경험. 생태유아교육연구, 13(1), 31-55.

학교 안전공제중앙회(2008). 학교안전사고 예방 및 보상의 이해.

학교안전공제중앙회(2017). http://www.ssif.or.kr/에서 3월 22일 인출

한국보육진흥원(2015). 2015 평가인증 문서자료집.

한국보육진흥원(2017) 어린이집문서간소화 및 서식정비 사업 추진결과

한국생활안전연합(2009). 어린이 10명중 6명 가정 내 안전사고 경험.

한국소비자원(2015). 어린이안전사고 동향 분석.

한국소비자원(2016). 소비자위해감시시스템(CISS, Consumer Injury Surveillance System)

한국정보화진흥원 인터넷 중독대응센터(2015). 인터넷 중독.

홍창의, 김정례(1993). 눈으로 보는 응급처치법. 서울: 팬더-북.


두산세계대백과 www.doopedia.co.kr


Brook, U., & Boaz, M. (2003). children hospitalized for accidental injuries: Israeli experiences. Patient Edu Couns, 51, 177-182.

Child Health Alert (1998). Animals in schools: What are th risks of infection? Child HealthAlert, 16, 1.; L. R. Marotz, M. Z. Cross, J. M. Rush (2001). (5th Edition) Health, Safity, and Nutrition for the Young Child에서 재인용.

Greenman, J. (1988). Caring Space, Learning Places: Children's Enveronments That Work. Redmond, WA: Exchange Press Inc.

George S. M. (2004). Early Childhood Education Today. Pearson Merrill Prentice Hall.

Johnson, B. M., Miltenverger, R. G., Knudson, P., Egemo-Helm, K., Kelso, P., Jostad, C. & Langley, L (2006). A Preliminary Evaluation of Two Behavioral Skills Training Procedures for Teaching Abduction-Prevention Skills to Schoolchildren. North Dakota sState university; applied behavior analysis 39, 25-34.

Kempe, C. A., Silverman, F. N., & Steele, B. F. et al. (1962). The battered-child syndrome. JAMA, 181, 105-112.

Kostelnik, J. M. (1997). Spaces to Learn and Grow: Indoor Environments in Early Childhood Education; 제5회 국제학술대회 어린이와 환경. 삼성복지재단.

Lynn, R. M. Marie, Z. C., & Jeanettia, M. R. (2001). *Health, Safety, and Nutrition for the young children.* US; Delmar a division of Thomson Learning.

Marotz, L. R., Cross, M. Z., & Rush, J. M. (2001). (5th ed.) *Health, Safity, and Nutrition for the Young Child.* Thomson.

Morrison, G. S. (1998). *Early childhood education today*(7th ed.). NJ: Prentice-Hall Inc.

Huesmann, L. R., Moise-Titus, J., Podolski, C., & Eron, L. D. (2003). Longitudinal relations between children's exposure to TV violence and their aggressive and violent behavior in young adulthood; 1977-1992. *Developmental Psychology, 39,* 201-221.

# 찾아보기

# 저자 소개

손순복(Son Soon Bok)
성신여자대학교 대학원 박사(유아교육전공)
전 쌍문삼성어린이집 원장
현 동서울대학교 아동보육과 교수
　평가인증 종합평가위원
　한국학교안전학회 이사
　한국육아지원학회 이사
대표 저서: 영유아교수학습방법, 보육학개론, 영유아 발달, 삼성보육프로그램(3세), 보육시설 운영
　의 실제 등

권경숙(Kwon Kyung Sook)
성신여자대학교 대학원 박사(유아교육전공)
현 성신여자대학교 교육대학원 교수
　한국유아교육학회 이사
　한국어린이미디어학회 이사
대표 저서: 보육교사론, 보육학개론

방혜경(Bang Hye Kyung)
성신여자대학교 대학원 교육학 박사(유아교육전공)
현 연성대학교 유아교육과 교수

조미영(Cho Mi Young)
성신여자대학교 대학원 교육학 박사(유아교육전공)
전 한중대학교 유아교육학과 교수
　동해시 보육정책위원
대표 저서: 아동문학, 유아수학교육, 유아교육개론, 보육학개론, 보육교사론, 보육실습 등

봉진영(Bong Jin Young)
성신여자대학교 대학원 교육학 박사(유아교육전공)
현 거제대학교 유아교육과 교수
　거제시 보육정책위원

# 아동안전관리
## Safety Supervision for Early Childhood

2018년  2월 15일 1판 1쇄 인쇄
2018년  2월 20일 1판 1쇄 발행

지은이 • 손순복 · 권경숙 · 방혜경 · 조미영 · 봉진영
펴낸이 • 김진환
펴낸곳 • ㈜ 학지사

04031 서울특별시 마포구 양화로 15길 20 마인드월드빌딩
대표전화 • 02-330-5114    팩스 • 02-324-2345
등록번호 • 제313-2006-000265호

홈페이지 • http://www.hakjisa.co.kr
페이스북 • https://www.facebook.com/hakjisabook

ISBN 978-89-997-1244-9  93370

정가 22,000원

이 도서의 국립중앙도서관 출판시도서목록(CIP)은 서지정보유통지
원시스템 홈페이지(http://seoji.nl.go.kr)와 국가자료공동목록시스템
(http://www.nl.go.kr/kolisnet)에서 이용하실 수 있습니다.
(CIP 제어번호: CIP2018005879)

교육문화출판미디어그룹 **학지사**

심리검사연구소 **인싸이트** www.inpsyt.co.kr
원격교육연수원 **카운피아** www.counpia.com
학술논문서비스 **뉴논문** www.newnonmun.com
간호보건의학출판 **정담미디어** www.jdmpub.com